地球脈動

一場臺灣世界地理學的討論

| 2015 後篇 |

洪富峰、施雅軒　編著

麗文文化公司

■ 國家圖書館出版品預行編目資料

地球脈動 ： 一場臺灣世界地理的討論. 2015 後篇
/ 洪富峰, 施雅軒編著 -- 初版. -- 高雄市：麗文
文化, 2016.07
　　面；　　公分
　ISBN 978-957-748-643-1（平裝）

1.國際關係　2.地緣政治　3.時事評論

712.86　　　　　　　　　　　105010651

地球脈動：一場臺灣世界地理學的討論　2015 後篇

初版一刷・2016 年 7 月

編著	洪富峰、施雅軒
責任編輯	李麗娟
封面設計	鐘沛岑
發行人	楊曉祺
總編輯	蔡國彬
出版者	麗文文化事業股份有限公司
地址	80252高雄市苓雅區五福一路57號2樓之2
電話	07-2265267
傳真	07-2233073
網址	www.liwen.com.tw
電子信箱	liwen@liwen.com.tw
劃撥帳號	41423894
購書專線	07-2265267轉236
臺北分公司	23445新北市永和區秀朗路一段41號
電話	02-29229075
傳真	02-29220464
法律顧問	林廷隆律師
電話	02-29658212

行政院新聞局出版事業登記證局版台業字第5692號

ISBN 978-957-748-643-1（平裝）

麗文文化事業

定價：320 元

推薦序

謝長廷（前行政院長）

　　高雄師範大學地理系的洪富峰教授與施雅軒教授，每個禮拜在高雄廣播電台「地球脈動」節目中討論地理學與國際政治之間的關係，《地球脈動：一場臺灣世界地理學的討論》的內容就是兩位教授將節目中討論的內容紀錄整理並集結出版成書。我本身也是每週二在臺北的綠色和平電台主持廣播節目「有影上大聲」，所以相當了解在廣播節目中評論新聞時事的難處。在這個資訊爆炸的時代，昨天甚至當天早上的新聞，很可能馬上在其他的新聞節目已經被評論過了，如果我們下午的廣播節目要對當天的新聞來做評論，很可能拾人牙慧，反而沒有創新的觀點。相反的，要立即評論當天發生的新聞，其實也有難度，因為要在短時間內對新聞的意義作出定調，掌握相關的資訊，並預測後續可能的發展，若無法提出適當的定調與預測，過兩天之後，自己的評論反而會成為其他人評論的笑柄。

　　因為「地球脈動」是每週二播出的廣播節目，所以《地球脈動：一場臺灣世界地理學的討論》書中的國際新聞也是以「週」為單位，對當週的國際新聞提出評論。洪富峰教授與施雅軒教授從地緣政治的角度，使用「區位」、「距離」、「組織」來評論當週的國際新聞，不僅可以免除時效性帶來的風險，同時佐以地圖的資料，和一般媒體生硬的新聞評論相較之下，更顯得有骨有肉，對讀者國際觀的提升增加了更多的興趣。例如在書中提到的「亞投行」（亞洲基礎設施投資銀行）議題，兩位教授為讀者說明了亞投行在國際關係中所產生的意義，以及中國成立「亞投行」背後的戰略目標，對於國際關係有興趣的讀者，本書很適合當作入門閱讀的書籍。我自己也在廣播節目中評論過「亞投行」的議題，因為我本身是政治人物，評論就偏重在臺灣加入「亞投行」利弊得失，「亞投行」如何與美國的「亞洲開發銀行」抗衡等現實政治的問題。

洪富峰教授是我在擔任高雄市長時期的社會局長，同時也是多年的好友。洪富峰教授在社會局長任內與市政府和議會都保持很好的關係，是虔誠的佛教徒，最近開始在學習太極拳，而我最近也剛好在教授獨創的流體太極，所以我從洪教授的字裡行間可以看出他的人生哲學、對生命豐富的關愛以及對生態環境的關心。因此，我們有許多相同的嗜好和想法，雖然最近開始忙碌於選務工作，但是仍相當樂意為洪富峰教授與施雅軒教授的新書寫序，並向讀者推薦這本好書。

推薦序

王鑫（臺灣大學地理環境資源學系名譽教授）

　　「立足臺灣，放眼世界」是我們的自我期許。在今天這個全球化的時代，各種工具發達，資訊暢流引導了物流和人流。認識世界、掌握全球動態等，已經是不難的事，只要你有心。

　　兩百多年前的鴉片戰爭之後，中國人才開始關心國際事務。魏源（1794-1857）從鴉片戰爭的洗禮中，認識到改革自強的重要性。他也力主開放海運，開拓海洋中國。道光 21 年（1841），林則徐遣戍新疆，行前將大量寶貴資料和所輯《四洲志》初稿，交付魏源，囑咐他整理成書。這就是中國第一部世界地理百科全書－－《海國圖志》。其中包括了世界地圖、地理知識等，使國人史無前例的清楚瞭解人在宇宙的位置、中國在世界的位置；也無可避免的引起了中國地位和中外關係的重估，而其結論則是中國人須走向世界，融入世界（蔣英豪，1998）。《海國圖志》是我國近代第一部系統性介紹世界各國歷史、地理、經濟、政治、文化、軍事諸方面狀況的世界地理大百科。

　　高雄廣播電台推出「地球脈動」節目，邀請高雄師範大學的洪富峰和施雅軒教授和聽眾一起關心國際新聞中可見的世界各地的人事脈動，那些在人類活動的舞台－大地上，發生的人類百態。這篇文集是訪問的文字稿，為了忠於實況，因此以口語的表述為主，讀起來要用感情。由於取材自國際新聞，又是臺灣人的眼光選取的，因此談論的主題是臺灣人關心的國際事務，能反映和連結上我們關心的政治、社會、經濟、文化、生活各層面；趣味性和學習性都高。

　　生活地理和理論地理是不同的面向，一般人都需要生活地理知識，至於經過系統化的理論地理，則是地理學者的專業。

　　本書正是生活地理和理論地理的交叉，綻放著交輝的光芒。

施序

施雅軒（國立高雄師範大學地理學系副教授）

　　《地球脈動》這個節目，在高雄廣播電臺在寫序的同時，已經進入第五季了，回想這個節目與洪主任討論構想的時候，心中還有一點惶恐，畢竟廣播節目，對於地理學者而言，在臺灣，仍然是一個相當陌生的環境，但是，一想到未來走出地理學系的學生，被問及除了當老師以外，還能從事怎樣的工作？在這個動力之下，這個節目逼著我與洪主任像過河卒子，有進無退了。

　　承蒙高高雄廣播電臺願意提供這樣的舞台，讓地理學可以展演，如何看待這個世界，雖然大家都在國、高中讀過世界地理，但是只要瞭解地理學發展的過程就會知道，只取世界「靜態」的部分；換言之，你所認識的世界，將是一個自然環境與人文環境所架構的靜態世界，利用地形、氣候、水文、人口、經濟、社會等等，算是馬賽克的國家觀。但是對國家與國家之間卻鮮少著墨，理由很簡單，因為「關係」是不可見的，這套知識充滿著主觀的判斷，很難見容於教育體系當中。

　　但是，這個部分卻又是國家社會發展中最需要的部分，如臺美關係如何？中日關係如何？俄羅斯與歐洲的關係又如何？這一切的一切，都不是標準教本可以教授，尤其是正在進行的國際事件，一切都在五里霧當中，如北韓問題、伊斯蘭國問題、敘利亞難民問題，沒有一個可以用靜態的世界地理來處理，但是它有那麼的重要，所以這就是這個節目誕生的重要力量，也就是我在第 1 集談到的「世界地理 2.0」的概念。

　　這本書由於是廣播對話的文字化，所以相當多的口語用詞是無法避免，讀者在看的時候可能會相當辛苦，但這卻是國內少許能緊抓國際脈動、時間落差感最短的一本書，也期待讀者能喜歡。

目次

（約臺幣二兆元）的交易

挪威第一座無人井口平台開始運作，使原油損益兩平油價壓
　低至每桶三十二美元

日本因應中國的海上行動、美軍沖繩基地遷移費以及安保法
　的修改，明年度的軍事預算首度突破五兆日元

臺灣中央銀行公布本國銀行國家風險統計，中華人民共和國
　為四百零九億美元位居曝險首位

動物權當道，美國餐飲業擬採非籠飼雞蛋時程

敘利亞空襲炸死反抗軍首領艾洛斯，重挫近五年的反抗運動

第 27 集

104.07.07

〈全球化的時代帶您掌握國際時事　關心全球動態　歡迎收聽地球脈動〉

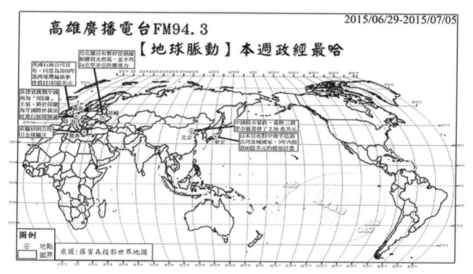

片頭：聽眾朋友您好，歡迎收聽 7 月 7 號的《地球脈動》。單元一開始帶大
家來關心一下上周的國際大事：

烏克蘭宣布暫停從俄羅斯購買天然氣，並不再向克里米亞供應電力
日本宣布對中南半島湄公河流域國家，三年內投資六十億美元的援助計
　畫
英國石油公司（BP）宣布，同意為 2010 年墨西哥灣漏油事件償付一百
　八十七億美元
中國股市暴跌，重挫三週使市值蒸發了二點三六兆美元
菲律賓挑戰中國南海「九段線」主張，將於荷蘭海牙國際仲裁法庭進
　行展開口頭辯論
希臘紓困公投，全球關注結果

稍待一會兒節目當中跟大家來關心這些國際大事的最新動態。

于庭（以下簡稱于）：好的，現場時間是下午的兩點三十二分、午後陽光第二
　　　　　　　　　階段，我是于庭。今天星期二，7 月 7 號節目後半段，
　　　　　　　　　兩位高師大的老師來節目當中跟大家分享這些國際大事
　　　　　　　　　的相關資訊。那一樣是邀請到我們的高師大地理系洪富
　　　　　　　　　峰老師、還有施雅軒老師，來跟大家打聲招呼吧、兩位
　　　　　　　　　老師。

施雅軒（以下簡稱施）：大家好！

洪富峰（以下簡稱洪）：各位聽眾午安！

于：那接下來呢，是不是先請施老師就剛才講到的六則議題當中比較前面的
　　議題，我們來做一下初步的這個分析？

施：好，那其中一則是英國的石油公司 BP，他是同意 2010 年的墨西哥灣漏
　　油事件願意賠錢一百八十七億元，這個很大的，美元喔！

于：嗯……

施：是很大的一筆錢喔！那再來另外一個就是烏克蘭，這個其實就像是兩個
　　小孩子再鬧脾氣啦！我不買了，一個我不賣你，對不對？而且克里米亞
　　的點我也不要供應你了，看你要怎麼辦？比較有趣的是日本宣布對中南
　　半島湄公河，三年投資六十億美元，就是日本現在也是像聖誕老公公，
　　我記得上次我也是講這樣子，已經是第三件了。就是連太平洋島國他也
　　貸款。

于：對。

施：泰國高鐵他也願意出錢，那其實很明顯的其實這就是要搶中國的主導權。

于：喔！

施：有趣的是，現在的亞洲開發銀行，我們講的亞銀，也是日本人在掌握的
　　啊！那為什麼日本也要急？

于：對啊！那他擔心什麼？

施：唯一有可能的就是因為亞銀它是一個銀行，他要貸款需要評估，但日本

用國家的力量就是曝險的程度由國家來負擔，為什麼他需要這麼的積極？顯然他一定有個積極的面向的考量。現在唯一能夠想的就是在搶時效！至於時效是什麼？當然我們就回到一個問題，那個就像在下圍棋一樣，日本跟中國互相在占地盤，比如說讓整個日本承受貸款的曝險程度，先卡位再說。再來就是中國股市暴跌，三周跌了市值二點三六兆美元，那二點三六兆美元到底多大呢？我去查了一下 104 年中華民國總預算，我們算二兆好了，等於就是三十六年的總預算，等於三周跌掉的市值可以支撐臺灣三十六年。就是說整個股市的崩跌狀況，是一個很嚇人的情形，從我們的總預算去想像臺灣一年，你就知道中國的股市發生一個很大的板塊崩壞的情形。

于：背後是指？

洪：可是那也是催上去的啊！

施：就是怎麼催上去啊，就是怎麼下來嘛！

洪：它再下來而已沒什麼差別。

于：啊哈，所以這是指中國經濟又要……邁向一個泡沫化嗎？

施：不知道，現在很多的原因，到底是自由經濟市場崩壞，還是有意的政治上引導他崩壞，或是有國際禿鷹在攻擊他？因為現在正在進行式當中，這種都要等事後結束了以後，才會去知道發生什麼樣的事情。

于：好，接下來呢剛才施老師幫我們講了四則的國際大事，接下來呢要請兩位老師就另外一則大事來做比較深入的分享他們的心得，就是前一陣子吵完的東海，現在換來要吵南海了！這個菲律賓他要做什麼呢？他在荷蘭的海牙國際仲裁法庭，菲律賓來提出說要來抗議中國對於南海這個地區所提出九段線的主張。那想請問一下施老師，他是要來抗議這個南海主權嗎？

施：我們要講這個南海主權，九段線或者是之前的十一段線，都要回到二次世界大戰結束的時候，當時候的中華民國派了一隻艦隊到南海各個地方接收日本人所留下的島嶼，那為什麼我們叫做太平島？就是因為當時候

那個艦隊有四艘，其中一艘就叫做太平艦，所以太平艦一登陸那個地方，就當作是一個紀念，就稱為太平島。當時候領隊的其中一個是一個地理學家叫做鄭資約，那這個地理學家後來也當過中國地理學會，臺北的中國地理學會喔，因為現在中國地理學會有兩個，一個是北京的中國地理學會，還有一個是臺北的中國地理學會。

洪：總共有兩個。

施：對對對，所以我們要講的是他當過臺北的中國地理學會的理事長，現在會有趣的就是現在的南海宣稱中華民國的都是在這個系統下所接收的，可是後來因為 1949 年中華人民共和國成立了以後，在「國際法」上面它是繼承了中華民國以前所留下來的東西，所以就變成說以前中華民國所謂的十一段線就變成由中華人民共和國來做主張，那後來怎麼變九段呢？因為中國跟越南的關係良好，所以刪除了其中兩條，就是靠越南的那個部分。

于：就是範圍縮小一點……

施：對對對，那個就變成九段線，可是這時候就會變成一個很有趣的情況，我猜這個在辯論法庭上面會有一個討論的問題，就是說：那中華民國的太平島屬不屬於中華人民共和國的？在實質管轄上面它是不屬於的，可是問題是假如你已經繼承了中華民國，那太平島要怎麼辦？所以與其會落入這樣子的一個情況，你會發現中國（中華人民共和國）在這次是完全不出席，它是不管的，隨便你們。

于：它不出席，就等於說開庭然後那個被告不出席這個樣子。

施：對對對，隨便你們，你們要講什麼隨便你們，反正我都不去。

洪：你的意思是中華民國應該派人去……

施：它又不告我們，它告我們我們就可以去啦！我們也希望它告，它就不告我們啊！

洪：如果馬英九總統聽到本節目應該趕快派人去答辯，去爭取我們的固有疆域。

于：那所以這一個菲律賓他在荷蘭的海牙仲裁法庭提出來這樣的一個抗告之

後呢，我想問一下，這樣的一個抗告之後的判決它是有國際上的效益的嗎？還是實質上的效益是有的嗎？

洪：就我都不願意承認了，而且我也不願意派人，其實也有一些評論者他們的戰略學者認為說，其實是菲律賓是想把中國拖下海的一個戰略。

于：拖下海是什麼意思？

洪：對，因為這個南海在中華人民共和國認為這是固有的疆域，可是根據現在聯合國「海洋法」的公約，關於主權關於海洋的邊界跟歷史的權力這個爭端，其實不應該放到海洋法庭或是仲裁管轄權的法庭去爭論的，可是菲律賓就一直要這樣做，所以中方才不願意派人，或者是認為這是你的陰謀，不配合你演出，是這樣的一個結果，可是這裡越來越重要，還有一些看法認為說只要把這個島造好之後，不是今天這個題目當中的黃岩島，是另外永暑礁（島），接下來可能就有航空識別區的問題了，像去年的東海，公布一個 ADIZ（航空識別區），可能就在這裡，那就不是海而已喔！是連空都有瞜，所以這樣一個概念或是這樣一個隱憂在這樣一個地方出現了。

于：所以菲律賓現在擔心的是中國在南海區域的實質影響力就對了？

洪：不只是菲律賓，包括剛剛談到的越南，雖然過去因為交好，但後來打過戰爭了啊！其實現在九線段已經可以看到另外變成十線段了，已經部分又把臺灣的東海這邊都劃進來了，某些文獻上也可以看到這樣子，這樣子的概念其實在指出一件事情，中國把南海當作它的內海。

于：中國把……

洪：你當作內海必須要有土地，根據「海洋法」，所有的包括臨海，專屬經濟區，通通是要以陸地做為基準，所以說為什麼大家要去搶，即便一個高潮的時候看不見的珊瑚礁都要搶，因為搶來造島，但根據法律上面，人造的是不能算的，要自然才是，就很厲害我們去培養珊瑚來造島，造的比你的人工還快，那也許就可以浮上來。類似這樣的爭奪，其實在未來你可以預見的時間裡頭會不斷的出現，而且這不僅僅是跟菲律賓喔，

而且跟汶萊、跟馬來西亞、跟越南都有爭論呢！都有這個邊界上的爭議，還包括今天談到的中華民國，最少去這邊把這邊給接收回來二戰之後，但這個問題就更複雜了。美國在這裡是沒有任何領土的，但他的軍事力量是最大的。

于：嗯～那我想請問一下老師，像這樣的一個算是領土或海域的紛爭啊好像在全世界都常常聽到嗎？

洪：我們北邊的釣魚臺，日本在過去的北方四島，跟韓國之間的獨島（竹島），南海諸島都在搶。

于：所以每一個這樣的一個地域疆域的紛爭，好像都沒有一個真正的人可以站出來做很公正、讓大家心服口服的角色。

洪：就法庭啊！所以其實聯合國已經扮演一定程度的角色，在二戰之後有各種的公約各種的法律。至少設定了某些規則，在這規則之下進行討論或是爭論，這樣可以避免說看誰拳頭比較大誰就去搶。

于：所以聯合國在這一次所扮演的角色，它是等於說以這個國際的規定或是國際的共識來做出一個裁決，至於要不要服從這個裁決就是看各國的主張了？

洪：那不只了。

施：中華人民共和國一定不服的嘛！因為原本都我的啊！為什麼你說一說就要讓呢？所以到最後還是……

洪：所以你還是認為應該中華民國派人去跟菲律賓講？

施：不是，這種有經濟利益的島嶼的歸屬，一定是軍事解決，一定是比拳頭，除非有更大的，比如說我們跟菲律賓要是有海域衝突，我們有共同的老大美國來解決嗎？可是現在沒有共同的老大的時候，誰要願意讓呢？沒有人會願意讓的，所以唯一的辦法就最後就武力解決，就我們最不願意看的就是戰爭。

洪：都還是法庭（國際法庭），還是要來仲裁，所以多數的國家如果願意接受國際法庭仲裁的權利或是仲裁的效應，那大家去接受，那就可以避免

用武力相向來解決紛爭啊！這比較文明啊！

于：當然我們是希望看到文明的趨勢啦！

洪：要不然派一個棒球隊看看誰打贏了就判誰的。

于：哈哈，是來下賭注就對了。

洪：當然這有點半開玩笑的，可是一定要用一個比較文明的手段吧！可是為什麼每個國家通通都要有武力？因為有時候其實走到一個頂端，我們在節目當中這半年的時間，我們也看過一些用武力解決的一些方式，妳剛剛講的俄國就用過武力的方式啊！才剛剛不久發生的事情而已，所以還是要以這個做為後盾啦是沒有錯。

于：好，這個國際上的地域還是海域的紛爭真的是非常、非常的多，至於這一次菲律賓在荷蘭海牙的法庭提出這樣的一個主張，提出這樣的一個控訴呢，至於它的結果是什麼呢？如果有後續發展的話，我們會在節目當中跟大家來分享，先送大家一首來自菲律賓的民謠，歌聲過後再來跟老師來聊天喔！

（音樂）

于：好的，現場時間是下午的兩點四十九分、午後陽光第二階段，我是于庭。今天星期二，節目當中《地球脈動》單元跟高師大地理系的洪富峰老師還有施雅軒老師來聊這個國際上的一些大事，在上個周末呢很多的投資人都在關心的議題就是說呢希臘要來舉辦公投。為什麼來舉辦公投呢？就是為了說這個希臘他的債務已經到期了。可是他還不出來，還不出來之後，人家就要對他來實施經濟的再度的，不管是撙節還是仲裁。那到底希臘要不要接受這樣的繼續的紓困？在本周星期天希臘舉行了公投，公投的結果是怎麼樣呢？是不是請施雅軒老師跟大家分享一下？

施：好，那各位聽眾如果有在玩歐洲的股票或者是歐元或是基金的話，我想應該都很慘，主要的理由都跟希臘有關係，這個希臘的公投出來了，有

超過六成的人支持拒絕紓困方案。也就是說，歐元那時候提出來是說你要繼續讓我錢給你，你就是要接受我的紓困案，但是紓困案導致成希臘的某些人民的一些花用上的撙節，所以人家也講說撙節方案，那這齊普拉斯說我不要這種紓困方案了，那這樣就等於是啟動了某種的核子按鈕了，也就說我有民意給這個希臘總理當民意基礎，喔好，我們不要這個方案。所以假如這樣的話就變成是兩條路可以走了，一種就是歐元，尤其德國為主的，我鼻子摸一摸我認了，我繼續捐錢，我都笑說這是捐錢，因為這個錢都有去無回的啦！可是如果這樣，梅克爾對德國選民很難交代，為什麼？我們德國人努力認真工作要給希臘人花呢？這是一個。另一個是希臘退出歐元區，也就是希臘退出歐元區擁有自己的貨幣，我看一些文獻是說如果假如希臘退出歐元區重新有個希臘的貨幣的話，大到會貶值百分之五十，也就是說現在在希臘兩塊錢可以買到的東西要三塊錢才買的到，也就是二十塊變三十塊，兩百塊變三百塊，你就知道那個貶值，可是也就是因為人家會認為說你這樣子貶值某個程度的話，你就能刺激希臘的經濟發展，那就跟日圓貶值是一樣的啊！也就是希臘現在沒有擁有自己的貨幣，他想貶值沒有辦法貶啊！

于：所以他是希望被貶值的嗎？希臘本身。

施：應該是說，貨幣貶值是刺激國內經濟的一種方法，但現在變成說歐元區歐元值多少錢不是希臘能決定的。

洪：如果他擁有自己的貨幣，那他的央行可以這樣做，可是他必須跟歐洲其他歐元區的十幾個國家一起來決定，因為歐元是在這幾個國家流通的。在法國在德國大家都用相同的歐元，不是說你要貶就貶，是這樣子。

施：因為現在變成說你貶值，我認真努力工作的人，我的貨幣購買力要高啊！但是變成說，今天希臘要貶值，我德國希望升值，在某個程度我希望民生購買力要強啊！所以會面臨這樣子的兩難角色在這裡啊！

于：所以不管是退不退出歐盟，其實都有他的傷害的地方，是這樣說嗎？

洪：退出歐元區也不一定要退出歐盟啊！像英國也沒參加歐元區啊！他也用

他的英鎊啊！但它參加歐盟啊！只要要退出這個茲事體大啊！它退出以後……

于：對，應該是第一次吧！如果真的退出的話應該是史上第一次。

洪：對啊！因為歐元不容易建立起來，它們現在還在討論歐洲的這個憲法呢！結果有人就中途落跑了，而且還是這個國家出產了這個奧運呢！出產了這個哲學家跟神話最多的一個所謂的發展中的世界，居然撐不下去了，那我們歐洲的憲法（歐盟）或者是歐洲未來不論你是用什麼樣的一個方式去形容它，怎麼會有未來呢？完蛋了啊！所以要努力 Hold 住它啊！花再多錢也要把它 Hold 住啊！猜想是這樣。另外一個最大的原因其實不要忘記希臘的這個在戰略上的位置，它在過去就是土耳其的。

于：喔～土耳其帝國嗎？

洪：現在的土耳其，在地中海的東邊那塊，你想像一下希臘如果離開歐盟，或是離開歐元區，然後他會向誰去求救？他會向俄羅斯跟中國去求救，因為現在是左派的政府，概念上可能比較接近。那會不會變成在戰略上面，俄國不必占據克米米亞了呀！這裡又更大一層，整個進入地中海區了。我想分享個小故事，那個我們談過李光耀去英國讀書的時候搭船，搭了十多天的船，那一路從新加坡走走走，經過了中東地區，非常緊張，因為是軍艦，就過了這個蘇伊士運河進入到地中海的時候呢，整艘船就快樂了。因為以為安全了，地中海到了，進入那個範圍了。那這種氣氛其實就是歐洲，尤其西歐不願意讓希臘離開的最主要原因，他在東南角幫我們守著這一塊，怎麼可以讓他走呢？

于：所以這樣的一個狀況……

洪：在戰略上面非常非常重要的，雖然他跟土耳其他今天他們其實依舊還是有領土上面那個島的爭議，就已經是弄不清楚了，你再把他往外推，那還得了，那未來整片通通都是麻煩的發起點，也就像我們剛剛講的島，各種的島，都大家爭，一直爭來爭去，那就變成地中海版的南海，南海那麼多島，又要命名了，這樣不是更麻煩嗎？所以這個經濟的目前看到

這個紓困，恐怕沒這麼容易就散了，這也牽扯出一個議題，因為這已經有五年了，五年來他們的 GDP 下降了四分之一，失業率這麼高，尤其是年輕人，那我跟你們借錢，我接受你們的紓困方案，你提了這個的經濟的藥方無效嗎？啊！所以這次左派的聯盟政府能贏的原因就在這裡啊！就說那個梅克爾你的藥方無效，對我們希臘人無效，你要重新提出來。

于：重新配方。

洪：所以引起這個部分的這個經濟學者的爭論，到底誰的藥方才是對希臘的問題最有效的。

于：但不管是用哪一種藥方，其實全球的投資人應該都是不希望這樣的一個狀況持續在一個不穩定或是未知的狀態，大家還是希望會有一個比較確切的討論結果出來，畢竟對於全球經濟動盪的話不確定這三個字其實是非常有殺傷力的。

洪：我們是越來越厲害了，剛三周就貶了二點多兆美金啦，好像也沒事啊！所以這種體質越來越好，它的身軀越來越龐大，可是不知道多少人哀鴻遍野，回去在那邊療傷止痛，打算捲土重來，好像大家的心臟越來越有力道。

于：所以從這樣的一個國際情勢也可以發現全球的這個經濟已經全部的綁在一塊，那從這個經濟議題又會衍生出戰略啊、地理的這一些議題。

洪：對啊！我也聽過一個訊息說，臺灣有些廠商不敢出貨到希臘，因為怕收不到錢。

于：當然啦！現在狀況這麼的不明朗，那至於希臘他後續到底是要怎麼樣來做，我們真的就是要看這個歐盟的巨頭們跟希臘的領導者，好像說下周會來做討論嘛，那我們也希望這樣的討論趕快有一個算是決議啦！不管要怎麼樣做，至少讓大家知道後續的發展後續的因應是怎樣，希望呢這樣可以讓全球的經濟比較趨向一個安定比較知道後續是要怎麼發展的。好的，今天節目當中相當謝謝高師大地理系兩位老師，那也跟兩位老師

　　預約，下周空中見嘍！

洪：再見。

施：掰掰！

(End)

第 28 集

104.07.14

〈全球化的時代帶您掌握國際時事　關心全球動態　歡迎收聽地球脈動〉

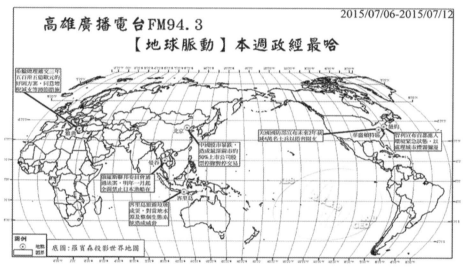

高雄廣播電台FM94.3
【地球脈動】本週政經最哈
2015/07/06-2015/07/12

片頭：聽眾朋友您好，歡迎收聽 7 月 14 號的《地球脈動》。單元一開始帶大

家來關心一下上周的國際大事：

美國國防部宣布未來兩年裁減四萬名士兵以節省開支

希臘總理遞交三年五百三十五億歐元的紓困方案，同意增稅減支等撙
節措施

泰國遣返約一百名維吾爾穆斯林至中國，引發土耳其民眾抗議

中國股市暴跌，造成滬深兩市約百分之五十上市公司股票停牌暫停交易

美國紐約證交所盤中暫停交易，引發交易安全性的討論

印尼峇里島旅遊垃圾成災，對當地水源，包括整個生態系統造成威脅

稍待一會兒節目當中跟大家來關心這些國際大事的最新動態。

美雪（以下簡稱美）：兩點三十二分、高雄廣播電台午後陽光第二階段，我是代班節目主持人美雪。美麗的美，雪花的雪，代替于庭在空中為朋友們服務，接下來進入到星期二《地球脈動》這個單元，剛剛關心完一周的國際大事之後，同樣的就前面四則的國際內容我們要請到施雅軒老師跟朋友們做一個簡單的深入介紹，那在這邊有請施老師跟洪老師先跟朋友們問聲好，好不好？來，請兩位跟大家問個好。

施雅軒（以下簡稱施）：主持人午安！

洪富峰（以下簡稱洪）：大家好！

美：好，兩位問好之後真的要請施老師先告訴我們喔，在過去一周的一個的大事裡頭，國際大事上有美國國防部宣布未來兩年要裁減四萬名士兵以節省開支，其次是希臘總理遞交三年五百三十五億歐元的紓困方案，同意增稅減支等撙節措施，還有泰國遣返大約一百名維吾爾穆斯林到中國引發土耳其民眾抗議，中國股市暴跌造成滬深兩市大約百分之五十上市股票停牌暫停交易，詳細的一個國際內容是怎麼樣的一個新聞？

施：好，那我們首先從美國國防部宣布裁減，那這個在我們歷周的回顧裡面這個是一個必然的，因為我們之前也有講過日本的自衛隊的巡守區域變大了，那當然某程度預留了美軍的裁員空間，等於說美軍兩年要裁四萬，那所空出來的防守，我猜會給日本的自衛隊去填補。再來就是希臘總理，這個我們看歐洲的經濟發展議題最近最夯的就是希臘，上周我們有談到所謂的撙節公投，那出乎意料之外的是，公投其實六成一都贊成廢掉歐盟給他們的撙節方案，可是這則新聞會有趣的是，民意支持你要去廢掉，可是你突然又急著我不算了，我還是願意撙節，那我是不知道希臘人看了以後會怎樣？

美：他們覺得是羞辱啊！今天最新的民意出來

施：就白忙一場啊！那明明你就是要撐節了，那你還要我們反撐節，然後結果你又說要撐節。所以這個後來會變成怎麼樣喔？其實還是繼續觀察啊！喔，我們常說這像臺灣八點檔一樣，轉過來轉過去，轉過來轉過去。

美：中間跳過讓過一些消息沒關係喔！總之，他還沒有結束。

施：對！對！對！

美：還持續在進行，好，那關心完希臘的紓困方案之後，另外兩則國際新聞。

施：好，那泰國這個事情會比較有趣的是說，其實原本泰國跟穆斯林或土耳其之間是沒有什麼樣的一個連結，在國際的立場上方面，可是泰國遣返了一百位的穆斯林回中國去，這個引起土耳其的一個抗議，或者說是土耳其民眾來說，為什麼呢？因為土耳其的民眾會認為說維吾爾族穆斯林基本上是跟他們類似，就是文化上面的認同感，所以你等於說他們會生氣泰國把這些維吾爾的穆斯林遣送回中國。那基本上在某個程度上，我們都會知道中國因為疆獨問題對那個維吾爾族的穆斯林某個程度是管控嚴重的。

美：沒錯。

施：所以他們跑出來了，結果你又把他們送回去，在某種程度有一種不捨，就土耳其的立場，就是不捨讓他們回去受苦受難的感覺，但是因為官方有時候你不能很直接就說：喔！這樣子不行。可是民眾就沒有這回事了，直接跑去泰國的土耳其大使館。

美：就抗議了？

施：就抗議了，這個以後還會不會有後續的，我們可以繼續觀察。那再來這個也是前兩周延續的。中國股市的一個暴跌，那暴跌到什麼樣的一個程度呢？上個禮拜我們是說數據是二點六兆美元，這個禮拜已經三點五兆了，三點五兆這已經對臺灣的預算來講，上個禮拜我們有算過，一年的預算是兩兆。

美：我們也有震盪，對不對？

施：對啊！兩兆臺幣，但這是三點五兆美元啊！不一樣，一下子就跌這麼多，所以中國他現在就開始下猛藥，下猛藥就是停牌，你一直拋股票對不對？那我就不准交易，就不會跌了。一種就是叫大家要趕快買股票，對不對？你自己的交易股票趕快買回來，所以這樣子雖然現在已經煞住車，可是大家都會認為說一個股票市場是不健康的啦！等於說一個人明明有病你不讓他發燒，然後一直給他吃藥、吃藥，就讓他一直退燒、退燒、退燒，可是你都不會去查為什麼他會發燒。

美：有人說股票就是一個經濟的市場，應該就是放入自由市場來做來做出的決定喔，投資客也好，或是所謂的理性投資他們應該怎樣的一個，顯然的再這樣的一個。

施：對啊！就現在已經來不及讓它恢復健康了，直接就退燒藥就猛打了，那我們現在就來觀察最後結局會怎樣。

美：同樣是股市喔，那接下來我們要深入探究在上周的兩則國際大事，首先聊到的是美國紐約證交所盤中暫停交易引發交易安全性的討論，這個部分我們是不是可以先請洪富峰老師來簡單說明一下？為什麼美國紐約證交所在上個禮拜會有這樣子一度喔盤中暫停交易的一個狀況？

洪：據說是電腦當機。

美：啊！就這麼簡單的一個，哈哈！

洪：電腦本來就會當機，或者是你突然之間必須重開機，也不知道整個系統哪裡出了麻煩，技術人員又告訴你說，啊你就把它強迫關機，然後一段時間重開機，然後又好像乖乖的這樣……

美：那你剛說一度暫停交易，它影響的不單單是美國紐約自己本土的一個經濟，它可能是影響全球整個。

洪：大家又掛上去的都說不定受影響了，受影響說不定是好的啦！因為我正在跌你停止了，接下來我就變好了。

美：但是事情真的只是當機這麼單純嗎？

洪：所以就有各種的陰謀論出來，就恐怖攻擊的練兵，以美國紐約證交所作為對象，來拋出一套看看會造成什麼樣的影響，唉，果然成功了，讓你當機了，那你又找不到。那第二個這個一樣的說法，是有一個駭客，看你這個紐約證交所的這種金錢遊戲不爽，而且你號稱是銅牆鐵壁，我就偏偏來試看看，又成功了，這是第二個類型的可能性。第三個類型的可能性就是過去有沒有這樣的經驗啊！會不會你裡邊的人你就故意操作的？故意把你的鍵盤上按錯一個 Key 或是讓整個系統線路其實被你拔掉再把它插回去，類似這樣，造就了突然之間短暫的停止，然後從中牟利。

美：不管是怎樣的一個推測，就兩位長期觀察國際情勢，我們探究這一個狀態，你們覺得哪一個比較有可能？

施：今天這麼早就要猜猜樂啊！

洪：對啊！這個太早了，不過我們其實選這個希望談這個議題，最主要的觀點是，其實為什麼紐約證交所的這種盤中突然間的故障，而且暫停會變成這麼大的一個世界性的新聞？

美：尤其大家覺得美國紐約證交所，他們在整個的電腦建置各方面應該是居於很多的技術之先喔！在盤中就突然之間丟出一個電腦當機就呼攏大家喔！

洪：都不相信是電腦。

美：好像都沒有人信服的一個情況，而究竟會是怎麼樣呢？

洪：即便真的是電腦，這些指出這個系統在一個大的問題，比如剛前面的消息說中國的股市跌掉了三點五兆美金，其實這個跟紐約的這個狀況是一致的，就是現在以美國作為領導的世界知識流通，基本上可以分成兩個系統，一個是我們比較熟悉的所謂的矽谷模式，科技的發展、科技的躍升，我們開始會使用某一些，比如說現在人手一機。

美：智慧手機。

洪：它是重要的，對不對？也讓一些產業上去，然後它沒有的之後下來，別人上來它這個時間要拉的比較長一點，這個是矽谷模式。知識的交換

啦！金錢的累積大概都是不離開科技。

美：明白。

洪：第二個就是華爾街模式，它是用秒來計算的。

美：時間就是金錢。

洪：五分鐘過要看長短。

美：要看長短（笑）。

洪：五分鐘就是天長地久，過五分鐘你的公司就倒了，更何況是幾個小時，或者是叫你一個月不要交易。

美：所以這真的……

洪：它是用秒在計算的。

美：一個紐約證交所的暫停交易在盤中的時候有這樣的一個狀況，就讓大家衍生了很多的猜測以及整個的電腦在運作上安全性的討論。

洪：所以你突然之間你這樣一個交易員在線上，他有一筆，看準了，決定好了，要出手了。

施：結果電腦壞了。

洪：電腦壞了。

洪：哈，要拚場的拼不起來，一段時間回來以後，世界不一樣了。

美：多少的金錢一上一下之間喔！我們不講別的，光是自己使用電腦如果我好不容易打了一整篇的一個文章，結果沒有儲存，真的是天崩地裂啊！

施：出了什麼事人家不會相信說這個只是一個很單純的電腦壞掉而已，這個其實有人會認為說在某個程度，你推給電腦壞了是最簡單的，也不用懲處任何人。

美：因為電腦不會反駁。

洪：懲處電腦、記他過。

美：你還是得仰賴他開機之後，繼續為大家來統整全球的金融。

施：就像我以前有朋友在玩期貨，他就只是上個廁所而已，上了回來對不對？整個就天崩地裂了，所以在這種電腦會壞掉的，我不是猜測說它真

的壞掉，我假如這是陰謀論，假如真的沒有壞掉的話，而把它壞掉的話，在某個程度就是當股票市場發生重大巨變的時候，推給機械讓大家冷靜兩個小時、三個小時，這個是最能夠讓這個所謂的金融交易市場是最容易接受的理由。

美：好！那這樣子我覺得欸感覺比較……

施：就是讓他冷靜一下，對不對？

美：當人的理智已經……

施：一直殺、一直殺，對不對？那機器壞掉，讓你殺不完，然後三個小時到了，再重新開機，那就像這樣子。

美：好！明白。所以呢這個……

洪：施老師這個還是陰謀論。

施：我是陰謀論啊！假如真的沒有壞掉……

洪：這個節目從開播到現在，一直不擺脫它。

美：電腦跟人腦的一個相互，反正科技始終來至於人性嘛！我們就沒辦法呢在最終有一個正確的答案之下，只能夠肯定的人兩腳錢四腳這樣子喔，錢真的不好賺。

洪：這樣子數量太高了。

美：真的太驚人了喔！那這一個議題呢我們在後續的交易安全性上面的一個觀察還是可以持續，接下來欣賞歌曲。

（音樂）

美：下午兩點四十七分、空中進行的節目是每周二兩點零五分到三點的午後陽光第二階段，我是代班節目主持人美雪，美麗的美，雪花的雪，錢難賺啊！好不容易賺到錢想要出國玩玩，沒有想到對當地也會產生生態的影響，繼續在空中《地球脈動》這一個單元段落有請到高師大地理系洪富峰老師以及施雅軒老師，繼續來跟我們一起探討印尼峇里島旅遊垃圾

成災，對當地水源，包括整個生態系統造成威脅。先就整個的成因請施老師可以跟大家簡單說明一下嗎？

施：我想大家都會把觀光業當作是一個地方發展，覺得說最沒污染的，或者說是投資最簡單的，因為你什麼都不用做然後人就來了，來這邊享受。

美：因為我有這樣得天獨厚的觀光自然資源啊！或者是人為的一些建設啊！我當然希望可以藉此獲得更多的觀光收益這樣。

施：所以，以前都講說觀光業是無煙囪工業，其實觀光業在某個程度它是高污染的，所謂的高污染那個污染並不是指一般說的放黑煙啊那種污染，而是說，比如說觀光客來這個地方，在某個程度來講，比如說這邊有個數據是峇里島一個觀光客一天要用一千五百公升的水，可是當地人一天只用一百二十公升而已，也就是十二倍，一個人用十二倍的水，那為什麼？其實假如各位聽眾你去國外玩，也不用說到國外啦！在別的地方玩也一樣，你有住在飯店裡面，你會去珍惜水嗎？會珍惜電嗎？在某個程度觀光客的特性就是我平時在家裡不會做的，比如那個泡浴缸，平常在家裡我不會，可是我去就會啊！

美：所以我們現在大家通通有喔！自己的手摸著你的心。

施：對不對？或者睡覺的時候，對不對？我們在家裡睡覺一定會把燈都關掉，可是你住在旅館裡面，你可能會怕什麼的，所以就把燈給它亮著；或者是廁所，一般的旅館廁所有那個抽風的，你就讓它一直開整夜，請問一下這個水、這個電這個能源要從哪邊來？這個就是所謂的高消耗能源的成因就是在這個地方！

美：所以也會看見印尼峇里島好一個觀光旅遊勝地最近垃圾成災喔！但不是最近才突然之間湧現的，它是日積月累的喔！對當地水源和整個生態系統造成威脅的一個狀況之下，洪老師，你自己的一個見解又是如何？

洪：好，這個峇里島其實是在印尼這個伊斯蘭國家當中的一個印度教，他的人口比較多是信奉印度教的，所以他其實文化是不一樣的，我們看他是一個瑜珈的進修中心，所以是很適合的，在文化上面有這樣的一個特

色。那第二個其實這個地方呢，他的生物多樣性是很美麗的，他的這個珊瑚礁其實不會輸給，甚至超越加勒比海，而且他因為洋流很乾淨，那是非常好的潛水地點，是非常、非常好的潛水地點。在過去這些年呢，包括那個東南亞國協的高峰會，包括亞太經合會，包括世界小姐選美，都選擇這個點，其實就看到他這個自然的美麗的風景，再加上這樣的一個印度教的特別的這種氣氛所搭接起來的。那不要忘記這個島人口才三百多萬，那觀光客一年就湧進了三百多萬，所以你也可以想像包括水資源的提供，包括一般的乾淨清潔的維護等等，其實恐怕也已經超越了整個島的人口常設的數量了。那尤其他現在其實是從氣候條件來看，他在赤道以南大概 8、9 度左右，那氣候跟我們相反的，那其實在這個時間點，比如說這個東亞的人跑去玩的時候，它正好是那個缺水的時候，又需要這麼多的水，剛剛除了講說你在那邊水泡澡以外，請問你在家裡每天你的床巾、你的枕頭套通通會洗嗎？

美：不會，但是在觀光旅館為了發展它就必須。

洪：不會，可是在旅館通通都要洗，所以他雖然有增加這個量恐怕還達不到這麼多，而且這些垃圾蒐集了以後他的系統還不夠完整，舊的理解這個地方船運是不容易的。

美：所以回收的？

洪：因為風的關係，因為洋流的關係，在沒有比較大的船舶，而且運輸效益比較好的狀況之下，他只能就本島處理，這個系統是還沒辦法支撐，所以就慢慢的堆、慢慢的堆、堆、堆……，堆到今天你看到的這個新聞出現，喔一下子出現這麼多沒辦法處理。其實這個事情這個臺灣也有啊！我們過去小琉球不也有一個垃圾沒辦法處理，堆了不知道有多少了，動員了縣政府的人動員軍隊的協助，把所有累積了不知道多久的垃圾載運回。

美：載運回這邊來做處理這樣，看看這樣。

洪：對啊！

美：所以這樣子看看國際的趨勢，也某種程度上因同屬海島型國家，我們也在擔心著未來。

洪：小琉球啊！水如果沒有從這個本島做一個水管過去的話，它不就水不夠用了。金門的水也不夠用了不，是嗎？要簽一個從中國大陸那邊牽過來了啊！

美：有再講要含一個淡化的一個輸運喔！那水跟大家息息相關喔，所以當原以為發展一個無煙囪工業，應該最是能夠對自然友善，對環境無害的，殊不知整個旅遊的人潮所帶出來的後面衍生的問題喔，可能是跟大家原先所預期的是完全背道而馳的。那麼就這一個印尼峇里島旅遊垃圾成災，對當地水源還有包括生態系統造成威脅的狀況，兩位老師最後是不是可以給朋友一些警醒呢？一些必要的提醒，維護自然愛護地球上面，我們還能夠多做些什麼？

施：我想我們都有機會當觀光客啦！那其實珍惜那個地方的一些資源喔，比如說我們講的塑膠瓶、塑膠罐，那盡量自己帶水，不要用那種。

美：所謂的綠色旅遊。

施：對，這是很重要的。

美：這是一個基本這樣，能夠自己從家裡帶過去的不要再使用當地而且是消耗性的物件這樣子。

洪：很多人說一生好入名山遊，意思就是很喜歡到處去旅遊啊！就是這種用水也把它用到底、然後冷氣開到底這樣的生活型態，我想這是人性啊！可是其實如果地球一死，我們這個節目叫《地球脈動》，又有人開始在推哪些地方你不要去，或是你去的次數要減少，或是你去的時候你的行為要開始有一點點約束（自我約束），這個是對的啦！

美：沒錯，那個先前美雪看到國外的媒體，他們統計全球有九大岌岌可危的世界觀光名勝，其中不乏大家所熟悉，像大陸的長城或者是澳洲的大堡礁喔！那原因無他，都是因為人太多了。

洪：包括我最近看到一個有趣的節目說包括連南極都希望你不要去，你去那

邊幹嘛？去留下自己的足跡，然後永凍層上面有我的足跡。

美：就是到此一遊，人生必要去的幾個景點。

洪：這都要怪孫悟空嗎？

美：如果你的到訪會對這個地方產生影響，產生一種推波助瀾的話，那我們真的很希望大家最後可以重新來省思剛剛兩位老師告訴我們的這一些愛護地球的這一些重點，希望把地球的脈動當作是自己的血脈、自己的心跳一般的珍惜來保護。今天在空中時間的關係，我們跟高師大地理系的洪富峰老師及施雅軒老師就聊到這裡，關心全球的地球脈動，希望朋友們可以持續鎖定每周二午後陽光第二階段，我是美雪，在這邊感謝施老師跟洪老師跟朋友聊了這麼多，謝謝大家，我們再會嘍！掰掰！

洪：掰掰！

施：掰掰！

(End)

第 29 集

104.07.21

〈全球化的時代帶您掌握國際時事 關心全球動態 歡迎收聽地球脈動〉

片頭：聽眾朋友您好，歡迎收聽 7 月 21 號的《地球脈動》。單元一開始帶大家來關心一下上周的國際大事：

歐元區領袖峰會達成紓困希臘協議，同意給予希臘新一輪三年八百二十至八百六十億歐元貸款

以色列安全內閣集會討論六國與伊朗達成的核子協議，並表示不接受協議結果

日本眾議院通過安保新法案將鬆綁自衛隊的限制

美國 NASA 無人太空船新視野號飛越冥王星

日本木村拓哉應臺灣觀光局邀約拍攝行銷臺灣短片

為爭取加入聯合國安理會常任理事國的日本、印度、德國和巴西等四國集團（G4）將在巴西首都巴西利亞舉行會議

稍待一會兒節目當中跟大家來關心這些國際大事的最新動態。

于庭（以下簡稱于）：好的，現場是下午的兩點三十三分，午後陽光第二階段，我是于庭，星期二節目後半段我們地球脈動的單元都會跟高師大地理系的洪富峰老師還有施雅軒老師來聊上周的一些國際上的大事，那今天節目當中先請兩位老師跟大家問聲午安喔。

施雅軒（以下簡稱施）：午安！

洪富峰（以下簡稱洪）：午安！

于：好，這個午安過後非常精簡的打招呼，接下來是不是先請施老師就剛才于庭這個所跟大家分享的六則上周的重要大事，我們先就前四則跟大家簡單的分析一下呢？

施：好，那第一則這個大概是歐盟八點檔繼續。

于：八點檔，對，沒錯！

施：就是又同意給希臘貸款啦！那這個八點檔啦就不用細談了，那第二個那個因為六國跟伊朗同意核子協定，這個六國就是五個常任理事國加上德國。

于：再加上德國。

施：可是以色列反對，為什麼反對呢？因為在某個程度上面你們越衝突，因為基本上伊朗的核子設施是對著以色列的，所以基本上你要放鬆這個所謂的核子協議以色列他就有危機感，所以在某個程度雖然大家都同意，可是他一定是反對的，那他反對到會有什麼樣的情形，就要看以色列當局的反映了喔！那再來就是眾議院通過安保的新法案，那鬆綁自衛隊的限制，那這個可能未來會變成是一個國際衝突的一個先行的。

于：這個是不是也是之前那個美日合作防衛指針的延續？

施：對對對！甚至我都覺得，因為上兩周的新聞有讀到說美國準備裁軍兩萬人，我猜這兩萬人應該是移給自衛隊了，我覺得啦，就是他放出來的就自衛隊去填就對了，因為不可能這個地方我守了讓大家自己去玩，一定是在有計劃的過程他裁軍，但剩下來的武力維持要誰？剛好日本軍隊這時候可以進來做一個填補的動作，這個是我的猜測，以後的新聞我們再

來追蹤。那再來 NASA 這個新視野號這個最近常常在搏版面，但是其實我會擺在這個地方其實是要提醒大家一個東西，就是說這種太空遊戲或探查其實也是有錢人在玩的遊戲啦！

于：有錢國家。

施：為什麼呢？這個新視野號他說長得像一台鋼琴，造價七億美金，那我們折合臺幣用一美金換三十一的話是兩百一十三億臺幣，那這個兩百一十三億元大家可能沒什麼感覺，我們舉最近最夯的苗栗縣政府的預算，明年他只有一百八十五億。

于：挖，所以他比一年的地方政府的。

施：還多三十億喔！一台像鋼琴大的東西對不對？就抵得上一年的地方政府，所以你就知道這種是強國在玩的遊戲，所以大家在看這畫面的時候就覺得哇看到那個火山，看到那個冰對不對？其實你要有一個概念，這都是用錢堆出來的。

于：所以就等於說強國之間的競爭除了在地球玩一玩之外，現在也要玩到外太空。

施：對，玩到牛郎星然後火星，OK，就這樣子！

于：然後接下來就是有兩則訊息要兩位老師喔比較深入的來講，第一則訊息呢可能大家聽到的時候，尤其是輕熟女們應該會還蠻感興趣的，就是呢臺灣觀光局呢邀請日本的明星來代言這個臺灣的觀光，然後要拍一個臺灣的行銷觀光的短片，那這一位巨星，日本的巨星呢，哇，非常的，要算資深嗎？他今年已經 42 歲了，但是呢魅力是不減的，他曾經演過「長假」、「戀愛世代」、「美麗人生」、「HERO」，還有「夢想飛行」以及「華麗一族」，講了這麼多提示，他到底是誰呢？大家應該猜的到喔！那就是日本的明星木村拓哉。其實呢，木村拓哉應該說他的魅力是可以席捲從比較年輕的輕熟女，一直到比較資深的這個女性的長輩，都還蠻喜歡的，那這一次呢臺灣觀光局到底是怎麼樣的方式、怎麼樣的重金禮聘，可以邀請到這位日本的巨星來拍臺灣的行銷短片呢？是不是要請施老師來幫我們講一下。

施：到底是誰邀請我不知道啦！但是看到這個讓我聯想起之前「KANO」，對

不對？找眼八田與一的那位大澤隆夫，那時候我就覺得怪怪的，為什麼呢？因為大澤隆夫基本上是一線演員啊！他不需要來「KANO」拍電影當一個很帥的八田與一，所以重點是演一個很帥的八田與一，那這時候沒什麼感覺，可是當這種木村拓哉來的時候，這種所謂是日本演員的旗艦級的，我們說是旗艦級的，也就是說任何東西只要被他摸到都會有名的。

于：就是大概是那個劉德華等級，如果以港臺三地的等級來看，他就是劉德華等級這樣的。

施：對，就是說他們具有點石成金的功能，所以不需要去爭取來臺灣演這種東西，所以這就回到某種程度，回到我們這個節目一直在討論的東西，之前講了小早川效應的一個發酵，那也許在跟聽眾很快速的回顧一下小早川效應，就是說當在整個國際的競爭上面美日跟中俄發生衝突的時候，臺灣會面臨到不知道要選哪邊的情況，那美日這邊其實木村拓哉就是在小早川效應裡面所發的一張的牌，為什麼會這樣呢？

于：一張牌？

施：牌，也就是說其實木村拓哉我相信應該是背後有一股力量叫他過來接的啦！然後來爭取臺灣的認同。因為在整個區域的結盟過程裡面有三種方式，一種是經濟生產，一種是社會脈絡，最難的叫做文化認同，那基本上木村拓哉基本上他在 50 歲以下的，基本上都是看他的戲劇長大的。

于：沒錯。

施：所以今天當他出來代言臺灣的時候，很自然的臺灣的民眾就會把日本的這一個人，就是說我們似乎也跟日本某種的文化一體感了。

于：是一種軟實力的概念，對不對？

施：不是軟實力，爭取我們就是一體的，就是我們是一家人，我們一起都看木村拓哉，木村拓哉就是我們的人，要是有一天木村拓哉講說我是臺灣人，那這樣也很具某種的說服力啊！那當然這樣子的一個鋪陳，最終還是我們講的小早川效應，也就是說當有一天臺灣需要公投站哪一邊的時候，你是木村拓哉的粉絲，你會不會支持美日？

于：挖，好嚴肅的問題啊！

施：是啊！所以這個。

洪：把他想得很嚴肅。

施：是啊！就是很輕鬆的演藝，但是因為我跟你講，不然你沒辦法解釋這種旗艦級的為什麼他要來拍這個東西，他風塵僕僕來，風塵僕僕的走。

于：嗯嗯，所以施老師幫我們這樣的分析說，好像原本看似好像邀一個明星來拍臺灣的這個行銷觀光短片，但是它背後的這個政治的手段，我們不要說陰謀好了，陰謀有點難聽，政治的這個操作力量其實是有這個觸角下去的。

施：是的，甚至包含之前的十億追緝令，因為另外那個松嶋菜菜子，因為原文書我實在是念不出來叫什麼名字喔。我們會覺得他來台南的高鐵拍好像很自然，那時候我聽了我一點都不自然，我不相信以松嶋菜菜子的知名度新幹線不借拍的，我不相信，那最有可能是她就是要來臺灣，要讓臺灣人看到松嶋菜菜子，

于：所以說等於說這國際間的一種公眾外交的手法已經就是鋪天蓋地。

施：對，就是美日很重要的一個特色，就是說他用軟實力文化的概念去抓住你，讓你達到一種文化認同的概念，所以我們才會呼籲中華人民共和國你假如不承認中華民國，那你永遠都被綁手綁腳就在這個地方，因為你要是派類似像這樣的人，你要派誰？你想一下，要來代言臺灣的話……

于：挖，這個施老師的分析喔，把這個大家好像看似很輕鬆的這樣一個明星來代言的一個消息、一個新聞喔變成其實他背後是有這個權利，不曉得洪老師是怎麼看的呢？

洪：我只是看明星而已，其實在現在的網路的傳播上面有時候一個影片或者是一齣戲，他的重點也許不是他到底多少的酬勞啦！而是一個曝光的機會，那現在世界當中就是爭取越多的曝光的機會去影響力就越大，所以你也可以從另外一個角度，來想說木村也許也想藉這個機會來爭取跨越臺灣跟日本的那個……

于：行銷嗎？

洪：行銷，而且我們也會把它拿到不只是日本嘛！別的地方也會撥啊！所以就更是把木村推向更高的知名度或者是曝光率的概念嘛！現在的產業已

經變成是誰能夠代言的越多，他未來的價值是越高的，那當然他還是不斷的說我這個犧牲是友情價，表示我們政府沒花那麼多錢啦！也符合現況啦！可是真正的概念來講我覺得說不定他其實很樂意來接這樣的，能夠有一個國際曝光度的廣告，所以背後的這個算不清楚的人閱讀了，或者是看到了這樣的廣告的價值遠遠超過他的酬勞啦！這是另外一個觀點，所以你會看到大明星會拍小的影片去那邊尬一腳。你也可以說其實今天是木村來尬一腳，那至於背後是不是有這麼強的這種那個效應存在，可以值得去細細的推敲啦！不過在全球化的世界裡整個地球的脈動裡頭，他偶爾把它當作一個新的嘗試，何嘗不是？

于：其實呢，在這個每一集的《地球脈動》當中都可以看到很多的這個國際時事，其實我們要來看他不只從一個觀點來切入，要看同一個事情呢，不同人的觀點或者是不同的切入角度都會帶給大家不同的的思考方式。那其實呢這樣一個方式一個多元的思考的角度，就是希望透過這個節目可以帶給大家的，在每個星期二的下午的兩點半之後呢透過空中的約會，讓大家一起來動動腦來看一下你是怎麼看待的。

洪：對啊！所以我們也希望聽聽主持人的想法。

于：哈哈，主持人要站在中立的想法，要不然這個裡面三個人萬一有這個往右傾或往左傾。

洪：那不就正好鐵三角嗎？

于：哈哈，那剛才聊了這個木村拓哉來拍臺灣行銷的短片，接下來我們就來聽他演過好多好多火紅的電視劇，來聽這個電視劇「長假」當中的插曲，送給大家"Ture Ture"。

（音樂）

于：好的，現場時間是下午的兩點四十九分，午後陽光第二階段，我是于庭，星期二下午的節目現場非常熱鬧，除了我之外呢，還有我們高師大地理系的洪富峰老師，還有施雅軒老師，一起在這個主播室裡面跟大家聊國際大事。那接下來要跟大家來關心的話題喔，是算是比較嚴肅的話

題啦，就是呢有四個國家日本、印度、德國，還有巴西，這四個國家喔，我們簡稱叫 G4 集團，他們想要做什麼呢？要來爭取加入聯合國安理會的常任理事國。想問一下老師們，加入這個安理會的常任理事國是不是有什麼樣的好康或者是對於它們國際是有一個怎樣的一個曝光程度呢？不然為什麼大家，從這個議題從 2004 一直一直討論到現在都一直很想要來加入，到底他們的這個利益是在哪裡？是不是請施老師來幫我們講一下，啊洪老師來幫我們講一下！

洪：我先講啊，那這是跟聯合國的憲章有關係，因為在安理會的章節當中有十五個理事國，然後呢當中有五個常任理事國，就是中、美、英、蘇現在改成俄國了，跟法國了，那這五個常任理事國呢關於安全理事會的決定呢只要他們不同意那就不通過。

于：只要有一個人不同意就……

洪：對！這五個國家就最主要的五個重要的國家，在二次世界大戰結束以後呢組成的，其實過去我們也在裡面啊！我們這個原來剛剛那個中美的中其實過去是中華民國，一直到我們被中華人民共和國取代了，那我們就變成孤兒了，我們沒在裡面。所以這幾年臺灣會有一個議題說我們要加入聯合國，其實也是從那裏開始的啦！那剛剛講的這四個國家，當然那個日本、德國、印度跟巴西呢，它們是二線國家啊！當中日本跟德國還是二戰的時候跟前面這幾個國家打仗的呢！可是到了兩千年以後他們的經濟力量改善了啊！按時交款、幫忙聯合國出錢、出各種的力氣，對不對？來幫助聯合國來維持，甚至包括它們的那個維和部隊的錢。可是投票權很低啊！像美國還欠很多錢啊！過去還欠很多錢沒交給聯合國啊！你都可以在裡面有否決權，你還不交會費，那我們交會費的沒有否決權或者連投票權都沒有，輪流或輪值的時候才去，而且我們的票還輸過你，只要你反對就不能夠支持。所以這四個國家，日本跟德國是經濟強國，印度跟巴西是大國，也許經濟不是那麼強，所以他們想要進去，已經有十多年了，可是反對的力氣一直存在，你把它看一看這個幾個反對的過程當中，你發現這四個國家反對他的都是在他旁邊的。

于：就是鄰居不讓他。

洪：鄰居反對你，所以鄰國ㄟ都是你的最佳敵人啊！

于：唉，這樣有點尷尬ㄟ。不是因為鄰國更好嗎？

洪：聯合國應該鄰國更好才對不對？結果發現你看這個印度反對他的就是跟他⋯⋯

于：巴基斯坦。

洪：對，就過去跟他一直以來就是不論是在宗教、在國境上面，一直互相抗衡的，就反對你，你不可以進去，所以其實不是這五個常任理事國的問題而已啦！不只是這個 G4 而已，還有其他的國家的意見。因為這牽涉到整個憲章的關於安全理事會的章節，一定要去做修改才能夠允許他們進來。

于：等於說目前的這個憲章規定的投票門檻，這四個國家是一直都達不到嘛！是不是？

洪：它們只能輪值進入當作理事國，可是他們就沒辦法成為常任啊！而且沒辦法常任，你要擴充這個常任理事國預算增加讓他有否決權，那他的權力相對就大很多了。比如說，這個只要你國際上對於以色列有些意見，你想要譴責他，美國就會站出來反對，因為以色列跟美國的關係是非常密切的，以色列猶太人在美國政治上的影響力是非常強大的，他可以遊說美國的國會，甚至包括總統，後來代表這麼美國去參加聯合國的這個大使，都要某種程度去維護以色列的利益。這就國際的現實啊！所以這一次這個已經十多年了，就是他一定我相信還是不斷會再提啦！就是說從 1946 年以來的國際的情勢今天已經改變了。尤其說過了上次的千禧年，兩千年，2015 年了，各個地方的這個互動的情況在改變，俄國也沒像以前那麼強了，中國崛起了，那現在其實不是這個 G4，看起來是 G2 啦！

于：G2？

洪：恐怕是中國和美國為主啦！所以其他的國家其實某種程度是圍繞在這兩個國家當核心當中，可以說稍微有點兩個大集團的概念啦！所以這四國如果進來，你看德國跟日本，印度跟巴西都進來，這五個國家恐怕也不希望是這樣吧！

于：我覺得那這個國際議題的這個每次在投票上可能又要凸顯更多。

洪：有趣的是反對你的原來是你的鄰居啊！舉報你的違建一定是你的鄰居，大概是這樣！

于：所以是要做好敦親睦鄰的概念是這樣嗎？那施老師這邊有什麼要補充的？

施：我想日本跟德國大概會覺得說我賺錢這麼多，我是經濟強國，為什麼我不可以擠進去？可是我們的遊戲規則看的出來，不是你有錢你就可以當老大，在我們的社會裏面也是一樣。你要怎麼以德服人？就是說為什麼我要接受你的領導？為什麼要推你當我們的老大？在某個程度是在關鍵時刻你能夠排解事情，所以今天這 G4 這四個國家想要變成常任理事國，我覺得還有一段很長的路要走的理由就是，因為這五個常任理事國其實是二戰以後一個新秩序的時候所弄出來的老大，可是假如說這五個老大對不對要是有新的進來的時候，你這五個老大馬上就遇到衝擊了嘛？

于：喔，它不再是老大，因為有更新的勢力要來。

施：對，有更多的老大要來，假如我一直否決你，我永遠都是我們五個老大，那我再加四個進來不就九個老大了，這就不一樣啦！那就跟地盤一樣、抽稅一樣啊！對不對？所以當然五個老大既得利益者，所以這個 G4 基本上我會覺得還有很長的路要走。

洪：就是你否定我這邊、我否定你那邊，維持我們五個繼續在裡面。

于：這是一種所謂的安全的困境的概念，大家都一直在提高自己的勢力，結果到最後沒有一個人可以得利就對了。

洪：你要互相否定對方。

于：我覺得國際的這些，算是國際組織裡面的權利，他的這個角力真的是相當的有趣喔！我們可以看到很多的國家是這一個抓 A 打 B，但是呢這樣的計謀好像不一定會成功，反而讓這個國際的很多的情勢在討論上好像都會陷入一種僵局，但是這樣的僵局沒有辦法，就是因為各國都想要來爭奪權力的最大化，可是目前這個型態可能是沒有辦法達到的。

洪：可是聯合國還是共識的啦！它不會說這個你是安全理事會的常任理事國你就可以為所欲為，其實沒有這樣。

于：喔，還是有它的社會正義的角度。

洪：不過如果是這樣，比如說我們申請進去了，那我們就可以向國人說我們現在變成這個常任理事國了，這也是國力的提升，我想每一個領導人都想要完成的遊戲吧！所以雖然困難，但是我相信還是會持續的去申請的。

于：好，今天因為節目時間的關係，所以在這邊要跟兩位老師先說掰掰嘍，那我們也預約下周空中繼續聊天，謝謝兩位。

洪：再見！

施：掰掰！

(End)

第 30 集

104.07.28

〈全球化的時代帶您掌握國際時事　關心全球動態　歡迎收聽地球脈動〉

片頭：聽眾朋友您好，歡迎收聽 7 月 28 號的《地球脈動》。單元一開始帶大家來關心一下上周的國際大事：

　　烏克蘭舉行以美國為首的十八國聯合軍演
　　金磚五國所發起的「新開發銀行」在上海舉行開業儀式
　　土耳其同意美國軍方使用空軍基地攻擊 IS
　　世界油價走低，紐約原油期貨價格收盤價跌破每桶四十九美元
　　陸青少年偶像組合團體 TFBOYS（The Fighting Boys）來臺
　　紐約金價跌至五年低點，臺灣央行黃金市值自高點蒸發逾百億美元

稍待一會兒節目當中跟大家來關心這些國際大事的最新動態。

于庭（以下簡稱于）：好的，現場時間是下午的兩點三十分，午後陽光第二
階段，我是于庭，今天星期二節目後半段呢我們地球
脈動的單元邀請到高師大地理系的洪富峰老師、還有
施雅軒老師來節目當中跟大家聊一下國際的大事，那
剛才，跟大家分享了六則上週發生的這個國際比較重
要的事情，那一樣呢先請施老師就前面四則為大家做
一個這個 Review。好，那首先第一個烏克蘭的以美國
為首的軍演喔，那這個其實也是……

施：好，那首先第一個烏克蘭的以美國為首的軍演喔，那這個其實也是延續
性。等於說是秀肌肉給俄羅斯看啦！那這個其實我們就挑過啦！除非是
在演習部分不小心擦槍走火，我們再繼續追蹤。那再來是金磚五國所發
起的新開發銀行，已經正式開業了喔！那這個名字叫新開發銀行，可是
它有個更有趣的名字叫做金磚銀行，就是金磚五國所成立的銀行，叫金
磚銀行，所以假如各位聽眾以後再看到什麼金磚銀行就是他們。那再來
土耳其同意美國軍方使用空軍基地攻擊 IS。原本土耳其是同意美國軍方
使用的，可是他不允許他攻擊 IS，因為都是穆斯林，可是後來就是因為
IS 對土耳其發生了一些恐攻，他受不了了，所以決定讓美國軍方使用，
那當然這個使用對不對也會回到我們之前所講的庫德族的問題，所以那
時候會覺得說庫德族那時候對不對，土耳其突然說，喔！不准庫德族建
國，在某個程度在一陣子這個就出來了，所以我相信庫德族建國這個議
題應該是土耳其跟美國軍方交換的一個協議，等於說同意了，那我就放
給你喔！那再來油價走低，那我想呢，最近我們再看我們這個節目開始
的逐字稿，我發現我們第一週就在唱衰油價了，我們幾乎已經是空頭總
司令了，在經過這一陣子的漲上來對不對，結果現在又下去了，那當然
下去主要有個重點在於伊朗簽了核子協議，那基本上取消了他的經濟制
裁了，所以他的原油就釋出了，油價就跌破了四十九塊美金，那以上就
這樣子。

于：好，那接下來要跟大家比較深入講的這個議題喔，相信大家在這個 7 月
28 號很多的學生都在放暑假，那我覺得學生聽到這個議題應該也會蠻開

心的吧！是什麼議題呢？就是呢大陸的青少年偶像團體組合叫作 TFBOYS！就是 The Fight Boys 來到臺灣，在機場掀起了一個算是接機的一個風潮吧，那于庭呢仔細來查了一下這三位這團體裡面的小男生真的是現在很流行的一句話叫做小鮮肉，放在他們三位身上是非常適合的，他們年紀有多小你知道嗎？兩位 14 歲，一位 15 歲，換算成臺灣的學制大概就是國中年紀的小弟弟，為什麼這麼年輕的小弟弟來到臺灣據說引起了這個接機的風潮，而且這個綜藝節目上，有很多的這個小小的小女粉絲就為了要來看這三個小男生一眼，這樣的風潮到底是怎樣的一回事？以及呢這個大陸打出所謂的小鮮肉偶像組合團體，他們到底有什麼用意呢？

施：我想這個應該要從上個禮拜假如聽眾有聽到我們在講木村拓哉的時候，其實這樣子的脈絡就會聽起來，那時候我記得我在節目我還喊說中國有辦法派出一個代表性的團體出來嗎？馬上就出來了，嚇我一跳，我就說那這個節目這次一定要討論 TFBOYS。

于：那上週木村拓哉應該是熟男代表。

施：日本代表，那現在這個是中國大陸代表，我也有啊！假如 TFBOYS 代言臺灣觀光的話，你看會不會嚇人，很嚇人的。所以當時我們回來看 TFBOYS，基本上假如聽眾假如稍微有點年紀的話對不對，其實他的原型就是小虎隊啦，而且是小虎隊的乖乖虎蘇有朋。

于：所以要會唱歌要會演戲又要會讀書。

施：讀書對，TFBOYS 基本上他們都會標榜很會讀書的，也就是說我不會娛樂事業荒廢了我的功課，那當然 TFBOYS 對不對我們剛才講的那個學乖乖虎的話，那基本上又長的很清新。

于：就是斯文路線。

施：對，走斯文路線的，會唱歌會跳舞還會讀書，那基本上那假如是這樣子的話，我們這個節目就不叫《地球脈動》了，叫做《娛樂脈動》了嘛！對不對？所以顯然這一定是有背後在我這個陰謀論專家對不對？

于：剛才這個節目一開始其實于庭就有稍微的跟老師來講一下說，欸！老師你今天應該我們的路線應該不是要走小鮮肉吧！應該你要拋出這個議題

的背後，是不是有其他的想法要跟我們分享？

施：是，那基本上這個後面是有很大的議題空間，就是他 7 月 20 號來的，新聞我看到是 7 月 20 號來的話，那顯然這個要回到基本上中國大陸對臺灣的關係研究，我們用簡單的二分法，一個叫鷹派，一個叫做鴿派。

于：鷹派就是攻擊性比較強的。

施：對對對。

于：鴿派就是代表和平。

施：就和平的，就是說我處理臺灣問題，鴿派就是有話好談，鷹派就是動不動就打打殺殺這樣，那基本上你可以發現 TFBOYS 在議題的使用大概就所謂鴿派系統的，就是鴿派的。其實 7 月 20 號過來的時候你會發現這個不用發動啦！這個訊息一放出去就馬上就擠爆了國際機場，這沒問題的啦！可是重點是 7 月 21 號隔一天。

于：隔一天發生什麼事？

施：發生什麼事情？臺灣的新聞媒體都在報一件事情，解放軍模擬解放臺灣總統府攻臺的畫面出來。這基本上為什麼我會說這個變成有點有趣的？就是說基本上，你用解放軍攻臺這樣子一個議題在鷹派的手法是常常出現的，但是我們常會講說這兩個通常不會擺在一起的，因為你要發動一種議題，你基本上要很浪費能量的，也就是說你今天花了好大的一個力氣把 TFBOYS 喬檔期來到這邊的時候，基本上會要收到某些的效果，所以尤其是基本上整個對臺關係的上游所謂的對臺工作的領導小組。這個小組的小組長大家知不知道是誰？就是習近平大大啊！

于：喔～～是，那為什麼要一次拋出兩種？這算是意識形態有點不太一樣。

施：對，就是說原本對不對，第一天來接機對不對？理論上照我們的邏輯就是讓這些人對不對全臺遊透透，然後每天都搏版面對不對？那這樣子很搏版面的，結果隔天突然就潑了一個冷水。

于：對啊！這樣就壓縮到那個弟弟們的版面。

施：不只壓縮啊！今天假如說人家說爸爸媽媽我要去看 TFBOYS，戇囝仔，馬上就翻報紙給你看對不對？這整個突然花了很大的力氣突然整個虛耗，就虛耗掉了，而且……

于：為什麼呢？內鬨嗎？

施：妳真是行家。

于：所以老師是有小道消息。

施：我沒有小道消息，我憑看為什麼。因為這則解放軍模擬攻臺的新聞是 7 月 5 號的央視畫面，7 月 5 號。

于：所以它壓了很久才曝光。

施：對，它壓到 7 月 21 號才透過某個新聞媒體把它放出來，然後 7 月 22 日就大張旗鼓啦！而且重點是央視，誰平時在看央視？在臺灣，基本上還是看不到央視的。

于：除非你網路。

施：對對對，或者甚至是另外一種我們看新聞的習慣，你會每一則都看嗎？都不會的。所以你看的你還要有心把它錄影下來。所以會變成說壓這個新聞的人，就是讓它養到所謂的養新聞，7 月 5 號，基本上假如說一曝光了，基本上馬上就要被討論了。就把它壓著，到了 7 月 21 號才放出來，那當然我們目前看起來他放出來的理由，是因為剛好李登輝前總統 7 月 21 號去訪日。目前我們的臺灣的新聞是把它處理成這個樣子，可是問題是大家都忽略了一個問題就是 7 月 20 號其實 TFBOYS 要來臺灣了，已經來臺灣了，所以就變的很悶啊！他很悶啊！他走到哪裡都很怕人家當心說那個模擬攻臺怎樣的怎樣，所以快樂不起來，所以有一個先走了。

于：啊！有一個先回大陸。

施：好像就說先回去考試這樣子，我忘記了。就很悶啊！所以我才會說，其實我們從這樣子的一個訊息看起來喔，其實你會發現在整個的一個訊息，因為它還跟鴿派的一個矛盾，其實在這次的 TFBOYS 來臺事件裡面，其實很清楚的發現自己打自己。

于：所以不只是國與國之間會打來打去，這個同一個國家之間不同的戰略的方式或者不同的這種意識形態掌握的方式的這種人員，他們也會有可能意見也會相左的時刻。

施：現在我們沒有資訊，我們沒有辦法處理說在習大大領導之下對不對，下面的他們是不是故意的。不能這樣講，因為我們沒有訊息，可是從 7 月

20 號 TFBOYS 來臺灣 21 號就放這消息出來，那其實是有某種的……

于：陰謀論。

施：很容易被人家解讀成有陰謀啦！

于：是，那這個洪老師怎樣看待這一群這個可愛的弟弟來到臺灣？它背後到底有怎麼樣的一個想法呢？

洪：宮廷戲看多了，換一點點經濟躍進之後的 TFBOYS 也是 OK 的，不要忘記他其實是有代理商的，他是商業活動而且在暑假，那兩岸這邊過去這一些年的交流，那商業活動是非常的旺盛了啦！所以背後是不是有這種陰謀論鴿鷹兩派的這個戰鬥，那姑且這個留存著，但是其實他就是一個商業活動，為了擴充，現在很多的藝人說「我去了」，那個木村拓哉也可以講，我們上次講的，他到了臺灣可以，雖然價格不是那麼高，他可以跟他的觀眾說「我代表了臺灣來做這個事情」，對他的演藝生涯是很正面的，就是說這種剛起來幾年的這個偶像團體他到了臺灣去巡演了，這是多麼重大的一件事情。因為他是一個演藝算是有某種鑑賞力跟消費能力的社會啊！所以其實我們也可以用一個商業活動的概念來看，尤其在暑假。我相信他早就排了一段階段了，不可能是臨時起意的，這是一個商業活動，只不過或許他正好碰到了這樣一個案例，或許是對臺灣來講，這年紀太小啦！你很難把他當作一個偶像的團體來對待，即便是有這麼多的人好像去，不過都認為說某種程度是代理商發動的，聽說他們還有專門的店嗎？

于：還有專門的店啊！

施：有，在西門町。

洪：在賣他們產品的。

于：這麼的火紅，那于庭真的是有一點不夠……

施：沒關係啦，正常。

洪：所以我是願意把他當作只是一個偶像團體，在發展的過程當中暑假想要賺一點這個下個學期的註冊費。

于：註冊費，好，所以說同一個訊息呢在兩位老師的這個眼中，其實是有不同的這個解讀的方式，一個是從軍事從政治的這個角度來切入喔，另外

一個就是從商業。

洪：對啊！妳想想看真正要做這個文化方面的統戰的工作，其實我們都知道的孔子學院被西方社會指責說它是披著這個文化的外衣在做統戰啊！那怎麼會對臺灣用這麼一個 TFBOYS 這樣的一個團體來拿這個大旗呢？看起來這個我要請施老師稍微想想，這兩個連在一起有一定的關係，不過確確實實也是怎麼沒有團體這麼厲害的啊！而且我們都不太認識這些小孩子。

于：可能我們這個年紀喔……

洪：所以妳也可以說統戰已經往下扎根到了連小學女生都要統戰了，太過了吧！會不會太過了？所以我還是把他當作是一個可能商業活動的性質，至少是一部分。那我們總是對像類似這樣的商業活動抱持比較那個，暑假嘛開開的人比較多啊！好，玩一玩的心態，不過這些事情如果是牽涉到背後的像施老師所說的這種分析，那就不能等閒視之。可是如果每一件事情都這樣想的話，會不會變草木皆兵？

于：這樣的話就是看娛樂新聞的時候，大家都要戰戰兢兢的……

洪：但是其實用國家跟國家的概念來講，這也不是一件壞事啦！妳只要思考它對我們的影響，比如說木村拓哉妳也不能把他當作純粹的一個只是找個代言人而已，為什麼找他代言？那個背後的思考是很重要的，那至於是不是掛上政治的目的，那我們可以慢慢的思維，那多收集一些案例後，說不定也可以得到那樣的一個答案啦！說不定是否定的。

于：反正我們這個節目就是讓這個很多的想法匯集在這邊，然後提供給收音機旁的朋友們另外一個思考的方式，或許呢，你之後在解讀一些國際的資訊或者是說我們臺灣本土的資訊的時候，都可以有不同的議題的這個觀點。

洪：這不是《地球脈動》的目的嗎？

于：沒錯，就是所有的議題一直不停的不停的在滾動、滾動、滾動，是，好剛才講了大陸的小鮮肉說是想要來模仿這個應該有 20 年前……。

洪：25 了吧，1989…

施：小虎隊考大學的時候還小我兩年嘛，對不對？他大一我大三啦！

于：喔！那這樣施老師你透露年紀了，所以大概有 25 年有了啊！

洪：很難算啊！請不要算。

于：是。

洪：大叔也有秘密的。

于：是，是，我們也要保密。好，那沒關係，就是既然是學我們之前的團體
　　小虎隊，所以呢我們節目當中就為大家來原音重現一下來聽小虎隊相當
　　經典的歌曲送給大家《青蘋果樂園》。

（音樂）

于：好的，現場時間是下午的兩點四十九分，聽到剛才這首歌有沒有覺得非
　　常非常的懷念呢，于庭發現喔我在聽歌的時候突然想到這是我第一首學
　　會的流行歌曲，所以呢這首歌聽到的時候，啊這個當時還在念幼稚園的
　　情景就覺得挖歷歷在目。

施：幼稚園喔！

洪：那我們年紀有差啊，我欣賞的歌手已經要封麥了。

于：哈哈哈，好這也是謝謝兩位老師談到這個議題，剛好有機會讓這個《青
　　蘋果樂園》出來唱一下喔！想必呢收音機旁的不管、其實我覺得不管是
　　大朋友、小朋友啦！聽到這首歌呢應該都會覺得還蠻懷念的。因為那時
　　候就是臺灣的這個偶像團體剛開始蓬勃發展的時候，那時候的流行歌
　　呢，嗯，就是這一首作為代表。好啦！輕鬆過後我們來談一個比較嚴
　　肅，有一點點嚴肅的話題，就是呢這個金價好像跌到五年來的新低點
　　了，據說呢看了一下這個新聞喔，據說在這個大陸的百貨公司喔剛好現
　　在在做年終促銷，然後呢黃金也是在做促銷，據說那邊的金條目前是斷
　　貨的，因為很多的大媽都來搶金條。要問一下這個施老師，欸這個金價
　　是安怎會一直一直跌呢？跟油價一樣跌ㄟ，到底是有什麼關係呢？

施：我想呢，這個現在 Money 的那個專欄有幫大家歸納出三個為什麼最近金
　　價會跌成這個樣子。第一個是強勢美元。

于：為什麼美元走強跟這個金有關係？

施：也就是說我今天把黃金拋掉去買美元嘛，或者是我一筆錢我去買美元我就不買黃金了。所以就變成沒有推升黃金的一個力道這樣子，這是第一個。那第二個就是中國大陸購買黃金的力道減緩了，也就是說買的人變少了，我有個數據說本來預期人家是說要買兩千噸，可是今年只有買六百噸，就是實際買得跟預期有落差，所以大家就會覺得說，就等於說我就不要去跟了。因為收的人沒有那麼多了。那再來就是擔心通膨的趨勢減緩了，也就是說以前通膨我們就買黃金，為什麼？保值啊！現在你已經知道說不會有通膨了，那我就不需要，那我購買黃金的力道就沒了。也就是說，這三個因素其實都是讓買黃金的力道減弱，那當然沒有人去推當然他就開始往後降了這樣。

于：等於說黃金的市場也是跟我們其他的商品是一樣的，如果大家一窩蜂的搶購那它價格就會往上，那如果大家這個時間剛好沒有要來消費的話，那它可能這個價位就會慢慢的掉下來。

施：就是有一陣子大家都會拿出來倒貨，就是我之前看到黃金很好，我就拿出來倒，對不對？其實他都會讓整個黃金往下跌的。

于：OK，所以剛才這個施老師幫我們講到一個蠻重要的點，就是好像大家目前覺得這個美元比較強勢嘛！然後再來大家也不甘心通膨可能對我們的經濟狀況造成怎麼樣多大的影響，所以漸漸的買黃金的慾望黃金的消費的動力呢就越來越少了，但是這邊也提到一個很重要的點，就是呢好像我們在觀察這個國際的經濟動態貨幣動態的時候，會以這個黃金好像來做一個比較的標準，也就是所謂的金本位的位置，對不對？

洪：那已經結束了。

于：現在已經沒有？

洪：對，70 年代就沒有所謂金本位，那其實跟我們剛剛的前面第四則的消息比較重要相關啦！就是油價已經跌四十九塊美金每桶，那就表示說跟著油價的所有的物資大概就會往下跌了，所以就不會通膨了，就剛剛前面分析為什麼說通膨的疑慮下降了，所以他不需要再去搶黃金，那搶黃金有一個想法就，欸萬一要抗通膨啊！或是過去臺灣大概有這一些這樣的一個幾十年來的，啊過去逃難的時候都要用黃金換船票啊！黃金換什

麼，可是現在黃金沒有這樣的價值啊！

于：那黃金還要？

洪：應該換鑽石才對。

于：一顆永流傳是這樣嗎？

洪：那個概念上其實是這樣，我一直很懷疑一件事情說為什麼鑽石這個行業呢它是經常是家傳的，就一代傳一代，而且呢有許多的猶太人是在這一個行業裏頭，那也不多啊！為什麼猶太人那麼多？那是因為幾千年來他們都在流浪，那什麼樣的流浪過程當中什麼樣的東西讓他們保值最快？裸鑽還有鑽石，就不用去鑲，或是那個剛剛雕刻半成品的鑽石最好的，那這樣的鑽石才能夠扮演。今天假設還要讓過去的二戰快要結束大家逃難黃金的角色，那黃金今天其實我剛才跟施老師在說在金飾這個概念上面，有個用得越多好像越值錢的感覺。為什麼？因為被別的東西取代了嘛！新的這個產業的概念上面黃金已經不再是那個非選的一個代表了，雖然因為我們有上千年的，說人類用它的時間很久很久，所以我們對它還有一個留存的……

于：感情在。

洪：對，它不只僅僅是一個金儲存這樣一個工具而已，它還可以用的，可是基本上它用的用處越來越少了不是嗎？所以當石油最主要的這個能源往下跌的時候，沒有通膨的壓力的時候它當然就往下跌啦！所以過去十年不只過去五年過去十年都算低的，最低到一千九百多吧！現在到一千一百多，所以你今天一零八幾了，已經破到一百多以下了，所以幾乎是跌了這個四十趴、四十五趴左右這樣一個數據，過去五年，妳可以想像其實它是不會樂觀的啦！

于：那所以現在也不流行這個買黃金保值了，是不是？

洪：因為在臺灣其實我們狀況不一樣是，剛剛有一個消息說我們央行儲存了全球排名第十四喲！一千三百六十二萬兩黃金做黃金儲備，就保證我們的貨幣的發行有一個安全的儲存的量來支撐這個貨幣嘛！因為臺灣狀況很特別吧！我們在環境還不是很好，還有人進場對我們這個東指西指的，還想要把妳吞掉的狀況之下，我們的貨幣不能夠太上下震盪太多。

黃金是來支撐這個貨幣的一個非常重要的一個儲備啦！所以央行有很大一筆儲備，那雖然這個價格一直往下跌好像央行損失，它沒有賣啊！它儲備在那，所以你不能說它賠了，不過它作為一種儲備的工具基本上，還是被我們的國民認同的啦！那世界上也還有這麼多的交易在進行，雖然它的價格在往下跌啦！

于：對，還是可以聽到很多朋友說要去幫爸爸媽媽買什麼黃金存摺啊！

洪：喔，是啊！在金飾在我們的各種的生活的習俗當中嫁娶的都會用黃金啊！有生嬰兒的時候都送個金鎖片啊！所以類似這樣的一個用途，其實也在支撐著它作為貨幣的一個儲備的價值的存在嘛！而且這麼少的貴金屬大家看了都喜歡啊！雖然我剛特別點出說鑽石好像比它更好用，可是喔黃金還是比較普遍啦！比較不容易上當啊！鑽石很容易的，它還要非常專業的人才能夠去辨識到底好還是壞，是真還是假，所以把黃金作為一個儲備，雖然國際上看起來它跌到五年來的新低。過去十年它都在低點啊！可是我們不必太在意央行的這個所謂蒸發一百億，如果再漲上去，央行又賺回來了，在沒有交易的情形下其實是沒有影響的。只不過我建議我們應該用這種國際主要的這個能源，就現在的石油把它掛在一起來看就會比較準一點啦！

于：就兩個，這樣算什麼？算指標嗎？

洪：妳可以雙向對比，用必要的能源啊！能源漲的時候大家會覺得通膨啊！所以就趕快儲備黃金，可是現在能源下跌了啊！所以剛剛的分析我是同意的，就通膨的壓力減少，黃金就往下跌，是這個原因，而且現在開採技術越來越厲害啊！過去覺得不能開採的現在都可以開採出來，甚至發現新的這個礦不斷的開採出來，量也是很多啊！所以才出現這種搶購啊！都一窩蜂的，換句話說，投資的工具項目呢是越來越多，黃金只是當中的一項而已啦！

于：是，就是世界經濟這樣的在動盪，其實呢大家也不用很特別的在意，反正我們就是當中。

洪：房地產也是啊！我們節目當中也討論過房地產了啊！這個都是啊！

于：喔，還是有它的社會正義的角度。

于：好的，今天因為時間的關係，所以在這邊兩點五十八分要先跟兩位老師
　　說掰掰了，那我們也預約下周繼續空中來聊天嘍，謝謝兩位老師。

洪：再見！

施：好，掰掰！

(End)

第 31 集

104.08.04

〈全球化的時代帶您掌握國際時事　關心全球動態　歡迎收聽地球脈動〉

片頭：聽眾朋友您好，歡迎收聽 8 月 4 號的《地球脈動》。單元一開始帶大
　　　家來關心一下上周的國際大事：

中國與東協外交官在天津為落實《南海各方行為宣言》舉行會議，並
　　針對軍方海上溝通熱線進行協商
俄動用否決權否決聯合國設特別法庭追究馬來西亞航空在烏克蘭東部
　　遭擊落的責任歸屬
瑞士央行公佈上半年虧損約合五百一十八億美元
印度、孟加拉互換飛地領土結束六十八年的領土爭議
美國牙醫出資獵殺辛巴威萬基國家公園內明星獅子引發眾怒
法籍交易平台總裁涉嫌上億美元比特幣消失案件在日被捕

稍待一會兒節目當中跟大家來關心這些國際大事的最新動態。

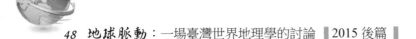

于庭（以下簡稱于）：好的，現場時間是下午的兩點三十一分，午後陽光第
　　　　　　　　　　二階段，我是于庭。在空中陪伴大家到下午的三點
　　　　　　　　　　鐘，今天星期二《地球脈動》的單元，剛才呢帶了大
　　　　　　　　　　家來回顧一下上周的六則國際大事。那當然呢，今天
　　　　　　　　　　節目當中一樣會有這個高師大地理系的兩位老師，施
　　　　　　　　　　雅軒老師還有洪富峰，來節目當中跟大家聊聊天喔！
　　　　　　　　　　那我們先請兩位老師跟大家問聲午安喔！

施雅軒（以下簡稱施）：午安！

洪富峰（以下簡稱洪）：午安！

于：好，這個是不是先請施老師就剛才的六則國際大事前面的四則，先做一
　　個初步的、跟大家初步的提要，或者是初步的 Review？

施：好，那第一則呢中國跟東協的外交官要建立所謂的軍方的海上溝通熱
　　線，那這個其實是為了避免美國參與南海事務，等於說我們自己來討
　　論，所以就等於說以中國為主，在天津招開這樣子的一個，應該說以後
　　會有一個南海各方行為宣言。這個以後假如正式確定的話，應該會開國
　　際記者會然後跟大家講就對了，那在這之前很重要的就是熱線，那熱線
　　其實作用是什麼？就是我們要打架了，我們兩軍要對峙了，兩方的軍事
　　將軍可以先溝通一下，真的要打嗎？

于：就是還有那個 under table。

施：對對對，我們就確定一下。有時候有可能是什麼前面的主要的士兵，對
　　不對？手抖然後突然按一個什麼東西，然後就飛出去了。喔！那其實將
　　軍沒有發令啊！怎麼突然那個，那當然就要用熱線講一下，你……

于：這是故意的還是……

施：對對對，這是熱線真正的目的就是在這個地方，就是說你是真的要打還
　　是要那個。但是這個很重要，因為這是要一個大的戰爭前一定要確定是
　　不是真的要打，這是熱線的一個進演過程。那再來就是我們之前講到聯
　　合國，俄羅斯動用否決權了，就是否決調查那個馬來西亞航空公司在烏
　　克蘭被打下來的，那為什麼俄羅斯要否決？因為大家也在懷疑打下來的

那個飛彈是俄羅斯的，這俄羅斯就是阻止不准調查，因為調查就是……

于：就是調查洩密有鬼的意思喔！

施：就是說你有鬼喔！然後俄羅斯當然說哪裡有鬼，是因為你這整個都對我俄羅斯不公平，所以我就用否決權否決，那當然荷蘭啊、那個馬來西亞、那個包括澳大利亞，當然就會繼續的做一個抗爭的動作。那再來瑞士央行虧損，這虧損跟我們上個禮拜講的那個黃金是一模一樣的東西，就是說其實它是帳面上的，那為什麼有帳面上的呢？主要也是瑞郎，因為瑞郎升值，那當然它買了一堆外幣就相對的就會貶值，貶值的過程就是虧損了五百一十八億美元這樣，那再來就是飛地，印度跟孟加拉交換飛地這樣。

于：什麼是飛地啊？

施：飛地，在某個程度就我們概念裡面呢行政區一定是連在一起的，但是假如說你沒有連在一起的話，比如說我們舉個簡單一點的例子，假如說今天我們高雄市跟屏東縣就一定分得很清楚啊！但是屏東縣有一塊地是高雄市的土地的話，那個是歸高雄市管的，那我們就會稱這個就是飛地。

于：喔喔！

施：就是它沒有跟高雄市連在一起，所以就是說在印度裡面有孟加拉的土地，孟加拉裡面有印度的土地。

于：那這樣不就很容易吵架嗎？

施：這不會吵架，因為以前他們都是所謂的英國的殖民地啊！所以在以前英國老大哥的情形下是不會吵架的，可是後來因為二戰以後整個獨立了，所以就變成說我們彼此就彼此就是不一樣，已經沒有共同的老闆了。那這個會出現一個問題是我在印度裡面有孟加拉的領土，那我水電我就不要管你孟加拉了，反正那是孟加拉啊！那孟加拉裡面有印度的領土，那當然孟加拉也不會去管印度啦！但是為什麼要互相交換？就是什麼這種已經鬧太久了，對不對？那我們講六十八年嗎，所以就變成說好那就互相換好了，我這裡有一塊，你那裏有一塊，那我們就變成互相交換，那就變成說原本是屬於國際的領土就變成是我的，那這樣子當飛地的民眾它就可以對外一些的資源它就能夠進來了，包括醫療或是行政或者是警

力包括是這樣子。

洪：這還沒解決啦！

于：所以還在商討當中。

洪：已經換了，換了以後還有後續，因為它是因為宗教的不同所引起，是印度教跟伊斯蘭教的信仰不一樣，然後在這個過程當中也最近這幾個禮拜來也發生一些死亡的事件。

于：所以是換了之後反而還是會有紛爭在？

洪：它還沒有一下子，紛爭還沒完全解決。

于：是，所以這個國際領土的事件想必呢後續呢，會衍生出一些大家可能都不是願意見到的一種流血的一種事件，但是希望這樣的事件呢可以大事化小小事化無，畢竟呢……

洪：如果我們的聽眾朋友看過一部電影，就是《甘地》，他在當中就有一段演到這一個時候兩邊在移民的時候，就突然間互打了起來，那當時也其實沒有解決就留到今天。那今天是很好的開始去嘗試要用互換的方式簽了合約了，可是兩邊的民眾還沒有完全把這個事情能夠接受到和平共處互相互換的階段，所以恐怕還要……

于：有一段時間。

洪：而且雙方的這個政治以及宗教的領導者應該要更介入弭平這個之間的傷痕。

于：是，好那這個關心完前四則的國際大事，接下來呢要跟大家來分享，也不是分享，要來討論的這一個議題呢，相信在上個禮拜很多的朋友的 Facebook 上都可以看到這則訊息，而且大家都很熱烈的在轉載。就是說辛巴威的萬基國家公園裏面有一隻獅子王，它的名字好像叫做這個賽西爾，它被美國的一位牙醫給獵殺，而且是好像最後是死亡了，這樣一則訊息其實爆發出來是受到全球朋友的這個什麼，撻伐嗎？那今天節目當中要來討論這個議題。施老師據說要從一個很有趣的角度來幫我們做切入。

施：我想獵殺這樣子的一個國家公園的獅子這個層出不窮，這個絕對不是第一個，為什麼會這樣講呢？因為從他的手法，你就可以知道他把獅子引

出來國家公園，所以這絕對不是生手啦！這一定是有策略的啦！為什麼呢？你把獅子引出來國家公園以後你再獵殺，基本上獅子它就不會受到國家公園法令保護的懲罰了。

于：就是說在國家公園的範圍裏面是禁止獵殺。

施：對，可是我把它帶出來再殺了就不受那一個法令的懲罰了，就是懲罰就比較低了。

洪：對，所以他為什麼要避開？因為他要一直轉啊！

于：那他獵捕獅子的好處是要獲取他的好處，是不是？

施：不是，不是，美國牙醫出五萬美金啊！等於說你幫我帶一個目標出來給我殺這樣子，也就是說有人還是把獵殺動物的生命當成一種樂趣啦！就是我有錢要幹嘛對不對？我就是出錢找個動物給我殺嘛對不對？所以就是，只是說現在為什麼這種偷獵獅子的層出不窮？為什麼他會上國際版面？我們要問的是這個，這個就涉及到所謂的馴化的一個景觀群化的一個概念。

于：景觀馴化可以用文言文來，啊不是文言文，是白話文。

施：這種名詞我不知道。

于：馴獸師的馴，對不對？

施：對。

于：然後化解的化

施：那我們一般講的馴化比如說農產品，比如說以前的芭樂很澀，那現在芭樂又甜又好吃在某個程度。

于：品種改良。

施：對對對，假如不是用基因改造，那就是用馴化了，就是我慢慢的……

于：所以這真的……

洪：還有季節，在你想要的季節，它也許每年只有三個月、四個月，全年通通都有，你要它長多大就長多大，它不按照自己原先的基因去走了，它按照你設定給它的方式去成長了。

于：那這一隻獅子為什麼它有馴化？

施：對，所以我才會說獅子馴化基本上不是人為的，為什麼它會變成明星獅

子？也就是說當大家去這個國家公園觀光的時候，它會出來晃一晃給大家拍照，因為一般的獅子都會看到人就躲起來了，看到車子它就躲起來了，但是這隻獅子就不一樣了，它就會走出來晃。那基本上你去國家公園對不對，感覺我是去親近自然的，所以看到獅子躲你才是正常。

于：沒錯。

施：但今天看到對不對，那個好像有經過人訓練的獅子走出來，它就滿足了都市人那種美其名看起來是自然，其實骨子一點都不自然的情況，但這隻這不是教的，它不是教的，所以也就是說基本上是什麼，可遇不可求啊！結果這個美國牙醫對不對，他出資只是要殺獅子，結果他就殺到那個可遇不可求的那隻。

于：所以是錯殺嗎？

施：不是錯殺，他只是覺得它就是一般的獅子。

于：他沒有想到它已經是被馴化的。

施：對，它是被馴化的明星，也就是說它不是人教的，這隻獅子不是人教的，而是自然的它就會跟人親近。

于：為什麼啊？

施：不知道嗎？就像說那個有些的動物對不對？以前你會看到獅子一定吃那個鹿啊！可是有些獅子，你就會看到一些那個獅媽媽會養那個鹿吃，這就是可遇不可求的。

于：這個算是就是當我們人類過度的發展之後影響動物他們。

施：這不是過度發展，也就是說它突然就突變，所以為什麼人家會關心它的小孩，因為在整個獅子的世界裡面對不對，獅王消失最危險的就是它的小孩，為什麼？因為當這個領域的獅王一消失，其他的公獅子就要進來，那進來的一件事情就把所有的小獅子咬死。那為什麼要把所有的小獅子咬死？這樣才能跟母獅子交配生下屬於自己的小孩。所以為什麼馬上就有那個生態學說該要小心的是那些小獅子，因為那些小獅子一定會被那些公獅子咬死，那問題就來了，為什麼大家會覺得去 Care 那個小獅子？就是因為它爸爸是很親近人的，所以它有那樣子的 DNA。

于：基因。

施：對，所以也就是說我們美其名看起來國家公園都是很自然，其實凸顯的是我們會去挑選我們人類能夠接受，就像之前剛剛講的深山咖啡，我們去深山喝咖啡，但我們很討厭蚊子，這個就是矛盾，為什麼？因為森林裡本來就是有蚊子，可是你要去那喝咖啡不能允許有蚊子，所以山林咖啡到處都是捕蚊燈，這個就是違反自然。可是你會宣稱我是在親近自然啊！

于：嗯呵，所以人類的這個習性或者是我們的癖好其實是有一點弔詭的，我是希望自然，但是我又在享受自然的同時改變了稍微部分的自然，挖，來到一個很哲學的層次。

施：或者是我以為這個自然其實一點那個都不自然。

于：哈哈，好有趣。我覺得今天我們的議題討論到了一個有點像形而上的一個議題，那洪老師這一邊有沒有要針對這個訊息。

洪：所以你要問壽山自然公園裏頭的猴子有沒有被馴化到一個程度就是乖乖的。

于：應該是沒有吧！攻擊性很強。

洪：它們還是會來搶，那因為我們太接近，就像這個獅子王其實它跟人太接近了，接近到它其實它好奇，或者是剛開始的時候它其實是緊戒的，但一段時間以後它發現沒有危險。

于：習慣了。

洪：對，所以所有的觀光客，或者是包括觀光客所乘坐的那個汽車、遊覽車觀光車車輛，其實只不過是整個背景當中的一個物件而已，彼此之間的互動變成這樣。所以人其實用動物園來講，其實包括這個自然或是那個所謂的那個原野的國家公園，其實都是人的安排啊！在這些年來，我們一直想把世界納到我們的掌控當中，包括這隻獅子王，只不過可惜的是，注意這個國家是辛巴威喔！然後一百五十八萬對當地人來講是天大的數字，對這個牙醫來講說不定只是幾次手術的那個費用，所以其實另一個角度來看，就是其實這個國家或是這個獵人何嘗不像這個獅子王一樣，他也是在這個馴化地景當中，換句話說其實是美國馴化了辛巴威，然後這個阿泰牙醫把這個事情揭露了，所以他變成大家的敵人了，本來

還和平相處啊！馴化者跟被馴化者快快樂樂地過日子啊！沒想到就為了這個事件你把它扯破了，所以現在肉搜要把他找出來，甚至有人要對他不利，就是你把這個不可說的秘密你把它戳破了。

于：恩恩，所以這樣的情況其實在國際上是蠻常見的，只是這一位算是他下手選錯人。

施：這隻獅子和別隻不一樣。

于：就是如果以開玩笑的方式這樣他下手的時候選錯人，但是我們還是希望這樣的方式就是大家是盡量是去避免或者是譴責或者是禁止的，還是希望這一些自然生態當中的動物們，可以有它們自己的生活空間。但是從這個新聞其實我們也要來反思，就是我們來對待所謂的動物的時候，我們到底人類的介入這樣的一些手法呢，到底是在讓我們更親近自然呢？還是其實是我們已經的慢慢在破壞牠們的生態、牠們的習性、破壞自然的一部分？這個是值得大家仔細來思考的。好的，講到這個獅子王的事件喔，那當然就是要送給大家我們來聽一下這個《獅子王》電影原聲帶當中相當有名的一首歌曲，來自艾爾頓強的"Can You Feel The Love Tonight"。

（音樂）

于：現場的時間是下午的兩點五十分，午後陽光第二階段，我是于庭，今天星期二《地球脈動》的單元，節目當中呢邀請到我們師大地理系的洪富峰老師還有施雅軒老師來跟大家聊上周的國際大事。接下來剛才分享的獅子王的資訊，接下來要跟大家聊一個，相信如果有在玩這個線上遊戲的朋友們，或許會對這樣的東西是比較熟悉的，但是呢這樣的一個算是經濟的趨勢好像逐漸要來進入到我們現實當中的一些金融貨幣的交易了，是什麼樣的資訊呢？就是法籍的一個交易平台總裁他涉嫌上億美元的比特幣消失案件，什麼叫做比特幣？是不是先請施老師來幫我們講一下，為什麼會這樣一個，如果它只是一個虛擬貨幣的話，相信很多朋友或者是這個國際的偵辦組織對它是不會太在意的，但是為什麼比特幣這

　　樣的一個事件會變成國際的新聞呢？

施：我們用一個最簡單的方式來介紹比特幣，就是有一個人，或者是一群人寫了一個程式，然後那個程式呢類似像解謎類的，當你完成他的解謎對不對，他就送你一個比特幣。

于：獎勵。

施：嘿，就獎勵，就這樣子而已，最原始就這樣子，所以假如各位聽眾你有興趣的話，你就去下載自己去解謎，然後一樣就有比特幣。只是問題是出在哪裡呢？一開始的時候大家不知道這個比特幣能夠做什麼啊！你線上遊戲還能買寶物啊！可是它什麼都不能買啊！所以一開始比特幣出來的時候一美金可以買一千三百個，一美金。

于：很多。

施：可是昨天對不對，我上那個美國的比特幣交易所對不對，一個比特幣是二百八十一美金。

于：喔～身價翻了很多很多。

施：那個是 2011 年的事情喔，現在是 2015，也就是四年喔，原來一美金可以買一千三百個，現在是一個要二百八十一美金。

洪：它一度還比它高。

施：對對對，原本到一千塊，那為什麼後來從一千塊跌到兩百多塊，就是發生這個事件，就是去年的 2 月，就這是全世界最大的比特幣交易，在日本，應該叫做 Mt. Gox，我不知道我有沒有念錯這樣子，有的新聞寫總裁，有的講 CEO 啦！他們的公司比特幣突然消失了八十五萬枚，八十五萬枚喔！

于：為什麼？

施：就不知道為什麼啊！然後這個總裁就說喔那個駭客入侵，那你就知道八十五萬枚，假如那個時候市值一個比特幣還有一千美元，我假如用現在的二百八十一塊來換的話，二點三八億美元喔！然後他突然跟大家講說消失了。

于：二點三八億消失了。

施：那你想大家會饒他嗎？

于：當然不會。

洪：這個比獅子王更嚴重。

施：二點三八億美元突然就喔消失了，不要怪我，因爲被駭客入侵了，後來就驚動國際的一些那個什麼網路調查組，因爲這都太嚇人了，就查查查，最近就查出來是他有問題。

于：是他自己吸收掉就對了。

施：現在他否認，可是現在就是否認，你就是要找他的罪證出來，所以這個新聞爲什麼會爆發出來主要是因爲這樣子的原因，爲什麼比特幣它可以當作是虛擬貨幣？跟一般的線上遊戲最大的不同，就是因爲它的稀有性被保護住，因爲你的這個比特幣一定要透過程式的運算，你才拿得的到比特幣，那基本上線上遊戲的虛寶，基本上後面老闆說加多少就算多少，所以它就沒有稀有性了，可是比特幣是有稀有性的。

于：所以它的穩定度是夠的。

施：對，所以它跟黃金一樣，它是黃金。

洪：有一定的量，在一定的量當中，你可以拿來作一種交易的工具，直到它突然間變的很多，那就可以維持一定的價值，所以現在還有二百八十塊。

于：是……

施：美金。

于：那這樣的一個比特幣的出現啊有可能，因爲它已經變成就是說全球共識的一個貨幣，虛擬貨幣了。

洪：沒有，政府基本上還是不願意，大部分的政府，絕大多數的都不會支持。

于：那是誰在使用這些？

洪：因爲它也不要政府了，因爲它是個人對個人，所以舉例好了，我手上有一個特別的東西你想要買對不對，拿比特幣來買，那如果我接受，你就把你的比特幣給我就行了。

于：就完成交易？

洪：所以你也可以懷疑說這個總裁其實是不是去買了什麼東西了，他就把這個比特幣弄出去了。這當然是一個有嫌疑的懷疑了，要不然怎麼不見

呢？駭客入侵這聽起來，飛天駭客好像特別嚴重這樣，那都可以推給駭客，那是誰呢？但是因為他的量有限，而且呢已經幾年來才短短的幾年，它已經有一定的公信力而且它有交易，所以就會像黃金一樣可以拿來做為可以保值的工具。所以以後可以，剛剛主持人我們在閒聊的時候說，黃金沒有用，以後送給你的這個男朋友、女朋友就送給你五十個比特幣，當作這個定情物這樣，就像黃金五兩這樣，還是可能的。

于：是，所以它已經慢慢就是這算侵蝕嗎？就是慢慢已經涉入我們的實際交易的。

施：是啊！現在在臺北就可以用比特幣買冰淇淋。

洪：如果地球的脈動透過這種網路的關係操作，其實慢慢脈衝可以穿越國界的，所以有時候政府是管不住的。

于：那可是這樣也帶出一個問題，像剛剛老師提到有駭客的問題，有沒有可能比特幣被拿來做一個非法的交易？

施：現在就是啊！

洪：就剛剛講的就是。

施：連 IS 的交易都拿比特幣作交易啊！

于：嗯嗯，所以這樣一個虛擬貨幣的流通算是一個時代的趨勢，但是我們在關注它的同時其實，也要想一下說這樣的一個貨幣的流動，它背後有沒有可能帶來一些比較負面的影響。

施：嗯，因為它已經不受政府所管制了。

于：所以在臺北可以用比特幣來購買冰淇淋了。或許聽友們下次如果去臺北有興趣來嘗試一下虛擬貨幣的交易的話，你也可以來試試看到底要去哪裡用比特幣來買好吃的冰淇淋呢？好的，今天節目當中因為時間的關係，所以要先跟兩位老師說掰掰嘍，那我們也預約下周繼續在空中聊天，謝謝兩位。

洪：再見！

施：掰掰！

(End)

第 32 集

104.08.11

〈全球化的時代帶您掌握國際時事 關心全球動態 歡迎收聽地球脈動〉

片頭：聽眾朋友您好，歡迎收聽 8 月 11 號的《地球脈動》。單元一開始帶大家來關心一下上周的國際大事：

埃及新蘇伊士運河完工
美國高盛推估中國使用八千六百億到九千億人民幣左右的資金救市
日本住友以一澳元出售澳洲以薩平原煤礦場
沙烏地阿拉伯年底前預定發債二百七十億美元以彌補財政開支
美國《財星雜誌》公布全球五百大企業，營收榜首為美國沃爾瑪
臺灣《今週刊》報導高雄至盈企業為瑞典 IKEA 家具最大的螺絲供應商

稍待一會兒節目當中跟大家來關心這些國際大事的最新動態。

于庭（以下簡稱于）：好的，現場時間是下午的兩點三十分，午後陽光第二
階段，我是于庭。一樣在空中陪伴大家到下午的三點
鐘，星期二節目後半段我們《地球脈動》的單元邀請
高師大地理系兩位老師，洪富峰老師以及施雅軒老師
來節目當中呢跟大家聊聊天喔，我們來聊上周的國際
大事，那一樣呢請兩位老師跟大家問聲午安！

施雅軒（以下簡稱施）：大家午安！

洪富峰（以下簡稱洪）：午安！

于：好的，那剛才這個節目片頭的時候于庭也有跟大家來講一下上週有六則
重要的國際大事，一樣是不是先請施老師就前面四則幫我們做一個簡要
的分析？

施：好，那第一則呢埃及新蘇伊士運河完成，那基本上這一個是拓寬，拓寬
啦！

于：所以是舊有。

施：不是全部是新的，某些河段是新的，有些河段是把它拓寬的。

于：就是把舊的變的更長更深。

施：更寬，可以走更好的船這樣子，這是一個。那另一個這個美國高盛推
估，它這個推估其實類似像話語權。話語權是什麼？為什麼只有美國高
盛推的出來中國使用八千六百億到九千億來救市？那因為這則出來的時
候隔兩天中國就說不只不只喔，我手頭基金還有一兆還沒買，那不管所
以我們才說到底這個九千億推出來正確還是不正確？但這則新聞告訴我
們其實在全球化的過程裡面誰有話語權。

于：就是它他有說服力，它可以講這個預測是這樣子。

施：對，它有能力，因為它說它有模式可以跑得出來。

于：喔喔，所以今天以這個高盛跟于庭，假設是我今天來推估。

洪：妳講九千。

于：可能沒有人要理我，但是高盛。

施：它就變成全球性的。

于：即便它估的這個數據不一定可以讓大家對它認同，但它還是有公信力的。

洪：不一定啦！如果你有一顆水晶球比它更準，那大家都來問你的水晶球。

于：哈哈哈，那我要找哈利波特幫我附身一下。

施：因為它為什麼推說九千？因為它還有第二句話，就是它還有一兆可以用，那為什麼要說一兆可以用？也就是說這一兆在打完了中國就沒有錢可以救市了，是這樣子，所以隔了兩天中國說誰說的，我別的地方還有一兆喔！是這樣子，那第三個是比較悲慘的，是日本住友集團用一澳元出售澳洲。

于：住友是一個公司是不是？

施：商社，它是一個很大的集團，那它在 2012 年的時候以四點三億澳元買的這個礦場。

于：四點三億澳元現在以一澳元賣掉，這個虧了。

施：那為什麼那個時候會買這個？是覺得說全球的經濟會復甦、會成長，需要大量的煤礦，結果後來發現全球的那個 Down 下來了，結果設備又壞了，所以呢大家會覺得一澳元我也可以去買啊！錯了，你買了它一澳元對不對，你要再投資三千兩百萬澳元去把它修好。

于：要後續的營運跟修復就對了。

施：對對對，所以才會一澳元這麼便宜。再來就是第四個沙烏地阿拉伯預計要發債，我看這新聞的時候這很不單純，為什麼會很不單純呢？

于：是跟石油有關係？

施：不是，不是跟石油有關係，可是問題是現在全球的石油會跌這麼慘主要的理由，就是因為他量不要縮，他就一直賤價一直放，結果賤價的結果讓他錢發不出來，結果他還要再發債，那他解決問題很簡單，他就把量收起來就好啦！

于：就是那個叫做什麼推出去的量把它……

施：縮起來就解決啦！可是不行。

洪：以量制價，量減少了。

于：對，物以稀為貴。

施：對，所以為什麼會說它不單純？因為他不能夠縮量啊！

于：為什麼？

施：他就是寧願讓自己賠錢，我們從節目 1 月 7 號開到現在，對不對？

于：施老師陰謀論。

施：都 Follow 一個邏輯，對不對？美國大哥的一個策略嘛！所以我們說的策略，就是殺敵一萬自損三千就是這樣子啊！所以打到自己也要發債啦！那他能不能，還是不能，還是要繼續賠錢賣啦！

于：好，所以這個是他為了要跟這個美國制衡。

施：不是美國制衡，是聽美國老大哥的話殺那個俄羅斯，所以俄羅斯的盧布一直再跌，所以我才說什麼東西會比資本市場還要更可怕，就是意識形態嘛！

于：所以沙烏地阿拉伯這一次可是這算是什麼？賠了夫人又折兵嗎？

施：沒有、沒有，美國老大哥挺啊！

洪：他背後贏的更多。

于：喔喔，表面上輸，輸了面子贏了裡子。

洪：我所有的防衛，我這麼容易被攻擊的油田呢，我如果自己花研究的費用買各種的武器等等呢遠遠超過這個數字，才兩百七十億，還有其他的，太簡單了，太便宜了超便宜的。

于：好，所以背後的這個收益優惠更加的讓人家這個眼睛睜大。好，接下來呢我們要深入的討論是說呢，這個美國的《財星雜誌》公布了全球的五百大企業，那五百大企業其實大家都很想要知道喔，報導上也為我們分析了一下就是說前十大是什麼呢？那以及臺灣有什麼產業呢是被名列在這五百大的企業當中，那據說這五百大企業呢，施老師是不是要簡要來幫我們講一下前十名是誰啊！

施：我們用很快的速度講一下喔，第一名沃爾瑪，再來是中國石化，荷蘭皇家殼牌，中國石油，然後艾克森美孚，然後英國石油，中國國家電網，福斯汽車，豐田汽車，瑞士嘉能可。那這十名其實大該有七個都跟石油跟能源有關係的，那這個是可以被理解的耶，因為你再怎麼窮你都還是要。

于：還是要加油還是要暖氣什麼什麼要發電的，這些都是要的。

施：那所以福斯跟豐田對不對，那基本上就很了不起了，也就是說即使整個全球經濟 Down 下來，它營運還是很好啊，它還可以進去。但是最厲害的其實是第一名啦！

于：沃爾瑪。

施：沃爾瑪，對不對？營收四千八百多億美元，換算臺幣十五兆，那我們再來講中華民國的預算，兩兆。

洪：不到兩兆。

于：我們的七點五倍。

施：對，不到兩兆，我們用兩兆就好了，所以它一年營收就可以讓我們用七年了。

于：這個收音機旁的聽眾可能會不太理解，沃爾瑪請問一下是什麼樣的產業？

施：沃爾瑪呢就是我們一般類似大賣場，在臺灣沒有。

于：就是大賣場就對了，就是買一些民生用品吃的、用的、喝的，然後一些簡單的家用品，在這邊就買的到。

施：對，但還用到全世界第一名。

于：對啊！為什麼，其他的都是能源啊！啊不然就是汽車，不然就是家電，為什麼一個簡單的民生用品的大賣場可以這麼的厲害呢？要不要請洪老師幫我們講一下。

洪：這個算我該回答的，Walmart 其實是一個從美國的這個中西部南邊發展出來的一個購物商店，那它的創辦人已經過世了，那接收他的遺產的他的後代的下一代的子孫，現在都是名列全球最有錢人的前幾名。所以這跟它今天的營運其實是互相呼應的，但是如果你看它的這個營運的方式，它是非常典型的資本主義的操作模式，第一個它是以利潤為導向的，它非常專注的去看這個產品能夠賺多少錢，雖然薄利，但是多銷。所以整個合起來就非常大，所以它有個策略就是跟它旁邊的人競爭，打敗所有競爭者。所以它過去策略是，公告今天有個產品是最便宜，誰能夠找到比它便宜我賠你錢這樣。

于：喔，這其實跟……

洪：用這種方式把競爭者通通掃除出去。那它如何能做到這一點呢？其實它很早就引進了 RFID，就是這一種我們現在的掃描的方式結帳的方式。

于：就是你要結帳的時候然後嗶嗶兩下。

洪：而且呢它不只是放在這裡，它還在它的運貨補貨的過程中做這個事情。

于：喔，什麼意思啊？

洪：因為它都是賣這個大量的這個大包裝的，比如說有好幾包包起來的一個產品，重新組裝過的，它說的產品未必通通都是當地產的，它運很遠啊，後勤支援的系統當中有些車子出去送貨，回來會把某些貨再收回來，回頭車還要去運東西，它憑什麼來做這個？它有非常強控制的這個非常精準的後勤運輸系統，它利用這種方式打敗了它所有的競爭者，它可以比你更便宜。

于：等於是說它在這個零售的手法上。

洪：非常非常有彈性，非常非常的有效率。

于：所以他會獲利不單純只是因為他薄利多銷而已。

洪：它還甚至於因為好幾個系統的店因為是要買它的這個會員證的，那這會員本身呢你在什麼時間買了什麼東西，它都有紀錄的，所以呢它可以預先知道什麼季節、什麼樣的產品、什麼時間可以賣的比較好。

于：喔，這個套一句現代的這個用法，就是用這個大數據來。

洪：你也可以這麼說，其實它們已經 Run 很多年了。

于：喔喔，所以這個在他們那邊不是新聞，其實它們已經操作很久了。

洪：不是、不是，操作一段時間，所以它現在擴充到去了中國大陸，去了印度都有它們的店，所以它變成是等於是從營業額來看就是全球最大了，才能夠打敗當代這麼需要能源的公司，通通被它打敗，它變成最大。那最後一個其實要談的其實它對員工不是很好，它其實就是一個血汗商店阿，它對員工的鼓勵，有時候還給它某一些這個優惠的券也是買自己的東西啦！自家的產品啊！那我印象如果沒有記錯，曾經有一個學者作家進入它們系統去當員工，應該是他吧！如果我記得沒有錯的話就是。那只能睡在他們的停車場裡頭的汽車內，因為薪水很低啊！然後後來寫了一本書，我的印象應該是史窩馬，現在臨時談起來不那麼敢確定，但印

象深刻應該是這個。它薪水是很低的，然後呢售價很便宜，所以其實你道裡頭去幾乎你日常生活的用品都買的到了。它連咖啡都有了。

于：喔，真的喔。

洪：它一杯咖啡美國的那個一個 Quarter 一杯的咖啡，裡頭也有啊！當然以現在的這個標準來講，它是比較低價的，但是對於普羅大眾來講那一杯就夠了，所以它其實蠻符合美國人的生活的情景，是一個很典型的 American Life，因為這樣的關係呢它就打敗其他的廠商就從這個 Little work 開始擴充，擴充到它現在基本上是全世界最大了毋庸置疑了，所以從回來講，它其實就是一個現代資本主義的運轉當中非常典型的一個案例了，你看剝削員工、以利潤為導向，它引進各種的科技管理的方式、彈性的經營它自己的這個商場，非常典型啊！

于：所以說這個如果要做到全球第一強的這個地位，它們勢必背後的手段跟策略要非常的。

洪：你看在美國，其實它買了東西然後你不喜歡可以退的這樣的一個政策，保護消費者啦！所以在美國要成功的各種商店，你一定要經過嚴格的挑戰，沒有說什麼貨物售出概不退貨這種事情啊！

于：還是要把消費者的這種需求及觀感。

洪：因為他消費者在他們的法律概念裡面，消費者是處於弱勢的，相對於銷售者來講，所以為了給消費者一些保護，在消費者法律的當中就規定你一定要讓那個消費者有鑑賞期，那不喜歡他可以退，比如說就有人買電視機，有些看一看跟我這個家具怎麼看都不搭，當中也許有些瑕疵，可能收訊不太好等等，你是可以退的，類似這樣的狀況，那這個公司賣了這麼多的產品，都要經過這個考驗。

于：恩恩，但是他們經過了這麼多的考驗，還是他們的營業額還是非常非常的。

洪：對啊！它在美國就是第一名，全世界第一名當然沒有問題，但是它他也是有競爭者的啊！不是說它今天一直就穩坐這個龍頭，然後從來就沒有人搶，美國很多的這一種其他的品牌跟它一樣的賣場，臺灣不也就好幾種品牌了嗎？連我們的便利商店雖然有大然後有小，但還是有小的在競

爭啊！大的也是有挑戰的，那這一家 Walmart 其實不會太多年啦！可是經過這些年不斷的這樣子非常非常的專注在降低它的成本，透過各種的方式讓它的產品能夠打敗它他的競爭者，才一直維持著，所以不是品味的問題喔，是價格的問題。

于：是，要做上第一名的龍頭就是要有所手段要把這一個資本主義的精神發揮到最大，好，那第一名的這個企業呢是美國的相當知名的一個民生產業，大家都要到這邊來買一些生活用的用品，或者是這個一般生活可以用的食物應該用具啊，還有民生的一些資源。

洪：美式商家用品啦！

于：都可以嗎？所以來到這邊其實就看到了典型的 American Life，接下來送給大家瑪丹娜的歌聲。

（音樂）

于：好的，現場的時間是下午的兩點四十九分，午後陽光第二階段，我是于庭，同樣在空中陪伴大家到到下午三點鐘，今天星期二節目後半段呢《地球脈動》單元邀請到高師大地理系的洪富峰老師以及施雅軒老師，來節目當中跟大家聊聊國際大事。接下來呢要跟大家來探討一件分享的這個消息呢？相信高雄的朋友應該聽到都會覺得這個算是什麼？跟他一起覺得為我們高雄而驕傲喔，就是呢我們高雄有一個螺絲產業叫做至盈企業，它是做這個螺絲的供應商喔！目前它成為了全球相當有名的瑞典家具的螺絲供應商，也是這個算是螺絲界全球的霸主，那想問一下老師們，今天為什麼要特別挑這一個消息來跟大家分享呢？是想說我們在地的企業紅了，而且它的品質是得到全球家具公司的肯定，要來跟我們做一個鼓勵或是表揚嗎？

施：應該是分享啦！分享也就是說高雄南臺灣其實製造業很多的人，那這樣子的話，其實大家都會知道，其實製造業你假如不去挑戰自我的話，你很容易就停滯下來，那我們舉至盈這樣的企業。其實它年生產螺絲五萬噸，然後出口國家有五十個以上，然後營業額是二十三億，做螺絲，就

是那個螺絲喔，那它在看這個報導的過程裡面，你會發現它會擠進這麼大的的一個地方，因為它接下了 IKEA 的挑戰，也就是說 IKEA 當時候幫它下兩百萬隻的螺絲，但是條件是要零不良率。

于：就是沒有一顆是不 OK 的，要百分之百。

施：對，當時候所有做螺絲的人都說，這是不可能的。

于：對啊！因為我們知道螺絲製作的過程當中，而且是兩百萬。

施：是兩百萬隻喔！

于：你要用人工去檢查，還檢查不完呢。

施：對啊！所以它那時候就人家來找它的時候，它就認為說這是一個提升自己的好機會對不對，即使賠錢或者沒有賺錢，它也要想辦法去克服這困難，所以它花了幾千萬再買一個設備，專門把做好的螺絲再篩選一遍，這樣就可以達到零不良率了，所以它就靠那一套的設備生產出號稱零不良率的螺絲這樣子來行銷全世界。

于：喔～而且于庭看了一下這個報導喔，來訪問這一個至盈企業的這一個應該是老闆吧！他說呢他希望的是他立志要成為世界唯一喔，他不是要做第一，他是要做唯一就是呢，他發展這個產業的最大宗旨，他要建構出一個自己的公司變成一個在國際當中相當有特色的一家公司。那這個洪老師有沒有要跟大家分享的呢？你看到這一則新聞。

洪：這當然是一個很厲害的勵志的故事啦！但各位想想，他其實反映臺灣很多產業的面向，比如說台積電就只做晶圓代工啊！鴻海就是因為蘋果供應鏈的關係，變成是剛剛前面的那個五百大當中它也名列當中的一個，臺灣排最前面的，它其實都是做代工啊！還有我們臺灣的很多汽車的零件、很多的這個工具機等等，其實通通是屬於這個全球的這個產業價值鏈當中的一小塊，好像不太重要，但沒有它又不行，那好像不太重要的意思是，它占的整個產品的價值是比例很低的。比如剛剛這個螺絲，它一千塊當中才兩塊錢、三塊錢，這個零點二趴、零點三趴的價值，可是它量很大，是整個做全球做市場的時候，它的總價值就會增加啊！啊所以它的重要性就這裡突顯出來；也是臺灣產業發展下來過程當中，我們就進入到這樣的系統，其實跟我們的教育也有關係啊！臺灣過去五、六

○年代的發展，就是國際上需要一個什麼樣的產業的人才，臺灣就去培養，那我們也許沒有自己的品牌，但是我們可以做出很好品質，而且很便宜的這一個產品。那過去的發展經驗，其實臺灣這樣的一個產業，高雄的至盈，其實就是整個臺灣過去五十年產業發展的縮影。我們能夠在全球的產業鏈當中占一席之地，就靠這樣的精神打出來的。

于：其實至盈可以做到目前這樣的規模，以及這樣的知名度，其實也讓我們高雄多數的產業都是以這個製造業來執行嗎？所以也算是要給他們一個學習的標竿嗎？

洪：這當然啦！比如說你年營業額是二十三億嘛！剛剛講臺幣，當然其實以大公司來講，這個額度是不大，小小的，可是以它占有的這個價值來講，它是了不起的，而且這故事很勵志啦！就是我願意讓我的精緻的程度改善，而且老闆還發宏願說要做到這個。

于：螺絲業的 LV。

洪：螺絲業的 LV，那表示他在向這個高端挑戰嗎？因為一根螺絲賣你幾毛錢幾塊錢，其實這個都是低階的啦！高階的是臺幣十塊錢以上，幾十塊耶，說不定更高都有。那這個是一個產業未來想要挑戰的，我覺得是值得跟大家推薦的。也希望其他產業能夠抓住像類似這樣的機會發展，也許我們這個節目在未來能夠多提提這樣的，假設有這個新聞……

于：給這個朋友們來關注一下，在地企業也是有非常多在全球產業當中相當重要，佔有相當地位的代表的企業，讓其他呢或許是高雄其他的產業，也能夠一起來學習效法他在產業經營上的精神。

洪：對。

于：好的，今天節目的結尾非常非常的勵志。好，現場時間呢已接接近下午的兩點五十七分囉，節目尾聲呢跟你聽一聽好聽的歌曲，那同樣呢也跟兩位老師說掰掰了，預約下周空中見。

洪：掰掰！

施：掰掰！

(End)

第33集

104.08.18

〈全球化的時代帶您掌握國際時事　關心全球動態　歡迎收聽地球脈動〉

片頭：聽眾朋友您好，歡迎收聽 8 月 18 號的《地球脈動》。單元一開始帶大家來關心一下上周的國際大事：

英國與西班牙爭議直布羅陀的歸屬問題

中國天津濱海新區存放化學品倉庫發生大爆炸

臺灣鴻海與印度簽署合作備忘錄，將投資五十億美元設廠

英國培生集團把「經濟學人集團」股權以四點六九億英鎊出售給義大利投資公司 Exor

人民幣貶幅一度來到三點五趴，創下 1994 年建立外匯制度以來最大紀錄，引發全球金融強烈關注

美國巴菲特所職掌的波克夏公司以三百七十二億美元買下精密零件鑄造公司

稍待一會兒節目當中跟大家來關心這些國際大事的最新動態。

于庭（以下簡稱于）：好的，現場時間下午的兩點三十二，午後陽光第二階段，我是于庭。一樣在下午陪伴大家到三點鐘，今天星期二節目後半段地球脈動單元呢邀請到高師大地理系的兩位老師，分別是洪富峰老師還有施雅軒老師來節目當中跟大家一起分享上周的國際大事，那我們一樣呢請兩位老師跟大家說聲午安囉！

施雅軒（以下簡稱施）：午安！

洪富峰（以下簡稱洪）：午安！

于：好，兩位老師非常有默契，那剛才呢，這個在我們開始介紹今天的節目內容之前呢，有跟大家稍微來做上周六則大事的提要，那是不是我們按照慣例要請施老師就這個前面四則比較簡單的議題，來幫我們做稍微的提示呢？

施：好，那第一則是直布羅陀的爭議，那這個爭議其實也是老問題啊！就是這個現在是英國的領土，但西班牙宣稱那是他的，所以其實由這個議題你可以發現跟釣魚臺、黃岩島、北方四島一樣對不對？大家吵這是我的、這是他的，這不是只有東亞有這種問題而已，老牌的歐洲國家一樣有這種問題。那這樣的問題只要，因為西班牙主張是他的，所以他為什麼會發生這樣的事情？就是他緝毒，然後他船就直接開進人家海域，然後英國就抗議，就是這樣子的歸屬問題。然後再來就是臺灣鴻海去印度簽屬合作備忘錄，準備投資五十億，那這個其實我們之前不是有猜說郭董有可能會去巴基斯坦嗎？但是後來竟然是到另外一邊的印度，所以這就讓我們想到在整個習大大的一大一路策略上面，巴基斯坦可能是給國家來做，但是他兩邊都要投資，所以就變成什麼？巴基斯坦的另一邊印度交給民間企業去生產，所以就 Made in 印度這樣的品牌，所以就請郭董喝個茶對不對？這麼優秀的企業家請你來這邊，已經預計五年要投資五十億美金，所以以後可能會有印度製的 IPHONE 大概就這樣子。然後就是《經濟學人》，這個是洪老師的最愛，那個今天還有帶來，那基本上他老闆要賣人了，要賣的人竟然是賣給一個義大利的飛雅特汽車公

司，那這個其實在整個全球化，其實你很難想像在整個多元投資的過程
裡面賣汽車賣到收購。

于：對啊！《經濟學人》是一個老牌的國際級的雜誌耶！

施：尤其是金融財金這一塊喔，基本上《經濟學人》幾乎是必讀的啦！

于：對啊！

施：那他把它賣出來了，當然這個讓義大利在整個投資版圖裡面又多了一個
這個世界級的品牌。那再來就是那個天津濱海地區的爆炸，我想最近的
新聞一直會圍繞這個方向來轉，可是呢，其實在後面當然會發現整個的
一個新聞度上面被壓得很厲害，大家摸不清楚真實的真相，甚至包括連
災區多大……

于：還有死傷都不知。

施：死傷通常很難判斷，可是我相信未來的災區範圍，等天氣好一點，那我
想全世界的商用衛星一定都會去拍，那到時候就估得出來了。那我想他
會去壓縮整個新聞的自由度上面，其實這個也是涉及到習大大在治理邏
輯遇到的兩意的問題。

于：兩意？

施：兩意，這是意料還是意外，假如它是意外的話，很簡單，以後就做 SOP
對不對？就是阻止這個意外的發生。那是意料呢？那就很頭大囉！現在
整個新聞評論都不敢朝意料這個。

于：對啊！這個意料大家聽了就覺得太……。

施：就頭皮就會有點癢癢的，就像說昨天那個泰國的爆炸案，那這個是意料
的啊！對不對？因為這炸彈是綁在柱子上面，這一定是意料絕對不是意
外，那所以習大大他一定要釐清楚。那意料的話，他就要具備哪些的因
素，它就這樣子來造成。在這樣子的一個推論過程裡面，他一定要把資
訊全部封鎖起來。這在整個統治邏輯的過程裡面，在習大大的操作上面
看起來都是很正常的。但是市面上所流通的這些訊息，我猜妳很難分辨
他們是真的、還是假的。

于：對啊！

施：因為真的、假的都在習大大的口袋裡面，他預防。因為這樣子的攻擊行

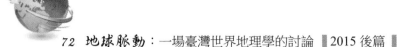

為要是被複製那很不得了，所以他一定要搞清楚到底是怎麼樣的環節出了這樣子的問題，而以後不要讓他在中國境內發生。以上四則新聞簡單介紹。

于：是，那剛才這個最後一則的這一個天津瀕海新區的大爆炸，中國的工安問題呢讓大家又開始討論，不過接下來除了公安議題之外，我們要來跟大家來關心一下中國的經濟問題。據說呢人民幣的貶幅一度來到了百分之三點五，這是從 1994 年以來的貶幅最大紀錄，也引發了全球金融業的強烈關注，那特別呢像是近期喔，很多的股市都大跌，是不是跟這樣的人民幣貶幅有關呢？是不是請洪老師來幫我們就人民幣為什麼這一次會貶這麼的嚴重呢？來跟我們做一下說明。

洪：這是講當天啦！當天突然間貶了這麼大的數量，可是它最高的時候過去十年 2005 的時候還有八塊多，就是對一塊美金，然後現在這個 2014 年的時候其實那個也到六點零四了，然後後來呢又稍微貶一點，然後這一次呢那個又到了這個六點多。那其實它在這個位置已經一段時間了，所以整個來講，如果從大趨勢來講，它也沒有貶的特別屬害，只不過是當天突然間一天當中貶了三點多趴這樣，三點五啦！三點三啦！這樣子喔，這個速度太高了，速度太快了，所以通常我們看這個經濟的穩定度，如果股票的價值啊，或者是這個匯率的價值突然之間呢，用彈跳的方式自由落體的方式，你就會害怕啊！

于：對，就會覺得背後是怎樣……

洪：突然之間不穩定的狀況出現了，就會懷疑說明天會不會繼續三趴五趴這樣跌。

于：各個投資人的這個心。

洪：或者是倒過來明天三趴馬上就漲回來，那也是一種很恐怖的啊！最好你都不要動。那做國際貿易的人就可以算說幣值是多少，那我的貨品的價格是要報多少、我要買多少，相對就去除了這個匯率上下彈跳的這一個風險，那這樣子呢，越是在比較穩定的狀況下做生意，他越是能夠控制他的收益啦！要不然賺的錢都被匯差吃掉了。有時候大部分的人說我因為匯差賺了錢了，可是也有人這個理論說長期一望就上上下下，結果

呢？不論你今天賺多少，隔幾天又賠多少，或是你今天賠多少，隔一段時間又賺了多少，最後都是平衡的，也有一種說法是這樣。所以就長期來講那看起來不是那麼多，可是短期來講太震盪，而且這個震盪就影響到他的旁邊，因為我們已經知道中國是世界工廠，那世界工廠的這個最主要的製造業啊，那有一個指標叫做 PMI，就是所謂的採購經理人這樣一個指數，那最近這些年來五年來已經從五十七點六降到現在的四十七點八……

于：喔，降了十趴。

洪：這是美國人發明的指數啦！就是說一個地方的這個採購經理人指數，指的他的製造業如果在五十％以上，根據美國的經驗公式，這個經濟是繁榮的，那如果低於五十呢表示它衰退了。那如果到達四十呢，那就是蕭條了。那過去十幾年五、六年的時間內，2009 年 08、09 年的金融風暴，一度中國的這個 PMI 跌到百分之四十點多，可是在八個月當中又彈回來彈到五十以上、五十多，就一直在那邊震盪，最近又往下跌，慢慢慢慢的大概都維持在四十七～四十八左右啦！所以其實它的作為，這些工廠的能力也在減少了啦！慢慢變成再也不是一個這麼大的一個主導所有的製造業的一個區域一個國家啦！那你就問說那他為什麼會這樣子？

于：對啊！

洪：有一個角度可以來思考，就也有很多的文獻在研究說，就是它的人口紅利再降低了。其實妳知道嗎？中國的婦女大概平均生育幾個小孩子嗎？

于：中國婦女平均？

洪：對對對，像臺灣不是說我們出生率很低嗎？少子化嗎？中國也有這個問題，他已經來到一點五到一點六之間了。

于：喔，不到兩個。

洪：不到兩個了，那通常人口的這個替換率要到二點一啊！就是二點零七左右，我們試著把它四捨五入大約二點一左右。一個婦女平均要生二點一個小孩，它才能夠到人口替換率嘛，中國已經跌到一點五到一點六之間了。在今年左右 2015 年大概就是它全國的九億四千萬人口這麼多勞動人口最高峰了，接下來就往下走了。所以它過去發展的這個經濟模式就是

用廉價的勞動力來作為世界工廠，出產了什麼樣的產品都 Made in China，中國製造，這樣的時間點往下走了，所以你才會看到那個 PMI 指數也往下跌了，然後在這個過程當中他又為了維持他的幣值能夠支撐他的出口，所以就突然之間往下放，那就有一個爭議了，你到底是故意的？還是、還是……

于：對啊！想說中國怎麼可能讓自己的這個經濟走向人家說的、比較往下走的感覺。

洪：市場決定，可是他為了參加這個國際的貨幣基金，變成是一個可以當作是那個一籃子貨幣當中的這種所謂。

于：特別提款權。

洪：特別提款權，也就是說他變成未來就要跟美金、跟英鎊、跟歐元、跟日圓有相同地位的、這樣的一種可以拿來做為結算，或者是一旦有問題的時候，可以拿出來特別提款權去做處理這樣的一個地位，他一定要開放的，政府的手不能管的太多啊！所以呢，他對外講說沒有啊！好像我們還是維持在讓它很自然的跌下來的狀況，可是很多人說是嘛！你真的是這樣嗎？

于：對啊！

洪：然後旁邊這些國家這幾天也一直有一些評論說，欸臺灣其實包括臺幣、包括我們的隔鄰的這個韓元，然後新加坡的新加坡幣，其實都受到影響啊！因為我們跟他經濟的互動的掛鉤是這麼的密切，出口到那裏的那個量是這麼多當然受到影響啦！所以最近的這個貶值如果說從比較上五年、十年的角度來看它的振幅，其實是不會太大的，可是以當天來講一天就跌這麼多，其實那個震盪是大的。

于：那這樣的震盪還會再持續下去嗎？

洪：那就要問習大大了。

于：所以還是要回到這個中國的這個政府的力量啦！

洪：剛才不是還在討論這個天津瀕海新區的化學工廠爆炸到底是什麼原因？就是其實中國以來一直他所謂的崛起，可是這個崛起讓他周邊的國家，真的世界整個其他的主要的國家會有個疑慮，因為你的事情是不透明

的，很多事情我們沒有辦法預測你會怎麼做的。那當然一個崛起的大國，他一直希望它能夠被別人接受說他是和平的，他是理性的，所以剛才我們剛剛講的人才說，看起來是維持的好好的啊！這市場的力量在決定啊！我的手沒有伸進去啊！很多啊，這是正常的啊！他也想要在國際上獲得這樣的名聲啦！可是大家還是覺得疑慮重重，對不對？就像這個爆炸的時間到今天為止，那當然有看到有一些報告說，是因為出口商品當中有這個氰化鈉的關係，可是為什麼會有那種那麼特別的爆炸的幅度以及量那麼大？都開始在懷疑了，所以類似這個其實就那個中國政府應該出來說清楚的。

于：恩恩，所以不管是這個國家內的這個工安事件，甚至是維繫跟這個國際經濟有很大關係的這樣的一個幣值的變化，大家腦袋當中都打了一個疑問，到底是市場的自由的力量？還是說有政府的權力的手伸在裡面？

洪：對，另外一個講法說因為他為了跟美國制衡啊！因為美國最近一直講說要升息啊！他的失業率下降了，已經差不多達到自然失業率的狀況了，就是結構性的失業加摩擦事業已經差不多五趴了，換句話說很自然的，那就表示美國經濟榮景起來了，所以呢，他就要升息，不要讓通膨來發生，啊所以中國就開始出手了，因為這就是另外一種陰謀論的可能性。

于：好，哈哈哈！所以我們節目當中也只能夠就各個角度來切入。

洪：對啊！自從我跟這個施老師來參加這個于庭的這個節目，我們就把陰謀論帶進這個脈動。

于：哈哈！所以大家就是面對各種事件的時候都要從各個角度來思考。

洪：其實妳也要相信這一種看起來是不可避免的，因為國際上就是不斷的希望自己能夠趨吉避凶啊！

于：當然。

洪：那在資本主義的世界裡當然壓著別人也是讓自己成長的，我跑在前面的一種方式啊！

于：是挖！這個國際的政治國際的經濟都是詭譎多變的，到底幕後的力量是操之在誰呢？就讓我們繼續看下去吧！好啦！我們先來欣賞一首歌曲休息一下，待會再回到節目現場跟兩位老師聊天喔。

（音樂）

于：好的，現場時間下午的兩點五十一，午後陽光第二階段，我是于庭，陪
　　伴大家到下午三點鐘，今天星期二節目後半段呢，《地球脈動》單元跟
　　高師大地理系的洪富峰老師、還有施雅軒老師在節目當中聊一聊上周的
　　國際大事。接下來呢，要來關注的這個議題喔，相信呢如果你有在做這
　　個投資的朋友應該會蠻感興趣的。那就是呢，國外的股神巴菲特呢他的
　　公司花了三百七十二億美元買下了一間做零件的公司，到底三百七十二
　　億美元是多大的一筆數字？是不是請施老師來幫我們具體化。

施：我們是股市跑馬燈，三百七十二億，每次要講錢，對不對？都要舉中華
　　民國一年花了兩兆，兩兆，然後三百七十二億，我們用一美金三十二塊
　　臺幣來換的話，是一點二兆啊！就是一點二兆，也就是說這一筆的買賣
　　的話要花一點二兆臺幣就對了。那這個波克夏這家公司其實順便講一
　　下，那個上個禮拜五的價錢呢，一股喔，是二十一萬三千九百八十一塊
　　美金。美金一股喔！為什麼我要特別強調？因為我們臺灣一張是一千
　　股，它是一股喔！二十一萬美金，然後算成臺幣三十二塊的話是六百八
　　十四萬臺幣，一股喔！特別講。

于：好，聽到這樣的數字，大家這個應該嘴巴都已經張的非常大，下巴都要
　　掉出來了。但是為什麼這個股神巴菲特他要花這麼多錢來買這一間公司
　　呢？這間公司欸到底是在做什麼的啊？

洪：這家公司主要是在做這個它是壓鑄。

于：壓鑄？

洪：就是做飛機啊！飛機的這個外殼的那個壓鑄啊！各種的這個機件設備的
　　壓鑄，它也做這個石油公司所需要的各種的那個需求品的這個壓鑄。所
　　以它是一個壓鑄公司。只是是一個很高階的壓鑄公司，它去做航空的，
　　它是這個 AIRBUS，就是我們叫做那個歐洲的空中巴士、那波音 GE 等等
　　的這樣的公司的上游提供者啊！所以是好公司喔，符合巴菲特的投資的
　　標的。

于：喔，換句話說，它覺得……

洪：好公司它不見得是行業，以前巴菲特是不太投資，他其實像他買可口可
樂、他製造可口可樂，他的公司當中就是這公司經營得很好，然後呢，
在市場上有佔有率，有很好的位置，然後呢，你很容易懂他的產品是什
麼。所以他買可口可樂很容易懂吧！可口可樂太賺錢啦！他也買過 IBM
嘛，算是高科技當中比較少的部分。然後呢，隨著他的公司的營運越來
越大，其實他在尋找什麼樣的，他投資的對象可以符合他剛剛講的公
司。容易懂又賺錢又有未來發展性，所以這一次這一個其實是五十年來
最大的一筆的這個併購啦！而且這個金額相當大，當然包括債務也是含
括在裡面，三百七十二億啦，連債務一起買了。

于：喔喔，換言之呢，這個股神巴菲特他覺得說這樣的一個產業這樣的一間
公司很值得長期來觀望。

洪：現在我們的聽眾朋友可能沒有人是做這個投資的，你一定會有一個問題
是，我應該投資的標的是什麼？巴菲特就問啦，投資一定要問兩個喔！

于：哪兩個？

洪：一個我能夠獲得多少利潤。

于：恩，能賺多少？

洪：能賺多少錢？什麼時候賺回來？時間啊很重要，不好就要賣掉啊！這是
要殺出啊！認賠，對不對？他也不見得每個都賺啊！當然，他看起來他
一輩子走來這幾十年來對的機率多很多啦！

于：對，那個賺跟賠的比數是非常懸殊的。

洪：這是一個資本主義的代表啊！他連跟他一起午餐的機會都可以賣啊！

于：喔，跟他一起午餐。

洪：對啊！有一個中國人就買了最高貴的一次啊！然後呢，也有一個年輕人
跟他一起午餐，現在變成他公司裏頭一個非常重要的一個幹部了，執行
者。所以，其實他也透過這種方式把他的概念往外推，他也在宣傳說不
定也從跟他午餐的人當中獲取一些投資的心得呢？他是不斷在成長，你
不要以為他跟你午餐，他只是在告訴他你告訴給跟他午餐的人撇步，我
相信他是學別人的撇步啦！

于：喔～互相交流教學相長。

洪：當然啦！這種投資的事情誰能說的那麼準的，所以這一次看起來是很特別，其實也引起一個那接下來到底他要再買什麼？那些行業才是又容易懂，那又市場上又有好位置而且呢？獲利的時間還似乎是可以預期的，這個都是很大的挑戰，而他也指出來當今從二十世紀後半段到現在以及 2015 年了，其實資金就是一直在全球跑來跑去，投資標的是很重要的。我們前面剛剛講的說中國的這個因為它的貨幣對美金那個突然間跌下來，其他的貨幣也受影響，那這個都影響到公司的營運耶！對不對？可是在巴菲特來講，他看的不是短期的震盪，他看的是比較長的，他曾經有個故事，他很小的時候就用三十八塊買了一個股票，漲到四十塊就賣了，後來那個股票漲到二百塊，所以給他一門功課說不能只是看短期的漲跌，有時候要把時間拉長，這一些剛剛講說要去注意獲益是哪時候回來，而且回來多少。

于：了解，所以今天節目當中跟大家分享這個股神的投資概念，或許呢，如果你是有在做這個投資或者是什麼基金操作的部分的朋友，或許這個股神巴菲特。

洪：他從十幾歲就開始練習了。

于：這概念可以讓大家參考，那當然也是希望大家這個有投資都有賺錢，都有賺到時間也賺到收益。好的，今天節目當中相當謝謝兩位老師跟我們從這個經濟的議題一起來聊天，那我們預約下周繼續空中見囉，謝謝兩位。

洪：掰掰！

施：掰掰！

(End)

第 34 集

104.08.25

〈全球化的時代帶您掌握國際時事　關心全球動態　歡迎收聽地球脈動〉

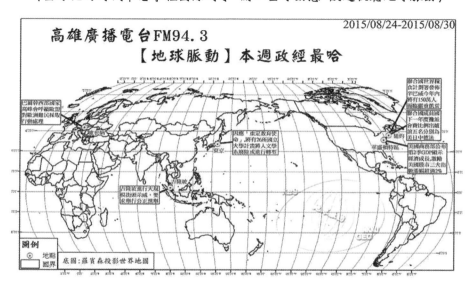

片頭：聽眾朋友您好，歡迎收聽 8 月 25 號的《地球脈動》。單元一開始帶大家來關心一下上周的國際大事：

美股三大指數單日重挫逾三％，引發全球股災

美國西德州中級原油價盤中跌破每桶四十美元，為 2009 年 3 月以來最低

東北亞軍事緊張，除了兩韓軍事對峙，中俄與美韓分別進行軍事演習

希臘總理齊普拉斯向總統提出請辭，將進行國會改選

美國摩根士丹利公司提出的「Troubled Ten」說法，臺灣明列其中

美國批准荷蘭皇家殼牌石油公司在北極海鑽油

稍待一會兒節目當中跟大家來關心這些國際大事的最新動態。

于庭（以下簡稱于）：好的，現場時間是下午的兩點三十二，午後陽光第二
階段，我是于庭。一樣在下午陪伴大家到三點鐘，今
天星期二節目後半段《地球脈動》單元呢，帶大家跟
這個高師大地理系一起在空中聊一聊上周的國際大
事。那一樣呢，我們今天節目當中是高師大地理系的
洪富峰老師還有施雅軒老師，先請兩位老師跟大家問
聲午安囉！

施雅軒（以下簡稱施）：午安！

洪富峰（以下簡稱洪）：午安！

于：好的，我們今天要關心的這個國際大事，挖庭剛才呢，已經在節目片頭
的時候跟大家分享了六則國際大事，欸大家聽了這樣六則消息的分享喔
應該覺得好多都是講到跟經濟有關的，是不是？我們施雅軒老師是不是
要從這個前面四則先跟大家做一下簡單的提要呢？

施：這一周的新聞回顧大概都會嚴重衝擊到各位聽眾的荷包啦！我們一則一
則來，美國三大指數單日重挫百分之三，其實禮拜一好像也是百分之三
啊！也是三點多，我想聽眾假如你有投資金融商品的，你現在應該晚上
都睡不著了，都要喝咖啡。那當然這樣子的一個重挫呢，我想現在表面
上的理由是說，是因為中國整個匯率降代表在中國的這個經濟呢的火車
頭引擎熄火了，但是真的是這樣子嗎？因為其實我會覺得因為當這個單
日重挫的時候，在臺灣有所謂的國安基金，可是美國因為是自由市場資
本主義，沒有這種東西的時候，那當然有人會提出你怎麼因應，你從這
因應的方式歸納出一個重點就是九月升息要廢除，就是聯準會就是說很
多救美股，對不對？就是說美股那個聯準會的升息九月要暫停，所以你
就不得不讓人家聯想說，那中國經濟不好也不是一天兩天的事情啊！那
為什麼最近突然繃得這麼可怕？在某個程度對不對，假如用陰謀論說
法，就是有人要透過這樣子的方式國際的金融大鱷逼聯準會把升息的吞
回去，假如這個用政治的動機來看的話，這其實邏輯上面是合理的。各
位聽眾這個可以當參考，那第二個西德州原油已經跌破四十了，我查三

十八塊多啦！那這其實也是告訴你，整個全球經濟動能從油價指數就可以看的出來，那那個東南亞局勢緊張已經和談了，那個兩邊都說好了對不對？就持續溝通而且中秋節還要再聚在一起，那感覺我們旁邊在看的就嚇的緊張得要死。

于：好，就很像連續劇一樣，時不時都一樣打鬥又恢復和好。

施：對，到第四點對不對？連續劇直到八點檔我已經取好名字了，那一年我們說好的反撐節。

于：挖老師這個劇名取的非常的好。

施：因為那個齊普拉斯對不對，他宣布內閣總辭了，那就是宣布九月二十號我們要再來選，那選了就是什麼呢？因為那時候他齊普拉斯是要接受撐節的。可是他不是有公投嗎？有六成的人反撐節，所以他就有民意基礎了嘛，所以他就學那個木村拓哉之前演的那個 Change，最後的結局就是我們解散國會，我們再來一次，支持撐節的就支持我，啊所以現在就尷尬了啊！所以假如有玩歐洲金融商品的你就要到九月二十六號再痛苦一次啦，所以為什麼要叫做希臘八點檔？因為假如按照公投、假如六成會贏的話，有可能齊普拉斯就選不上的。

于：恩，會翻盤。

施：對啊！那翻盤是不是又要再來玩一次，又要選一個人？那個人又要反撐節，那大家又要再玩一次這樣，所以希臘八點檔還會繼續看下去這樣。

于：好，所以這個歐洲的經濟，可能也會隨著希臘這個情勢這樣的動態，一直找不到一個最後的結局喔！很可能還是要各為這個投資人看緊好你的荷包。好的，接下來大家關心的其實這個也是跟經濟有關的，就是呢，美國的一個金融服務公司呢，它要做 Troubled Ten，就是麻煩十國，到底是什麼東西的麻煩十國呢，據說呢，我們臺灣也是麻煩十國當中的一員，想請問一下這個洪老師，到底什麼叫做 Troubled Ten 呢？什麼是麻煩十國啊？

洪：這個施老師會先講是哪十個。

施：股市跑馬燈來了，哪十國呢？那個是摩根史坦利提出來，他其實不是下這個標題的，他只是跟你講報告有十個國家，這十個國家。

于：他是預測嗎？

施：不是預測，就是有碰到麻煩了，不是他自己找麻煩的，而是這十國會遇到人民幣跌下來遇到麻煩。

于：哪十國呢？

施：十種貨幣，新臺幣、韓元、新加坡幣，然後南非、巴西、泰銖、智利的披索、哥倫比亞披索、那個祕魯的索爾跟俄羅斯的盧布這十個。

于：這十個國家聽起來分布的地方很多耶！東北亞、東南亞、南美洲、非洲都有，但他們有什麼共同點嗎？為什麼會被全部都囊括在麻煩的十國裡面？

洪：跟中國最近的這個貿易喔關係越密切的，而且是受到中國的這個影響越多的麻煩越大。

于：這樣說會跟我們上周在討論的這個人民幣突然有這個大幅貶值……

洪：是有關係啊！就跟這個出來，這兩個新聞其實是掛在一起的，那為什麼我們臺灣會在裡面呢？

于：對，大家應該很想要知道。

洪：我想說不定我們聽眾也很熟悉的，我們主要的那個經濟的成長是來自於進出口，尤其是出口，那出口呢？過去是臺灣也曾經做過世界工廠啊！那我們做世界工廠的時候，我們的製造業是很強盛的啊！我們的聽眾大部分都在高雄，高雄就是所謂的號稱工業的城市。所謂工業的城市就是製造業嘛，我們加工出口區。後來雖然有科學園區，各種的園區、各種的工業區、臨海工業區，通通做一件事情，就是生產很多的產品銷售到國外去賺取外匯。就增加我們的國內生產的總值嘛，就是所謂的 GDP 啊！占重要的一項，那過去這些年呢，我們製造業呢，大概百分之五十二左右，其實是臺灣接單，然後在臺灣以外生產，也算在我們國內生產的總值裡面，也變成是我們國民每一年我們平均有多少萬元的平均每個人的收入，這個也會計算在裡面。那這當中呢，五十幾趴大部分呢是在中國，那中國大陸的這種的省分。那這一次呢，因為人民幣的退潮一般的貶值，那突然貶值以後，我們臺灣賣進去的東西會變得比較相對來講啦！你本來一塊錢美金的東西然後用六點二，然後突然用六點四要買，

它變貴了，可是如果進去的產品，是還可以出口就可以平衡了。可是，中國大陸國內他們自己的一些所謂他們聽過的紅色的供應鏈，已經取代了我們某一些廠商的供應了，所以我們進也進不去，然後出也出不來，所以對我們的貨幣就形成很大的影響，因為我們的貨幣是靠我們的進出口在支撐的。所以我們也出現麻煩了。那這一次的報告當然是以去年2014 年我們到底有接近百分之四十是跟中國大陸互動的，所以我們的麻煩會很大，其實你以為台商不知道嗎？

于：應該是知道。

洪：他早就知道了，在前線跟這個作戰的啊！他的地址、他的進出口之間他很清楚，而且是我們這個報告講的是去年的資料，那現在發生的事情是今年八月，難道這過去的七、八個月來他們都沒有調整、都沒有改變嗎？當然是有的啊！我們不是有個很大的台商就說，他突然覺得中國大陸的決策者跟他不是一家人的感覺，鴻海的老闆不是這麼講嗎？怎麼突然覺得自己是局外人呢？他早就知道了啊！只不過各個廠商在因應的過程當中製造業是很慢的，你要設立一個製造業的公司，你要在園區，在園區當中要有各種的廠房、機械設備。你要雇用員工，這個員工在經過新的這個勞基法（勞動基準法）的關係，你要解雇他還要花很多錢勒，所以他要離開是很困難的，要調整是很困難的，那加上我們在節目當中，也談其實隨著剛剛我們前面講過的幾則這些新聞，它是一個國際連動的局勢，那歐洲不好，那美國也在出現動盪了啊！中國的市場在哪裡？他最主要還是美國跟歐洲啊！那這裡不好，出口的人也不會好啊！那臺灣就變成 Troubled Ten 的一員了，這一個繫絡是這樣連起來的。

于：喔喔，等於說這樣的發展其實它不是突然發生的，它是慢慢慢慢……

洪：不，只是突然之間會有一些評論說，為什麼一些崛起的中國，所謂要崛起當大國，當大國要有責任啊！怎麼突然就放手不管了，沒責任起來了。他還沒當上大國啊！他只是候選人而已，所以呢，他也要救自己的經濟啊！所以他就放手了，撐不住了。

于：那這樣的話，後續的這臺幣的狀況會？因為剛剛老師提到說其實很多的製造商在大陸設廠，他們都有開始注意到這樣的情況。

洪：其實過去我們一直盯著我們臺幣，其實基本上還是盯著人民幣啊！因為他是我們這麼重要的外貿夥伴，這是不可否認的，我們很多這個上游的這個產品有銷售到中國去，其實也部分作為臺商的半成品啦！然後在經過一個加工之後變成一個成品賣出去，那因為這樣子貿易的貨幣穩定度，臺幣跟人民幣之間匯差的一個盯住，其實是幫助這些廠商他在估算它的成本效益的時候，就不會有變數了。你太快的這種上下震動，當然炒作金融說有利可圖，因為變動才是有賺的時候，可是做製造業的來講，對他來講那是恐怖啊！那是弄不好會自殺的。突然之間就會有可能的，讓匯差咬走。

于：一夕之間。

洪：或者是你一整年的收益可能會因為幾筆的匯差操作的不是那麼恰當，你的利潤就非常的微薄甚至於變成負的，這是嚴重的。

于：挖，那這樣的話其實也是一個給臺灣的製造商一個很大的警惕喔！就是大家從根本的這個設廠開始，或者是貿易往來的這個方式，其實都要去做稍微的調整，才能讓我們的經濟呢再次回到讓大家比較舒服的狀態。

洪：對啊！現在這個已經變成這個國安問題了啊！不僅止於行政院，已經變成是總統府國安會的問題了。

于：是那我們為這個小老百姓大家還是希望這樣的一個狀況。

洪：我們是國家主人啊！我們當然盯著這個國安會為我們做什麼。

于：還是希望這樣的狀況可以趕快的好轉喔！畢竟呢，大家小老百姓生活還是要靠這一些進出口的一些幣值，都還是對我們的生活很重要的，希望呢，能夠趕快好轉的情勢。好啦，接下來欣賞一首歌曲，歌聲過後呢，讓老師們休息一下繼續跟大家分享下一則國際議題喔！

（音樂）

于：好的，現場時間下午的兩點四十九分，午後陽光第二階段，我是于庭，繼續陪伴大家到下午三點鐘，剛才呢，欣賞了來自這個徐若瑄的《大麻煩》喔，就是要呼應哎呀！我們的這個臺幣喔，被列在麻煩十國當中

啦！希望這個狀態真的是要趕快改善。好的，接下來呢，要繼續跟兩位高師大地理系的洪富峰老師還有施雅軒老師來聊另外一則國際大事呢，就是美國批准了荷蘭皇家殼牌公司在北極海要進行鑽油這樣的議題呢，是引起這個環保的另外一個面向的這些人員呢，好像有一些反對的說法。但是呢，今天節目當中除了這樣的一個觀點之外，還有其他觀點要跟大家來分享，只不過在討論之前呢，先跟大家講一下，今天呢，我們的主播是有一個特別的道具喔，相信大家都不陌生，就是地球儀，為什麼今天要帶地球儀來呢？我們施老師是不是跟我們說明一下。

施：好，這為什麼引發環保抗議呢？會上新聞，主要的一個很重要的理由是我們之前談 Keystone 的油管嘛，啊不是歐巴馬是環保嗎？

于：他倡導就是要環保正義。

施：結果突然環保人士說你怎麼會同意，你不是基於環保嗎？你怎麼要同意北極鑽油呢？

于：這不是出爾反爾嗎？

施：以現在我們政治評論講的，誰認真誰痛苦啊！對不對？其實這就是涉及到為什麼要帶地球儀了，這涉及到現在一個新的全球的競技的場合，就是北極，可是他們要知道北極為什麼會是很重要的經濟場合，你假如聽眾有地球儀的話，你從臺灣出發往北邊，對不對？我們假裝你是船長，對不對？往北開進入俄羅斯然後有所謂的白令海峽，你給他看，過了白令海峽走直徑的方式到對岸下去是哪裡。

于：就是這個剛才于庭有先走過，在我們的這個北歐的地方，就是切西瓜的方式這樣一刀切下去。

施：對，北歐你想想看，那假如說有一天這個航線要是開通了，那不就是全世界最短去歐洲的航線了嗎？甚至飛機船都可以這樣就過去了啊！我們就不用在那邊飛那麼遠，對不對？我們只要往北飛，然後越過北極下去，以前這是不可行的，可是最近什麼溫室效應的關係，所以整個北極海的冰溶化了，所以說這變成是一個新的一個天地就出來了。那這個新天地動作最積極的就是俄羅斯，那當然美國對不對，他以前不太 Care 這一塊，對不對？可是因為俄羅斯是他的假想敵之一，所以就變成說假想

敵在做什麼，他也很緊張，可是他總是要找一個切入的手法，所以就變成說當今天皇家殼牌要來申請的時候他就順勢，雖然甘冒被大部分馬上就被抗議了，可是問題是這有國際戰略的這一個考量上面，所以這個事情就這樣出來了這樣。

于：那為什麼這個石油的鑽探跟航道有關係呢？

洪：但是湊巧在北極，那當然北極能不能做為一個航道就還一直有這個爭議啦！因為要不然冬天怎麼辦？不能說這個航道只是夏天通，冬天這個冰天雪地的時候又關起來，這是不可能的。那只能當旅遊了，冬季旅遊這樣子。夏季旅遊，重點是這個石油雖然剛剛講說已經到了三十八塊了，可是它還是重要的戰略物資啊！而且所謂荷蘭這個皇家殼牌，它其實基本上是登記在英國啦！總部設在荷蘭啦！在一百多年前他們是兩個公司，荷蘭跟英國的公司併在一起，他們做這個行業已經一百二十多年了，都在運送各種的油品。那如果聽眾不陌生還有所謂七姐妹，七個公司，就是我們在節目中曾經談過一次，其實就是談這個英國跟美國的石油公司在中東有非常多的這個油源，是這個七姐妹公司去投資去開採去配，送然後分銷到全球一百三十幾個國家。

于：等於上中下游。

洪：等於七個大的公司，這個七個大的公司當中，這個皇家殼牌就在當中之一了。它很特別的是這家公司不是美國公司，七姐妹公司有兩家不是美國的，另外一個就 BP 就英國的石油公司，其他五家通通都是美國的。那這家公司呢？皇家殼牌做了一百多年了，它有一個戰略的武器，它就是很會探勘石油。

于：很會探勘石油？

洪：對，它很會探勘石油，它是全世界第二大的啊！它有實驗室，還有各種研發的單位到處去探勘石油，所以這一次它向美國申請到這個北極來探勘這個石油，對它來講，其實只是小試身手啦！可是呢，它就是走在世界的前端了，那美國當然樂得讓你去開採啊！因為你基本上還是跟美國非常、非常接近的非常交好的一家石油公司，所以我認為這是很合理的。那藉由這樣的探勘，公司得到一個利益，我們已經開始在北極探勘

啦！

于：那美國得到的利益是……

洪：美國得到的利益是我們開始跟俄羅斯去爭北極啦！

于：好，各自這個叫什麼心懷鬼胎嗎？各有各的利益。

洪：其實你想想看海洋占整個地球表面的百分之七十啦！那我們在節目當中也談包括東海、包括南海，都有一些這個大大小小的、有一點這個互相嗆聲的衝突，理由何在？除了航運，非常重要的就是都設想底下有各種的資源，除了天然氣、除了石油，說不定還有其他的資源。那地球的人口還恐怕在可知道的幾十年當中還會繼續長啦！大家都要過比較好的生活，當然要有更多的能源啊！那所謂那個太陽能也好啊！潮汐也好！這種那個所謂綠色能源，它終究有一定的限度，而且普及的程度還相當有限，那天然氣跟石油是現在最主流的，所以這些公司在這裡投資去鑽探，讓它鑽探到了，那你只要讓它開採了，其實擴充它的經濟擺脫度嘛，所以七姐妹就一直控制著全球很多地方的能源供給嘛，所以它去探勘北極的這個油園，其實是為它公司的未來的競爭力在扎根，即便沒有成功，其實它這個技術用在其他的地方。

于：喔～等於說來這邊先試小試身手。

洪：練兵啊！練到的時候其實也是我會突破的，那練不到的時候我再換，說不定到挪威去鑽探或許會有另外的發現，挪威是很大的油源國啊！

于：我覺得這個國際情勢真的很妙喔，之前講的這一些可能都是在講說軍事看誰的這個背後的火力啊！還是這個砲彈比較大、比較豐富的，這個軍事寶藏是比較豐富的，好像就可以在國際上講話比較大聲。但是呢風水輪流轉，現在呢，我們的能源也變成了各國之間欬軟性的武器，非常的巧妙。

洪：軟實力其實不僅僅是這個能源或是經濟啦！其實文化也是啦！但是概念上面，如果沒有這些技術跟經濟做支援，只是只有武力，那在全球上面其實在以現在普世的價值，是不能夠被接受的啦！你即便有很大的拳頭，要使出拳頭的時候也要有一個合理的基礎才行。

于：是，好的，今天節目當中跟大家分享了像是經濟議題，以及呢，這個環

保議題，甚至是航道，還有稀有金屬稀有物資的開採，都是相當有趣的國際議題。那我們因為時間的關係，也要先跟兩位老師說掰掰囉，預約下周繼續空中聊天喔，謝謝兩位老師。

洪：掰掰！

施：好，掰掰！

(End)

第 35 集

104.09.01

〈全球化的時代帶您掌握國際時事 關心全球動態 歡迎收聽地球脈動〉

片頭：聽眾朋友您好，歡迎收聽 9 月 1 號的《地球脈動》。單元一開始帶大
家來關心一下上周的國際大事：

美國商務部公布第 2 季 GDP 顯示經濟成長，激勵美國股市三大指數漲
　幅超過二%
聯合國世界糧食計劃署發佈辛巴威今年內將有一百五十萬人面臨嚴重
　飢荒
巴爾幹西部國家高峰會在維也納召開，呼籲歐盟對歐洲難民採取行動
　處理
馬來西亞吉隆坡進行大規模街頭示威，要求舉行公正選舉
聯合國成員國下一年度攤派會費比例出爐，前五名分別為美日中德法
因應安倍呼籲公立大學「重定教育使命」，六十所國立大學將有二十
　六所計畫將人文學系廢除或進行轉型

稍待一會兒節目當中跟大家來關心這些國際大事的最新動態。

于庭（以下簡稱于）：好的，現場的時間是下午的兩點三十分，午後陽光第
　　　　　　　　　　　二階段，我是于庭，繼續在空中陪伴大家到三點鐘。
　　　　　　　　　　　星期二呢，節目後半段是高師大地理系兩位老師，洪
　　　　　　　　　　　富峰老師跟施雅軒老師在節目當中喔，要跟大家來關
　　　　　　　　　　　心我們的全球事件的發展動態，那一樣的先請兩位老
　　　　　　　　　　　師跟大家說聲午安。

施雅軒（以下簡稱施）：大家午安！

洪富峰（以下簡稱洪）：大家午安！

于：那我們這個單元一開始呢，跟大家要來分享的好像有四則的國際大事，
　　是不是先請施老師幫我們做一下初步的說明呢？

施：好，第一則有關這個美國商務部公布的 GDP 成長，就激勵美國股市大漲
　　百分之二，上禮拜是大跌百分之三，那我今天看昨天的又跌，所以上上
　　下下，那為什麼會上上下下？最根本的問題就是升息的問題，到現在都
　　還沒搞定。所以其實美國很多的分析師也認為你要嘛就說你要升，要嘛
　　就說不要升，不要都說我再看看。

于：再看看就是一個沒有結論。

施：對，大家就是一上一下、一上一下這樣。

于：心吊在那裏。

施：那第二個是聯合國的糧食計畫署發布辛巴威會有一百五十萬人面臨嚴重
　　的饑荒，那這個其實是一個很不幸的消息，那主要是大乾旱造成他們主
　　要糧食玉米的欠收，那我想呢，明年的全球的玉米大概也會因為這樣的
　　波動而上漲。那再來就是巴爾幹西部國家高峰會，那這個其實討論在維
　　也納。歐洲的難民其實你會發現越來越嚴重，那能不能解決其實涉及到
　　一個問題，你要從來源，也就是敘利亞、伊拉克，阿富汗這些的難民來
　　著手，因為這是跨國際的，就變成說，除非你能夠解決源頭的一個問
　　題，假如你不能解決源頭的話，任何的呼籲包括聯合國歐盟其實也都是
　　呼籲而已。因為這些難民就是因為在源頭生活很困難，所以他們嚮往歐
　　洲美好的生活，所以源頭沒有辦法解決的話，其實各式各樣的一種說

法。

于：倡導啊！各式各樣的說要怎樣、要怎樣，都還是比較空泛的。

施：對，因爲你沒有辦法從根去把它解決掉。那第四個這個會比較稀罕的是馬來西亞吉隆坡的街頭示威，這對我們看來，臺灣的民眾應該覺得就示威嘛，大家要知道臺灣的街頭示威是已經超過三十年了，那馬來西亞其實要求所謂的公正選舉，像我有學生畢業了回去馬來西亞，他要去參加受訓寫那個文章，感覺好像要去拯救什麼，還想說會不會是最後一封她寫臉書了？連這個口吻都出來了，妳會覺得有這麼嚴重？因爲臺灣對於示威抗議已經有三十年以上的歷史了，你會覺得示威抗議像是人發燒一樣，吃個藥就解決了。可是對他們來講，這樣子一個對他們還是一個很沒有辦法接受，甚至包括鄰國的新加坡也是一樣，如臨大敵啊！不知道怎樣才好。當然馬來西亞會有這麼大一個問題，這一個選舉的聯盟其實已經成立好幾年了。那剛好遇到馬來西亞最近的令吉十七年最低的貶值潮，所以就變成我們都知道嘛，貶值百業的物價的成本就會提高，所以剛好變成是一個示威的很重要的一個所謂的⋯⋯

于：爆點。

施：對，四則新聞回顧到這邊。

于：好，那剛才有聊到說，像是這個不管是這個難民問題啊，或者是像這個聯合國的世界糧食組織這一些地這個運作呢，其實都是來自於這個聯合國的成員。那接下來跟大家來聊的這個議題呢，就是說呢，聯合國的成員國呢，下一年度 2016 年開始好像是爲期三年的這個會費的這個攤派比例出爐，想問一下老師們，欸爲什麼聯合國成員也要繳會費啊？

施：因爲聯合國本身也有一些基礎的這個運作，例如聘人啊！然後也要用紙啊！筆啊！誰要出錢？

于：就像我們加入某某公會也要來繳一下年費這樣之類，就像這樣。

施：對，所以就變成說第一個要先算攤派的比例，然後呢，這一年錢都花夠了，對不對？再來說每個都依照⋯⋯

于：退錢。

施：不是退錢啦！交錢，所以這個是下一年度 2016 到 2018 的攤派比例，那

這個是前五名，那這個攤派比例其實因為還沒交所以不知道，但是我們給大家一個數據，那個 2015 年就是去年，啊不是去年是前一期日本攤派比例是十點八，所以他交了三點二億美金，十點八，那這一次日本已經低於百分之十了，所以十點八大概九十多億臺幣。不過，這都不是這則新聞的重點，是前五名是美國、日本、中國、德國跟法國，很有趣的是其中兩個國家他不是常任理事國，可是他錢繳很多。那有兩個常任理事國竟然繳錢繳得比他少，就是日本跟德國，之前我們回顧一個新聞就是日本跟德國還有巴西，他們聯合起來說也要加入常任理事國。因為他們就看到我們繳了這麼多的錢，結果竟然英國跟俄羅斯的繳得比我少，還是常任理事國，心裡當然會不高興啊！

于：那為什麼他們這個計算的方式到底是怎麼樣？為什麼會有說常任理事國反而繳的少，非常任理事國反而繳的多呢？他是有一個什麼計算標準在，還是大家隨意呢？

洪：跟 GDP 有關，就你國家的收入較高，那較高的人在整個國際的社會上，那個基本概念就是說，你的收入比較高是整個地球村你要多負擔一點責任，而且你的收入也是從地球村來的啊！所以聯合國的這個精神的概念就是說，每一個國家的每一個人通通都平等的，所以都應該受到一定的照顧，那能力比較高的人呢，他負擔比較多一點，那這也是一種普世價值。就像收入高的人繳稅就繳多一點，讓社會的這個運轉能夠更順利，這是很合理的，所以這樣的概念延伸而來的啦！所以日本跟德國就是 GDP 比較高啊！然後英國跟俄羅斯就是從大國變成中型國家，所以他錢就交的比較少。

于：但是這樣的機制並不表示說，你錢繳的多你發言權就比較大，對不對？還是要看他是不是這個常任理事國來決定？

洪：那所以這個問題就來了，我們剛剛已經講過我們在這個節目中也談過幾次，就是說日、德還有幾個國家，他們希望加入常任理事國，常任理事國的這個權力不一樣啊！那所以他們希望透過這樣的一個加入之後，在國際的事務上面，有關於聯合國出面處理的，他能夠獲得比較多的發言權，就像一家公司股東占的比率比較高，他投票率就比較高一樣，概念

上是這樣。

于：嗯嗯，所以在這個國際組織當中大家要這個互相的角力啦！還是希望說我的國家呢，我所代表的國家利益能夠在聯合國這樣的全球的治理的組織裡面，我可以站比較大的發言權的地位，那想問一下施老師，今天跟我們聊這樣的議題呢，是不是也要回到我們自己臺灣本身？

施：對，因為這就想到每次這應該是聯合國一個很大的新聞，之前洪主任好像也講過，臺灣對於聯合國的議題似乎都不聞不問，新聞也不會討論，一個很大的重點就是臺灣不是聯合國的一份子，那其實我們政府也都有在推，在每次大會的時候都有去，可是其實都忽略了一個重點就是說，為什麼我們回不去聯合國？其實真正的關鍵點是中華人民共和國，也就是說，今天假如如果有要回聯合國的策略沒有辦法針對中華人民共和國的話，那基本上嘛，它是常任理事國。

于：他有絕對的否決權。

施：對，他只要一提，對不對？裡面其他四個常任理事國應該沒有什麼瓜葛才對，因為他們這個大家庭越多人來越好啊，對不對？可是中華民國跟中華人民共和國會涉及到誰代表中國的一個問題啊！所以今天我們會想說回去聯合國，或是進聯合國，對不對？那這個不代表說我們就要放棄聯合國的議題，反倒是這些聯合國的新聞，我們都還是要做關注，就是說哪一天，因為我相信啦，我們不可能，因為我們出聯合國到現在已經四十五年了，不可能永遠都，我比較樂觀啦！不可能永遠都被摒棄在聯合國之外，只是說我們在等待機會，但機會來的時候，我們有沒有辦法掌握住這樣子的機會。

于：是，其實施老師透過這樣的分享也是要鼓勵我們，對於像是聯合國的新聞啊，或者是甚至一些國際新聞，我們應該多花一些精力去關注，因為呢，即便我們不是聯合國的會員，我們還是在地球村當中的重要的一分子，所以大家對於這樣的一則世界的訊息，還是要多多去掌握，我們也期待有一天呢，我們也能成為聯合國之一。

洪：什麼時候呢？

于：老師問了一個大哉問。

施：以現在目前的狀況，對不對？當然中華人民共和國他不會希望你加入。

洪：所以你意思是要等中國共產黨所代表的中華人民共和國在地球上消失，我們才會回去聯合國。

施：這是一種說法，可是你怎沒想到有一天習大大突然說啊也沒關係啊！哥哥、弟弟來一起進來，有沒有可能呢！這也是一種情境啊！

于：這個國際的發展是詭譎多變的，好像也沒辦法去預測最後的關鍵點到底是什麼，但是我們還是希望是我們有時機或是有這樣的機會，可以成為聯合國的成員國之一。

洪：但是這個是比較長遠啦！那比較近的，比如說，有一些牽涉到共同的事務，比如說這個衛生方面的、那航空方面、各種的氣象方面的，這跨國界的啊！颱風不會管你是哪個國家的我就不去啊！即便不會因為你是哪一國人就不去啊！像類似這個聯合國的這些組織，其實這個中國大陸或是中共其實不用阻擋臺灣了，他如果要展現這種大國崛起的，而且做一個聯合國的這樣的一個常任理事的一個概念，讓臺灣參加這些組織其實也是人權啊！

于：喔喔。

洪：而且我們兩邊的這個互動，你可以說的難聽一點，臺灣如果發生這樣的事情，兩邊這樣互動，中國大陸也會收到威脅。所以類似這些課題像這樣的組織，我認為他們應該歡迎我們參加才對，那至於主權那又是另外一個問題了。

于：是，就是要把主權跟這個世界公民的這個重要性，把它換成兩件事情。

洪：你想聯合國其實就是二戰之後看到過去的方案都不能夠成功，所以就來組織聯合國這樣的組織，來讓地球變成一個彼此都有一個討論空間的，包括人權，美國有人權宣言啊！人權宣言當中，我們的健康、對於人的保護都是很重要的啊那！為什麼不讓我們參加像這個衛生組織這樣的一個組織，來了解有那些疾病發生在某些地方的可能，這其實是不合理的，也違反聯合國的憲章啊！

于：所以我們要保持一個比較樂觀的態度，希望呢，趕快突破這些障礙。

洪：要努力啦！

于：是，好我們先來休息一下繼續欣賞一首歌曲，這個歌聲過後呢，跟兩位老師繼續討論喔！

（音樂）

于：好的，現場時間是下午的兩點四十七分，午後陽光第二階段，我是于庭。節目當中呢，我們跟高師大地理系的洪富峰老師還有施雅軒老師，在節目當中聊天聊上週發生的國際大事。接下來呢，要來關注的這個消息呢，挖我想如果你是念文科，也就是所謂第一類組的朋友們，應該會覺得有一點震驚，怎麼說呢？因為呢日本首相安倍晉三要來呼籲公立大學要重訂教育使命，教育使命要怎麼樣重訂？就是說呢，希望把人文的學系人文的類科廢除或者是把人文學系來進行轉型，其實于庭個人看到這個消息是有點 Shock，因為我就是念人文學科出身的。那我還記得當初喔，就是進學校的時候，這個老師就跟我講了一個算是語重心長的話，他就說呢，其實我們念這個學科可能沒有辦法保證說你出去喔，一定找的到工作、一定可以填飽肚子，但是呢，你念完這個學科之後，你畢業必定可以培養你思考的方式。當初老師講的這一席話，現在一直都放在我心裡，那剛才看到這一則資訊呢，我就覺得心裡有一點忐忑了，如果說呢，日本開始把這個人文學系人文學科給廢除的話，這樣會形成這個各個國家也會進行而模仿嗎？那會不會改天我回到這個我畢業的學校，就發現我的系所不見了，老師們會有這樣的狀況嗎？

施：因為這消息會被拿來討論主要是因為他利用預算，就是說六十個學校是國立大學，所以才有預算，等於說你不轉我就不給你錢了，所以二十六所馬上就說好，那我就考量廢掉或做一個轉型。那其實這個東西就是得出安倍某些的治國的理念，他這一個治國理念他認為說公立大學最好能夠在科學研究領先全球，不然就專注於職業訓練與企業結合。

于：所以他就是希望學生一畢業就可以上線找工作。

施：就像技術學院一樣嘛，就可以找工作了，我們不能說他錯，但就某個程度而言，他能夠解決日本的問題嗎？我是覺得很懷疑。為什麼會這樣子

說呢？主要的理由是日本做出來的東西，難道還沒有競爭力嗎？那這個我們在車上跟洪老師對稿的時候，我們講到了蘋果，現在全球手機第一品牌，其實它已經不是手機了，它有手機的功能，但它能突破手機功能所附有的價值，其實它是有某種的人文的色彩在裏頭。

于：象徵的意義。

施：對。那這個其實要讓洪老師講才精采。

于：真的啊！所以洪老師……

洪：據說這個賈伯斯曾經去參禪。

于：禪修？

洪：他從禪修道理當中悟出來之後，他做出來的東西不要有按鍵。

于：不要有按鍵就是說……

施：因為以前我們手機一定有按鍵嘛！

于：對啊！就是號碼嘛！至少會有 10 個數字，然後再加上米字跟井字號。

洪：對，你現在只要碰一碰，它就會出現這樣子。

于：是，就是把這些按鍵都讓它不見。

洪：所以好像回到原初的人，也許是生命剛開始的那個原初狀態這樣。

于：我怎麼會想到大學國文念的這個，老師就是說無就是有有就是無。

洪：這一種你剛剛無這一種，也許是新的名詞，也可以用不二論的概念來談，那這都哲學的概念上延伸出來，對於我們生活世界以及人的生命世界的一種描寫啦，其實是搭載一起的，不過剛剛的課題除了這樣以外，就像我們主流思想是包括這個安倍講的是科學優於人文，那如果你放到他的人口結構來看，你的少子化這麼多年，其實日本是缺工的。

于：缺工？

洪：他某些的年輕人能夠進入到這種科學的、這種比較有跨國競爭力的一個領域當中，那他會這樣的一個呼籲，看起來就也很正常了。因為他要跟英美先進的社會評比一較長短，他走這一種抄近路的這個方式做這樣的要求，看起來蠻合理的，臺灣不也是嗎？我們今天中小學開學，很多學校已經沒有學生了，那既然沒有學生，那這個學生未來要選什麼科系就要精打細算了，那當然政府都很難做啦！全世界政府滿意度高的恐怕沒

多少啦！偶爾高一點幾件事情就跌下來了，所以政府的領導者安倍會這樣去想，希望能夠從結構去調整因應他一直人口老化的這個問題，其實我不認為他是錯的啦！只不過他用這種方式去壓迫手段非常的粗暴。

于：會不會有點極端啊？

洪：你話是這麼說，但是在大學裏頭，它是最穩定的結構啊！它幾十年甚至上百年那個科系都是那個樣子。所以他要用政府預算的這個方式來當作是一個刺激，要求日本的這個屬於所支持的大學要改變，其實臺灣不也是嗎？只是我們動作不像他們那麼大，我們的行政院長敢宣告明年所有的國立大學這些科系的調整？當然我不是支持臺灣一定要模仿這樣的一個方式，可是你要提出對策。那我的理解他們對於年輕一代都進入到職場去，甚至婦女都進入職場，他一直在推這個概念，不是嗎？所以你到底是當媽媽回去照顧小孩？還是進入職場？這是日本一個討論的議題，也就是最近稍微再減一點，所以這個課題是跟他們人力運用的概念是掛在一起的。

于：人力運用的概念，也就是他有他的社會結構所造成的他今天頒布這樣的一個政策。

洪：看起來很粗暴，但是你必須講說他有決斷力，他利用真的你沒有照他的方式做調整的話，你會痛的方式。

于：可是如果真的各個公立大學都照這樣的這個算是命令下去執行的話，那日本所生產出來的東西，會不會就是變的比如說很機器人，但是缺乏人性呢？

洪：應該不至於，我覺得是因為工業革命以後，我們的學習都是分科的，而忘記了分科之後，其實要整合起來。這個整合起來強的其實是人文科系的人，那最能整合其實是我們來自的學系，他有自然，也有人文，就把它整合再一起，所以有時候會自我的標榜說我們是帝王學，過去是帝王的第一國師啊！Team Macker 的角色，他現在其實安倍也遇到這樣的問題，只不過可能他的地理學的這個顧問太弱了，沒有給他比較強的，如果他找施老師去會覺得好一點。

施：謝謝你啊！謝謝你。

于：好啦！于庭還是希望就是因為我個人畢竟是人文學科畢業的學生，我還
　　是覺得人文學科對我們這個社會⋯⋯

洪：因為在互聯網，中國叫互聯網，我們叫網際網路，全球串起來的結果就
　　是知識的學習應該更多元的，所以有時候恐怕不是大學分割這麼簡單，
　　在這一點上安倍的思考也許也太狹隘了。

于：是，應該是要更整合或是說以這個補充的方式來⋯⋯

洪：那就問嘍，實際執行做哪些動作，所以他就下殺手啦！你就是給我改，
　　要不然我經費就給你縮減，所以你一定可以馬上看到這隻箭的效果，這
　　是他對大學文史科的安倍之箭，一定會有效果的。

于：沒想到安倍之箭得到了大學的高等教育，但是我們希望臺灣雖然量化，
　　科技學科還有技術，的確對於我們國民的生產或是就業是很幫助的，但
　　是呢，人文的素養甚至是人文學科的一些整合功能，還有貼近人性的想
　　法，這個也是要呼籲大家不要輕忽的。好的，現場時間是兩點五十六
　　分，今天在節目當中跟高師大地理系的洪富峰老師還有施雅軒老師聊上
　　週的國際大事，那因為時間的關係，所以要先跟兩位老師說掰掰囉，預
　　約下周空中見。

洪：再見！

施：掰掰！

(End)

第 36 集

104.09.08

〈全球化的時代帶您掌握國際時事 關心全球動態 歡迎收聽地球脈動〉

片頭：聽眾朋友您好，歡迎收聽 9 月 8 號的《地球脈動》。單元一開始帶大家來關心一下上周的國際大事：

法國總統聲明，法國和德國將聯合提案針對難民分配到歐盟提出各國建議

義大利能源集團埃尼在埃及地中海外海發現天然氣田

中國中車在美國麻州投資六千萬美元興建生產基地

G20 國財長會議在土耳其安卡拉召開，誓言「避免貨幣競相貶值，抗拒各種保護主義」

中國舉行對日抗戰勝利七十周年紀念活動，韓國使節團引人注目

中國兵器工業集團與阿里巴巴合資打造北斗衛星導航系統服務平台

稍待一會兒節目當中跟大家來關心這些國際大事的最新動態。

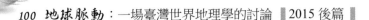

于庭（以下簡稱于）：好的，現場時間是下午的兩點三十二分，午後陽光第
二階段，我是于庭。今天星期二節目後半段呢，邀請
到高師大地理系的洪富峰老師還有施雅軒老師來節目
當中跟大家聊聊天。聊什麼呢？聊這個近期國際上的
重要大事，那剛才呢，已經有六則大事來為大家做一
下稍稍的提醒喔，那我們一樣呢，先請這個施老師來
就前面四則的大事幫大家做一個簡要的提醒或是簡要
的分析。

施：OK，那第一則呢，是法國跟德國聯合提案將難民分配到各個歐盟國家，
那我想呢，這是解決難民問題的一個很重要的一個過程，因為要解決難
民問題不是錢的問題而是地的問題。

于：是容納不了。

施：誰要收他的問題，要用強勢的力量規定幾個國家要收多少人。

于：用配額制。

施：配額制然後放進來，那當然一放進來就會變成是國內問題了，等於說你要
把這些難民放置在哪裡對不對，你就自己去解決這樣子，所以他做這樣的
一個提案。那後面的進行情況我們再跟大家追蹤。那第二個那個義大利的
能源集團在埃及地中海外發現油田，那只能說老天爺賞口飯吃啦，那分布
面積有一百平方公里喔，這油田是很多的喔，目前儲量是最多的。

于：所以這樣代表義大利是可以發財了。

施：義大利發財了，希臘也發財了，假如臺灣外海也發現這個，挖那一下就
飛漲了。然後再來這個是中國鐵路外交的一個進展喔，他投資了六千萬
美元到麻州，因為他主要是那個波士頓的地鐵的採購，那美國有規定你
要百分之六十在美國做的。

于：Made in China ？

施：Made in USA，等於說六成以上的採購，那我包到美國的那個鐵路的合約
對不對，那我就要在這邊成立一個公司，然後用美國人生產六成以上的
產品，所以這消息是這樣。那第二個是 G20 的財長會議在土耳其安卡拉

召開,那這個其實在某個程度也是宣示而已啦!他說要避免貨幣競相貶值,這是針對人民幣來的啦!可是人民幣心裡大概會有委屈啦!美元也貶、日圓也貶、歐元也貶,那為什麼大家都沒事結果我只有我有事?

于:只有我被攻擊。

施:對啊!所以這是宣示一樣以上四則就這樣子。

于:好,那接下來呢,剛談到說好像人民幣的貶值變成大家這個關注的焦點,接下來要來關心的這則消息也是跟中國有一點點的關係,蠻大的關係,在中國呢,舉行了對日抗戰七十周年的紀念活動,好像有蠻多的外國使節及外國的代表,都來到了中國大陸參加這一次的紀念活動,當中呢,哪一國的使節團最受到大家的矚目呢?據說是韓國,為什麼施老師我們好像特別覺得說韓國使節團?他們的陣容大嗎?還是說他們所帶來的影響力是值得大家關注的?

施:韓國使節團之所以會受到矚目,是因為這一次去中國的抗戰勝利七十周年紀念,九三閱兵大部分都是以前的社會主義國家或者共產主義國家。

于:喔喔,就是在建國意識上跟中國大陸比較相近的。

施:唯一不一樣的就是來自西方陣營就是大韓民國,就是我們講的韓國。

于:他是比較跟美國同樣。

施:對,甚至還有美軍在韓國的,那我們都知道中美兩國,基本上在某個程度是軍事秀肌肉秀 muscle 的。那為什麼韓國可以過去?那這個就會是西方的,那他們的排位還在普亭的旁邊,所以你看新聞報導會剪輯這一個禮拜只要是討論臺灣的啦!討論國外的普亭,後來就是朴槿惠啊!那普亭是誰?大國俄羅斯,再來就是她了,所以她會受到西方很重要的矚目,就是因為她能夠去是很讓大家很訝異的,尤其是她是很高調的派很大型的使節團去的,而這個過程裡面,大家就會想到那為什麼,對不對,韓國可以去。

于:對啊!為什麼這樣聽起來好像裡面她就有一點格格不入,她的這個立國的這個意識形態跟其他大國不太一樣的,為什麼她可以去啊?

洪:要我來回答嗎?因為他們討厭日本人。他的歷史背景是七十年抗戰成功,韓國人是身受其害的,是身受法西斯的荼毒的威權國家,那這次又

跑去一個威權國家閱兵，那甘冒這個大不韙。第一個原因其實就是跟日本的這個恩怨情仇，在這個參加閱兵上面是合理的，可是呢，她已經變成一個西方民主陣營的國家，又是少數亞洲的 OECD 的國家，那為什麼她要這麼做，所以呢，她就說我是經濟，帶這麼大票人，二十八個企業代表、一百五十六人代表團，她現在跑到這個上海，去把韓國一個代表的館把她打開，她會講經濟，那到了上海就更像經濟了啊！就離開北京之後，所以從表面上來看這個經濟代表團，其實是師出有名啊！跟中國的經濟這個密切，那骨子裏面就是討厭日本人，藉這個機會跟日本人講，你在教科書上不再多做一點的話我就繼續這樣做，就是韓國左右兩邊都逢源啦！另外一個其實大家忘記了我們在節目當中過去，也談過六方會談。

于：六方會談？

洪：六方會談就是在這個北韓核武的事件啊！妳看中俄跟美日夾著南北韓，那本來南韓應該是親美日的啊！怎麼突然跑去中國呢，對不對？那主人跟客人都非常高興，對不對？習近平跟朴槿惠啊！但妳以為朴槿惠這麼簡單嗎？在一般的說法裡頭，她也藉這個機會跟習近平要你要求管管北韓，叫他不要老是要原子武器試驗，還有飛彈試射。

于：之前是跟中國是比較有好的嗎？

洪：對。

于：所以她希望這一次的出訪等於說這個算是什麼……

洪：互相拉攏，其實你也看的出來，其實中國崛起的一個代表作啦！他開始擺脫，因為北韓在國際上會喜歡他的國家一隻手都用不完吧！

于：就是有一點算是這個惡名昭彰。

洪：妳也可以這樣講，另外一個講法就是說他跟你的制度完全不一樣。

于：他有他自己治國的一個方式。

洪：中國的這個思考者他們的戰略需求，思考的謀略者一定想拉攏南韓，當然比拉攏北韓要好啊！而且北韓這次也跑去啊！只不過是被擺在後面不起眼的，所以他也認為說其實這是一個新的版本的六方會談啦！在今年之後，以後這個中俄美日以及南北韓的關係會有些變化。

于：是，那剛才老師有提到其實韓國呢，南韓在這個所謂的選邊站裡面，他是比較偏西方陣營的。

洪：是啊！到十月的時候，朴槿惠去排定的還要去看歐巴馬啊！

于：喔喔，所以她這樣做美方那邊不會有意見？

洪：所以她如果帶著禮物來跟歐巴馬說，你看把北韓搞定了，妳不用再傷腦筋了。那這個姊姊去跟哥哥報告，哥哥也很高興啊！

于：喔，這等於說其實背後已經有先這個，算是檯面下的先磋商，就是說欸我這次出訪中國，我可能有一個經濟的表面，但比較私底下，我可能來把這個政治的意圖或是相關的戰略問題，把他給喬好。其實像這一次中國閱兵，你以為她如果真的跟中國起衝突，他們不會互相照會一下嗎？會吧！因為每個人都很擔心那個到底是真的，還是假的？你丟過來一個飛彈，你是真的丟，還是假的？這個當然要先問啦！還是只是某一個傢伙按錯按鈕，這不就是一個笑話嗎？所以雖然秀肌肉是希望妳承認我有這麼強大的 Power，在談判的過程當中彼此互相尊重，恐怕不是真的要打仗啦！可是對北韓來講，你搞不清楚他要幹嘛啊！有些時候這種突發事件的小事情，可能演變成大的災難，這個是理性的，以及國際事務上的這個治理者跟戰略的安排要避免的。所以這一次這個朴槿惠這麼大陣仗去中國參加閱兵，其實她目的很清楚嘛！從經濟做表面，然後來取代北韓在中國心目中的地位，當作一個底，而且可以跟美國交代，你不是很擔心嗎？以後不用擔心了，我跟中國就搞定了。

于：挖，有沒有覺得國際事務真的是非常的，我要怎麼說呢？非常、常多的角度再進行，你可能做的是 A 這件事，但背後的目的是 B 跟 C，那好像我們施老師這邊還有話要來補充。

施：因為看現在國際分析的資料，妳可以再回推兩個禮拜前南北兩韓的衝突是怎麼來的……

于：喔！怎麼來的？

施：就是有人會講說，那時候習近平想要喬金正恩跟朴槿惠坐在一起。

于：啊！不是會很尷尬嗎？

施：所以金正恩就不要，可是習近平就要求這個事，反正馬路社消息嘛，對不

對？

于：哈哈！馬路社消息。

施：金正恩就要求一定要，然後金正恩就想習近平大大沒有辦法得罪，對不對？所以就製造一個埋地雷的事件，兩國就弄得好像要開打了，所以後來不是有四方會談嗎？對不對？美中，然後當時候就是等於說習近平就說好，那你不要來啦！金正恩你不用來了，那他們就撤兵了。所以你會看到在整個，不然，你想北韓一直是中國最挺的麻吉啊！中朝戰爭，這整個中朝這兩個國家，基本上在中國的版本上一直會被拿出來談，那為什麼這一次金正恩沒有去參加？在某個程度也是被允許的，但被允許一定要有一個說法啊！那這個說法就是，人家再回顧兩個禮拜前的發生的衝突，所以就聯想到這個。

洪：所以朴槿惠是贏家啊！根據民調這個結束以後呢，她民調漲了百分之十五。

于：喔，等於說這次出使除了贏了這個表面之外，背地裡的這個支持率。

洪：包括她去處理北韓這個很強硬的事情，媒體上穿軍裝，一個女總統穿軍裝，然後在那邊協調事情，印象就好。所以衝突事件好像是讓美國一個領導者凝聚國內的這個氣氛，一這個氛圍是非常好的一個……

于：手段。

洪：對，妳也可以這樣講，可是因勢利導，不能弄到最後自己失控。

于：（笑聲）

洪：因為看起來沒什麼打啊！當然有兩個軍人大概有一點點這個不幸，那還沒死亡啦！但就是身體受到傷害，所以負擔出去的成本大概相對低很多。

于：挖，覺得這個國際的情勢真的非常的，應該說什麼？詭譎嗎？所以那我們再看這些國際大事的時候，其實都要去看到一些前因後果，就像剛才施老師那樣的喔！兩個禮拜以前的事，居然可以連結到兩個禮拜之後的這些國際的事件，這也給大家在關注國際大事的時候，應該要用一種更加的，這算是說分析的方式，來把各個事件串聯再一起，或許你就會覺得說，喔，原來國際的外交情勢就是這樣再走的。好的，我們先休息一下，下午的兩點四十四分，送給大家一首歌曲，歌聲過後再跟兩位老師繼續聊天喔。

（音樂）

于：好的，現場時間是下午的兩點四十九分，午後陽光第二階段，我是于
　　庭，今天星期二呢，節目後半段《地球脈動》單元跟高師大地理系的洪
　　富峰老師、還有施雅軒老師，來聊這個近期的國際大事。接下來喔，要
　　來關注的一個議題呢，是講說好像在這個中國的兵器工業集團跟電子商
　　務很有名的阿里巴巴成立了一個公司，這個公司呢，要來做這個衛星的
　　導航系統服務平台。于庭想問一下啊，這個導航不就是現在就已經有了
　　嗎？那為什麼還要再做另外一個這個導航服務平台？是這個商機很有得
　　賺嗎？

施：那個衛星導航大家可能會覺得文謅謅，可是現在開車的朋友一定會用到
　　衛星，大部分人都會用到衛星，就是你只要去哪裡，然後按兩下就，它
　　就會告訴你怎麼走，這個就是要靠衛星導航。也就是說，沒有衛星導航
　　的話，你這個功能根本是做不到的。那我們現在臺灣用的衛星導航，基
　　本上是美式的所謂叫做 GPS。

于：喔，就是美國。

施：就是美國做的，所以原始是美軍用的，但是它變成商業化了，所以就變
　　成說他把部分的碼開放出來，所以就讓大家可以加值，用在汽車啦或者
　　是各式方面上面。以後的無人飛機、無人車，你怎麼知道它要走去哪
　　裡，它就是靠 GPS 來導航。那假如已經有 GPS 了，那為什麼中國沒事情
　　還要搞一個北斗星呢？

于：對啊！用這個應該也是要開銷。

施：很好用啊！因為要打二十四顆到三四顆到上面。

于：啊！這個費用非常可觀。

施：所以這個是要馬路社，對不對？小消息又來了，兩個小故事，第一個故
　　事是美軍曾經要整解放軍的海軍，所以呢，讓解放軍的海軍的船隻開到
　　外海對不對？然後把你關掉。

于：關掉？

施：那因為古代的人航海可以看行星看太陽就知道我在哪裡，可是現在有 GPS 這麼好用，對不對？誰還會去學那個，美軍就把你關掉，結果導致解放軍的海軍在海裡就迷航了，我不知道我人在哪裡了，然後呢，等修理你幾天之後再把你打開，然後告訴你我可以讓你在海中消失。

于：喔，這是一個警示耶！

施：對，就是告訴你，對不對，馬路社啊！這個不能有任何的文件證明，那第二個是我最近才看到的，跟臺海的 96 年導彈危機有關係。就說當時後有發射出三顆導彈，第一顆有精準落在那個位置上面，但是第二顆、第三顆發射出去就不見了，掉到哪裡也不知道，所以解放軍就評估說第一顆有 GPS 的導航，但二跟三美軍就把它關掉了，所以一出去的時候對不對，導彈就不知道去哪裡了，它也慢慢輾輾的飛就掉到海裡面去了。所以這兩個馬路社小故事後來在網路上，常常會看到說為什麼沒事？尤其 GPS 為什麼中國要發展自己的北斗星？就是⋯⋯

于：他不要再被操控了。

施：對，我就回到我們剛才講的，無人機。現在無人機、無人汽車的導航，假如他都是用 GPS 來用的話，有一天他要全部關掉的話，那你所有的無人機我不就全沒了嗎？

于：所以說這樣的一個舉動其實是要來為自己的，不管是在軍事、在商業，甚至在民用上的使用，都要有一個保障就對了，等於說中國是希望他們再使用這些設備的時候，不要有一天又發生像剛才施老師提的那樣兩個狀況，那這樣可能這個損失會非常的大。

洪：無人車、無人飛機、導彈也是沒有人的無人導彈，所以你也是要引導它嘛，那今天可以是商業用途的無人車、無人飛機，明天也可以是軍事用途的無人導彈，所以這個公司其實是中國國務院表列的一百一十二家的那個國有企業。

于：喔！所以是國有。國家出資來扶持。

洪：這家公司呢，就專門在做各種武器，包括前面講的九三閱兵那家公司，就製造了多武器來閱兵的，所以它根本就是兵器工司嘛！所以兵器公司做導航系統發射衛星他要幹嘛？那就是導彈啦！那當然你可以說轉用轉

為變成是商業用民用,所以這是一個投資在未來的太空方面的戰爭啦!就是再也不是在廣場上面拉幾個飛彈跑一跑而已,是在你看不到的位置,在你的天空上面,老大哥一直看著你。

于:是。有沒有覺得我們這個國際之間的這個相互的比較,非常是非常非常的多?

洪:這也是進步嘛!也就是說讓科技不斷的進步,然後拿來讓,比如說現在我們能夠這麼方便,其實也是拜這個軍事用途的這些 GPS 之賜啊!而且這些也因為軍事用途,才能夠花這麼多錢去投資,不計成本啊!只是我們比較擔心的是,會不會到最後真的拿來作為軍事用途來打人,那就是人類的災難了,就保證互相毀滅。

于:哈哈,但是我們還是不希望這樣的狀況發生。那于庭想問一下這一個所謂的中國要來發展的北斗衛星的系統啊!它是之後會用在軍用嗎?還是民用也會?

洪:那當然都要有啦!它有跟民間公司合作,比如說你的電話啊!你的各種的通訊、你的電腦啊!穿戴式的這個設備啊!甚至地面上的各種的蒐集站啊!通通都需要啊!

于:那他們會想要跟阿里巴巴來合作,是看準了他們在這個電子商務上的這些能力嗎?

洪:這是一個技術交流平台。

于:我是……

洪:阿里巴巴可以到西方社會裏頭那條路徑是比較短的,人員啊各種的技術啊的交流,而且這個商用嘛,既然是商用,那無遠弗界,什麼地方都可以去,那這個平台功能就更好了。

于:是,所以說我這一個系統這一個平台發展應該是說更全面,好像聽說他在目標是在 2020 年,就是大概在 5 年之後呢,它的這個導航系統希望可以覆蓋整個全球。那如果到這個境界,我們假設比如買車要用的這個導航系統,我們就可以選是要原本的 GPS,或者是要比較後來研發的這個北斗?

施:應該到最後應該會有兩套系統,以臺商的能力應該就是我做兩套嘛,就

像說高捷、北捷卡一樣啊！對不對？兩套系統都幫你整合再一起了。

洪：就立刻切換。

施：就一個開關，你喜歡 GPS 就開 GPS，你喜歡北斗就把它轉北斗，看你高興啊！

洪：到時候說不定歐洲的也起來了。所以可能有三套。

施：歐洲可能沒有錢喔，我記得俄羅斯有打兩顆，歐洲好像叫伽利略定位系統，可是沒有辦法，一定要到二十到三十顆，它才能夠有完整的覆蓋率。

洪：這是要傾整個國家的軍事力量來

于：支持的。

施：不計成本。

洪：不計成本啊！只不過是為了知道你派出去的軍事在哪裡，阿兵哥在哪裡，不能讓它通訊不通。

施：其實不只是這樣子，我看過一個報導，就是以後的軍隊對不對，就會戴一個穿戴式的手錶，然後就回報你的位置在哪裡。

于：就是它直接讀你手錶在哪。

施：對對對，一萬大軍出去，地圖上分布這軍隊走到哪裡去了。

于：好像在打那個⋯⋯

施：所以對不對，只要活的、死的，對不對，它就會顯示出來，要是你用的是 GPS 的話，那美軍也看的到你活的，還是死的啊！所以一定要有自己的軍事系統加密啊！

于：大家有沒有覺得很有趣，我們平常開車會用到的讓我們可以很方便找路的這樣的一個系統，原來它背後有這麼大的這個國家，或者是軍事的力量在裡面。挖，好，那今天呢，因為時間的關係，跟兩位老師的聊天就先到這邊告一段落，那我們也跟兩位老師預約下周繼續空中見，繼續來聊國際大事囉，謝謝兩位。

洪：好，掰掰！

施：好，掰掰！

(End)

第 37 集

104.09.15

〈全球化的時代帶您掌握國際時事　關心全球動態　歡迎收聽地球脈動〉

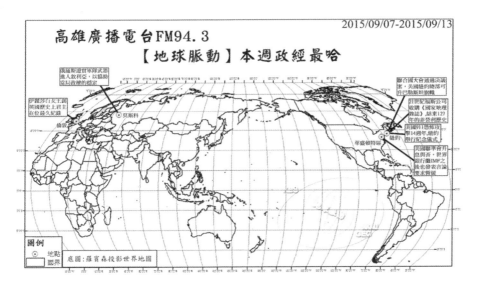

片頭：聽眾朋友您好，歡迎收聽 9 月 15 號的《地球脈動》。單元一開始帶大家來關心一下上周的國際大事：

聯合國大會通過決議案，美國紐約總部可升巴勒斯坦旗幟
美國聯準會升息與否，世界銀行繼 IMF 之後，也發表言論要求暫緩
伊麗莎白女王創英國歷史上君主在位最久紀錄
二十一世紀福斯公司收購以七億美元《國家地理雜誌》，結束一百二十七年的非營利歷史
美國九一一恐怖攻擊十四週年，紐約舉行紀念儀式
俄羅斯證實軍隊武器進入敘利亞，以協助當局政權的穩定

稍待一會兒節目當中跟大家來關心這些國際大事的最新動態。

于庭（以下簡稱于）：好的，現場時間是下午的兩點三十分，午後陽光第二
階段，我是于庭。今天星期二節目後半段呢，我們
《地球脈動》單元跟高師大地理系的洪富峰老師還有
施雅軒老師來聊聊上周的國際大事。哪一樣呢？先請
兩位老師跟大家問聲午安喔。

施雅軒（以下簡稱施）：大家好。

洪富峰（以下簡稱洪）：大家午安。

于：好，那今天聊得這個大事喔，剛才于庭有稍微的來幫大家做一下提醒，
那是不是一樣我們請施老師呢，從前面四則消息先跟大家初步的做一個
分析？

施：好。那第一則聯合國通過決議案呢，就是紐約總部呢，可以升起巴勒斯
坦的旗子。這是經過表決的。

于：這代表就是認可嗎？

施：對，那有趣的是美國是投反對票的。以美國為首的八個國家，以色列投
反對票，可是對不對，還是被推翻了，所以這個其實是給大家一個世界
政治上面的理解是，原來美國反對的東西還是可以透過表決讓他執行，
是這個。因為美國要給以色列面子嘛，那以色列討厭巴勒斯坦建國嘛，
這是第一個。那第二個聯準會升息與否，之前是 IMF，現在是世界銀行
的顧問也說要暫緩了，可是在政治經濟學的角度對不對，升息應該是跑
不掉了。為什麼呢？因為我是美國老大哥的帳房，你們東說說西說說那
我就不升息了，那這樣子到時候老大面子放哪裡？所以假如他有誠意的
話，升一點點，要是沒誠意要打你臉的話，一次就拉高，不管你說什麼
對什麼新興國家啦，那麼友善。對，我今天國家有災害，你們不是一天
到晚說要投靠中國嗎？你們就去啊！就老大啊！我會覺得越多人反對，
他越要，謎底就在這個禮拜 16 號、17 號揭曉，你就知道升息大戲會不會
上演這樣。再來就是現任的伊莉莎白女王，創下了英國歷史君主在位最
久紀錄，那前一個是她的高祖母維多利亞女王。我們常講的維多利亞女
王，但是我相信伊麗莎白女王創這個紀錄應該也不會多開心啦！因為維

多利亞女王在位的時候是大英帝國最強盛的時候，可是伊莉莎白女王在位的時候，基本上是大英帝國從強盛一直衰到現在，也就是說她的殖民地一個個都出去，然後她就眼見她接位的時候是很強大的英國，到現在一天到晚被人家嗆聲的帝國，應該也是很悶的啦！那再來第四則福斯收購了《國家地理雜誌》，包括紙本的頻道他都收購，我想《國家地理雜誌》大家應該都不陌生啦，那福斯其實收購這樣子一個《國家地理雜誌》……

于：一個媒體。

施：應該是在公司經營上的過程裡面，看準了《國家地理雜誌》某種的知識性。

于：喔，或者是說他有這個說話的空間。

施：就是說《國家地理雜誌》，基本上還是比較屬於中產階級的人比較知性的人看的啦！所以福斯以這樣子的一個收購對不對，那引起的新聞就是它結束了一百二十七年的非營利歷史來受到大家的一個注目這樣子。從此它就變成是一個營利單位了。

于：OK，所以它背後的老闆就是剛才提到的這個福斯。OK，好，接下來呢，我們要比較深入來聊這個議題喔，相信大家聽到這樣的議題，心裡都會有一點點小小的難過，但是呢，這樣的議題我們還是得在節目當中討論，因為這樣的一個動態的趨勢呢，好像是我們避不了的。那就是呢，美國的九一一恐怖攻擊，到上周 9 月 11 號的時候是滿十四周年，然後在這個紐約也舉行了盛大的紀念儀式。今天呢，我們為什麼要來聊這個議題，是要讓大家來算是做一個紀念，還是來反思一下到底這幾年呢，恐怖攻擊主義對我們造成的傷害？

施：我想這則新聞最主要是每年到這個時候，對不對，提醒我們美國曾經發生這麼大的一個恐怖攻擊事件，而這個恐怖攻擊事件呢，基本上呢，不知道各位聽眾知道這件事情的時候，十四年前你在做什麼。我還記得發生事情是因為我在打報告，然後因為我的習慣打報告一定要看電視嘛，那我就打開新聞台，我就打啊打，欸飛機撞那個，我記得是先撞北塔的樣子，然後我就不在意我就繼續打，打一打，欸怎麼南塔也被撞了，就

突然打一打，怎麼突然兩個就垮下來了，我就突然就一團迷惑，美國這麼強大的國家怎麼瞬間感覺就被摧毀了？這個其實也就是恐怖主義恐怖分子他們想達到的一個目標，也就是震嚇你。雖然在歷史裡面曾經號稱從沒有戰火到美國這樣子的一個國家，可是他們秉持著某種的理念，他們還是有辦法，那當然這個就被定位成所謂的恐怖攻擊嘛，那當然美國老大哥被恐怖攻擊，這號稱第二國恥啊！第一國恥之前我們節目也有提過啦！就是珍珠港事變啦！那是第一國恥，第二國恥就是九一一攻擊事件，所以當然就開始發動了相當多的措施來去防堵，當然這個也會影響到各位聽眾的某些的日常生活。

于：我想起這個十四年前喔，這個九一一發生的時候，我知道這個消息是我同學跟我講的，然後我當時候說你是在跟我開玩笑嗎？怎麼可能會有這種事情。然後看了電視才知道欸是真的，是電影當中的情節，但是我覺得應該多數的朋友們在當時候看到那畫面，應該都會覺得我是不是轉錯轉到電影台，為什麼突然會有這個畫面？很不可置信這樣一種攻擊方式，居然會發生在我們的現實生活當中，那于庭想請問一下，這個九一一的恐怖攻擊已經距離我們十四年了嘛，但在這十四年當中，老師們于庭想要問像這個恐怖組織或是恐怖攻擊的勢力並沒有隨之而變小，反而越來越大，為什麼會這樣呢？

洪：一種說法是恐怖的攻擊就變成是在你的生活當中。

于：在我們的生活當中。

洪：其實會發生這個事情的源頭大家看起來是搶資源，其實應該說是宗教的戰爭要更適合一點。

于：恩，宗教。

洪：基督教世界跟伊斯蘭世界，過去這個就打過十字軍東征的戰爭啊！只是現在呢，摩擦得更屬害，而且因為二戰以後，大家以為可以好好的過日子了，就剛剛講的美國受到珍珠港偷襲之後的國恥之後一直都很平順，變成世界上最強的強國，變成世界警察，維護所有人的安全跟秩序，所有的外貌通通以美金作為計價的最主要的標準來進行的，世界多麼安祥啊！可是九一一的攻擊後來變成好幾場的戰爭啊！就演變到今天都還沒

結束，我們這個節目談了那個伊斯蘭國，他已經變成一個國家了啊！這背後是什麼，其實最主要的我們還在跟施老師商量討論的概念說，基本上其實是一個生活習慣或是宗教核心的價值觀，我就跟你不一樣。

于：以宗教來區分。

洪：所以不一樣啊！你不能要求我都完全跟你一樣啊！那平常的如果各過各的那也就算了，現在不是啊！都混在一起了，我接在你的生活中，你接在我的生活中，你需要的石油在我們後院產的啊！所以你要跑來挖啊！你生產的東西要賣給我啊！我生產的東西要賣給你啊！所以彼此之間互相在一起的時候，而且那個移民又住在一起，可是偏偏我就跟你不一樣啊！這個最原初的差異點，其實說不定應該回到一個人，我們所信仰的一個價值觀的一個衝突，比如前面第一則在聯合國的大會當中，以色列就不允許巴勒斯坦去升旗，對不對？巴勒斯坦一定要去升個旗，所以美國就支持以色列。你想一想，像這樣其實是一個比較文明的方式，大家來投票你可不可以掛國旗，沒有去炸大樓啊！沒有用恐攻啊！其實你看他背後的想像一樣不一樣，就是宗教啊！所以我認為其實是宗教戰爭。是從以前到現在的宗教戰爭的延續，只是我們很難脫過這一關啦！過了一些好日子以後內心世界蠢蠢欲動，你文化跟我一樣，你跟我不一樣，我就要把你變成跟我一樣。

于：喔喔，這個好像就不是外在空間可以改變，而是一種深植於在他們心中的一種不管是宗教，還是文化、還是信仰，這好像都很難改變。

洪：你不覺得人其實是動物嗎？

于：是啊！人當然是動物。

洪：那人是動物，經過一個宗教的洗禮，我們好像變成一個更文明的人了，我們有各種宗教的教義來叫我們要友愛別人，要照顧這個弱勢的人，要關懷這個地球關懷其他的動物，好像人越來越偉大啊！那如果人越來越偉大，那為什麼還要去殺人呢？

于：恩，對。

洪：你就想像各種的理由，啊你跟我不一樣我要救你啊！啊你是我不可分割的一部分啊！這樣類似這個，通通要把別人吞進來。這其實不是宗教，

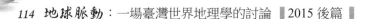

　　這是從自己的野心所延伸出來的，不是拿宗教做幌子的。所以你也可以說，我們似乎得利於宗教信仰的協助，把人進化成為更高階的動物，或是更神性上帝，或是佛陀阿拉等等的方向前進，或是媽祖婆、觀世音去提升。但是提升的過程當中，你真的是想往祂提升嗎？還是到頭來，你就運用了這個你想要去提升的那一個偶像或者是概念，回過頭來去要求別人攻打別人。我覺得這個內部的矛盾其實在現在的世界裡頭，是一直存在的。

于：其實老師講的這段話聽起來有點抽象，但是我覺得最重要的這個簡單詮釋的方式，就是回到你的心啦！你的心可能信仰宗教，但是呢，你不要把祂變成是宗教之名去發動武力攻擊或是怎麼樣。

洪：這也不夠虔誠啊！

于：哈哈，也就是那個恐怖主義的份子，有可能就是要在這個內心上面。

洪：你沒有在信仰上面做得很專注，這個其實都在對任何一個做這樣決策的人挑戰。

于：是，好我們今天關心了這個恐怖主義這樣的一個議題，那其實剛才呢，我們洪老師也有提到說，目前的這個恐怖主義的發展喔，好像大規模的攻擊還會有嗎？

洪：你很難講，但是因為伊斯蘭國已經變成一個國家了，他把你周邊西方社會，甚至於東方某些伊斯蘭教國家的一些年輕人，都網羅去到那邊。所以好像似乎你的社區裡頭這樣的人比較平順一點。

于：但是我覺得這樣聽起來又更恐怖了耶，就是這些人都生活在你的四周，就是他是什麼樣的個性的人，其實我們沒有辦法掌握。

洪：所以其實最終恐怕不是一個聯合國的概念而已啦！聯合國當中的這種政治的、經濟的、文化層次的，甚至於更深刻的我們剛剛講的宗教，需不需要一個更寬廣的一個心智，遏止這些因為宗教之間的戰爭？我的解釋是這樣啦！因為九一一到現在其實就是宗教戰爭啦！

于：恩恩，好那還是希望宗教發出的戰爭其實是不要再重演了，因為不管是怎樣的攻擊，從九一一事件這十四年當中大大小小的恐怖攻擊事件，都讓全世界的人民都人心惶惶。

洪：其實你我都會付出代價，好比說如果你要去美國，對不對，你會經過一些的檢驗，我們要添購一些設備啦！來希望把有可能發生的危險，貨櫃也好，其他有可能的引起爆炸等等的這些設置檢測出來都要花錢啊！那這個花錢如果檢驗了很多、很多次，你就看喔，這設備是有效的，可是如果你拿經濟行為來看，這是無效的，大家花了這麼多時間，如果這個事件本身沒有出現，你不需要這個檢測啊！

于：所以等於說，全球不管是恐怖分子或者是被恐怖分子攻擊的國家以及人民，都要付出相當大的代價，因此呢，我們還是站在這個和平的立場喔。

洪：和平對你內心世界多多少少有一點，他就是威脅你，然後不見嘛！

于：就是一種無形的恐懼，這反而更可怕了。

洪：就無差別的威脅，你不知道你是不是做一班飛機或是做一個怎樣的交通工具經過哪裡的時候，它突然變成恐怖分子攻擊的對象，你去當遊客，怎麼突然之間四面佛旁邊爆炸了，你如何知道？如何預防？那你說那我都不要去玩，我都逐不出戶，那世界像怎麼樣子呢？

于：唉，所以呢，今天談了這個九一一的恐怖攻擊喔，以及十四年以來呢，還是陸陸續續有這樣的大小事件發生，那我們還是希望大家就是重視和平這樣的一種心，希望類似的事情不要再發生了。好了，要來治療一下大家的心，聊這個議題以後心裡都有點沉重，送給大家 Michael Jackson 的"Peace of World"。

（音樂）

于：好的，現場時間是下午的兩點五十一分，午後陽光第二階段，我是于庭。今天呢，節目後半段《地球脈動》單元跟高師大地理系的洪富峰老師還有施雅軒老師來聊天。接下來要來討論的這個議題喔，其實呢，也是比較嚴肅一點的議題啦！就是呢，俄羅斯證實他們武力的設施已經進入的敘利亞，希望呢，可以協助當局安全的穩定，為什麼俄羅斯的武力要進入敘利亞協助這個地方的政局呢？為什麼要這樣做啊？

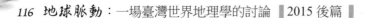

施：我想再看這則新聞呢，應該回顧我們上個禮拜就是法國跟德國討論所謂的地中海難民，那地中海難民其實最大的來源是敘利亞，那其實一直接收難民的一個配額這樣的一個提案，其實都是治標啦！那為什麼他們不敢講治本？

于：本到底是什麼？

施：本就是結束敘利亞的內戰。

于：那為什麼敘利亞會打內戰呢？

施：這個就回到了就是說原本的兩方的勢力，一個就是政府軍，就是現在的阿賽德政權，俄羅斯所支持的阿賽德政權。還有一個反政府軍，那現在變成說反政府軍是由美國老大哥支持的，那原本，對不對，這盤算的過程裡面該是這個反政府軍終結掉阿賽德政權，然後取得敘利亞的執政，但是在某個程度就是俄羅斯。俄羅斯基本上因為現在不敢跟美國直接對槓，在某個程度就轉換為什麼，美國喜歡的，我就弄你就對了，所以後來不知道是俄羅斯主動接近阿賽德政權，還是阿賽德請求支援，但是不管怎麼樣，就是俄羅斯軍隊跟武器幫阿賽德挺住了反政府軍的攻擊，所以現在就導致成現在敘利亞有三方的勢力，一個是政府軍、反政府軍、還有 IS 這三個在做角力。當然在某個程度上面，這三個角力三分天下，那就內亂不斷了。難民基本上，對不對，沒有辦法受得了每天一下打過來一下打過去，就逃難了啦！可是現在就出現說那這些難民，那你要治本的話，那你就要解決內戰啊！問題是一個背後是站俄羅斯，一個後面站美國，然後還有一個永遠沒辦法消滅的 IS，你天天花一億美金在投彈，也沒辦法消滅他，所以就現在這樣子一個僵局，這新聞浮出來的時侯，就是確定原來為什麼敘利亞難民問題會是都沒有辦法，這麼順利的解決，就其實又涉及到美俄之間的一個對抗問題啊！

于：喔喔，所以等於說我們在這些新聞報導上看到各式的難民問題，還有各式很可憐的鏡頭，其實他的追本朔源就是要回到這個美國跟俄國在敘利亞的本土上。他們兩大國要角力，但是他們不在自己的國家打，現在跑到了敘利亞去打。

洪：他如果在自己國家打恐怕也就停下來了。

于：喔，是因為受苦受難的是別人的民眾。

洪：如果他能停下來。

于：喔喔，老師這樣一個僵局啊，剛才施老師有提到三方啊！美國、俄國跟
IS。這樣三方的僵局會一直持續下去嗎？會不會有一個解套的方法呢？因
為總不能讓難民的問題一直延續啊！太可怕了。

洪：看誰打到最後沒有子彈了。沒錢打。所以你也可以說，為什麼這段時間
我們前面不久討論的石油價格會一路往下殺到現在，我們不是有個陰謀
論，說有人想讓石油價格下來嗎？那石油油價下來，殺誰殺的最屬害？
俄國啊！因為俄國是產油跟天然氣提供給西歐跟要賣給中國的，下殺從
一百四十變成四十塊、五十塊，那砍掉一百塊，受傷沉重啊！而且你又
對他因為克里米亞的事，對他做經濟制裁，那雪上加霜啊！你就是要讓
他的子彈減少。

于：喔，所以這個國際的角力從洪老師講的經濟，然後到今天我們所分享的
這個議題，是這個武力軍事。

洪：可是因為敘利亞的戰場終究還是別人出手。一般來講，提供武器對他的
武器製造商來講也是營利啊！所以這是雙重邪惡，又不自己打，賣武器
給別人打，自己又賺錢這樣。

于：但聽老師分析這樣的議題喔，就會覺得內心好沉重喔，原來呢，我們國
際的角力但是背後要付出代價的竟是可憐敘利亞的朋友。

洪：是啊！所以你就會期望救世主！我們前面提到宗教救我！

于：所以我們就是要回歸到人生。

洪：回歸也沒有用，所有的愛其實要有力量做支撐，如果沒有力量去把邪惡
的力量抗衡，其實就會看今天敘利亞的故事一樣，兩方、三方在戰爭，
他背後都有人在支撐啦！所以要有一定的力量制衡，這是基礎啦！但是
有時候，我也不知道那答案會是什麼或是期望什麼，如果換做我們是敘
利亞的難民做何，你恐怕也只有逃跑一條路，要不然就是上去打仗，都
不是好路啊！

于：最希望的還是這僵局趕快解開，我們可以讓敘利亞的朋友早日恢復。

洪：也許透過一個男孩不幸的畫面，可以喚醒每個人內心世界的那個良善的

那個良知，要做點事情。

于：好，所以身在臺灣的我們能做什麼呢？

洪：相對幸福。

于：我們就要反思我們自己，其實我們的生活是非常、非常的幸福，而且平和非常多的。因此呢，朋友們珍惜你身邊的小幸福。

洪：對，照顧你旁邊的人。

于：是，沒錯。好的，今天因為時間的關係，在這邊呢，要跟兩位老師說掰掰了，那我們預約下週空中見囉。

洪：再見。

施：掰掰！

(End)

第 38 集

104.09.22

〈全球化的時代帶您掌握國際時事 關心全球動態 歡迎收聽地球脈動〉

片頭：聽眾朋友您好，歡迎收聽 9 月 22 號的《地球脈動》。單元一開始帶大
家來關心一下上周的國際大事：

日本參議院通過安全保障相關法案，日反戰組織遞交一百六十五萬簽
名反對

美國國務卿克里在英國倫敦發表關於敘利亞問題，仍堅持「阿薩德下
台」的基本立場

臺灣邦交國布吉納法索發生政變，非洲聯盟宣布暫停所有與其交流活動

希臘將進行改選國會

美國聯邦準備理事會結束貨幣政策會議，鑑於世界經濟疲弱，決定暫
不升

紐西蘭公布四個國旗備選方案，預計 11 月至 12 月間舉行的全民公
投，藉此擺脫英國殖民色彩

稍待一會兒節目當中跟大家來關心這些國際大事的最新動態。

于庭（以下簡稱于）：好的，現場時間是午後的兩點三十分，午後陽光第二
階段，我是于庭，在空中陪伴大家到三點鐘。今天星
期二節目後半段《地球脈動》單元一樣呢，邀請了高
師大地理系的洪富峰老師，還有施雅軒老師來節目當
中，跟大家分享上周的國際大事重要的議題。剛才
呢，已經有就這個幾則比較重要上周發生的事情來幫
大家做一下簡單的題要，那我們呢，一樣先請兩位老
師跟大家問聲午安。

施雅軒（以下簡稱施）：大家午安。

洪富峰（以下簡稱洪）：大家午安。

于：好，那就請這個施老師來幫我們講一下前四則這個比較簡單分析的議題
喔。

施：好，那第一則日本的參議院通過那個安保法，但是安保法當然就是畢其
功於一役了，已經讓自衛隊有一個法律的基礎可以出兵海外，也就是說
他的同盟國只要被人家打他就可以打人家，那當然這個對於日本反戰組
織而言是很難以忍受的，所以他交了一百六十五萬的簽名反對，但是之
前我還有講過現在做這個都太晚了啦！

于：因為已經通過了？

施：不是，因為選參眾議員的時候，你就應該要出來反對投票了啦！你不要
說、都不出來投票，結果人家投出來是安保法的，你現在才說反對，已
經沒救了，就給你法律基礎去表達意見的時候，你一定要出來投票，這
就是給我們一個啟示啦！再來就是美國國務卿在英國的倫敦發表敘利亞
問題，在這個會議裡面呢，他還是強調堅持阿賽德要下台，那雖然他有
講說阿賽德下台的時間可以討論，可是重點是阿賽德一定要下台，那當
然這樣的一個立場就代表了什麼呢？就是敘利亞的難民問題還是無解
嘛！因為敘利亞難民問題，就是阿賽德要不要下台來決定他的內戰會不
會停嘛！所以現在美國跟俄羅斯的這個角力問題，其實就在阿賽德的身
上。那再來就是臺灣的邦交國布吉納法索發生政變，那最新消息是那個

　　侍衛長已經出來道歉了，已經把總統放出來了，過渡時期的總統已經把他放出來了，那當然這個有迫於壓力，當然這裡面所謂的非洲聯盟啊，甚至包括布吉納法索的軍隊都往這個總統府開，所以就開大門了，就說對不起大家，就已經結束了。

于：已經告一段落。

施：對，那再來就是那一年我們一起反撙節的。

于：這個戲又開始。

施：這戲又開始了，齊普拉斯又贏了，他拿到了百分之三十七的的那個席次。

于：可是這樣不是很尷尬嗎？

施：不會啊！現在就是等於說就是再公投一次。

于：就他們還是要反撙節。

施：反撙節的贏了啊！

于：啊可是之前就這樣了，那在經過再重選一次結果還是一樣。

施：沒有，之前齊普拉斯是認為上來是說我要反撙節，可是現在這一次是我要撙節，所以要支持我要撙節的人就支持我，結果他拿到三十七席的選票，他再結合一個小黨他就過百分之五十了。所以現在就是要朝想撙節的方向。

于：好，這個政治的變化真的是非常的有趣。好啦！接下來要跟大家比較深入的來聊這個話題喔，是這個美國聯邦準備理事會，他們結束了貨幣政策的會議，然後決定暫不升息，為什麼聯準會現在又決定不升息了啊？之前不是一直在講說要升、要升嗎？

施：要討論這個現象，要先跟聽眾懺悔。

于：沒有這個嚴重啦！

施：因為上個禮拜我鐵口直斷說什麼一定會升，因為站在政治經濟學的角度，對不對？老大的顏面是不容挑戰的，可是後來會議開出來，連葉倫都支持不要升，好像是六比一吧！我記得我看報紙是六比一，那兩、三個月前，他都說他看不出沒有不升的理由。

于：對啊！那為什麼他自己投票？

施：自己投票還不要升，那其實就會讓大家在整個評估看這位新的主席，就會摸不著頭緒，就是說按照我們以前的往例，就會說老大的帳房他是有權威感的，我說什麼就應該這樣做，結果我現在旁邊的人，對不對，被財金學家，對不對，甚至包括前美國的財政部長都說不應該升，結果現在也不升了，會留下某些的問題，這問題以後會不會再發酵我們先不要管，但是重點是那以什麼樣的力量讓他不敢升？

于：對什麼樣的力量、擔心什麼呢？

施：那這個就變成說大家又開始解讀，就是葉倫到底看到了什麼？那當然這個洪老師來跟我們介紹一下好了。

于：洪老師有這個關心的能力知道葉倫。

洪：我不知道他看到了什麼，但是其實現在美國經濟已經不像以前那麼強了，從這一次你也可以看得出來，所以雖然他是全球最大的經濟體，他還是各種的指標來看都是很好的，經過這個一陣子的 QE 以後他站回來，現在好像別人都不好他最好。

于：是啊！

洪：這一次如果升息再把這些資金往他的地方拉，他會不會擔心說那新興國家都被他弄倒了，比如說不要講中國了，就講他們南邊的墨西哥。墨西哥跟他，都還是在北美的這個自由貿易協定當中的一個國家，墨西哥現在很慘耶！所以他如果繼續再升息，那旁邊更慘，那會不會美墨的這個關係又更糟糕，所以光是北美洲的問題就已經頭大了，所以如果再放大到全球那恐怕更不可收拾，所以會不會因為這樣子的關係。好，那就暫時先不要動維持現狀再改，雖然即便如此，他還是講在下一次會議的時候呢，他還是有可能的。所以等於就是舊調重彈，把三個月前的狀況搬到現在往後再推，也就可以指出來其實美國已經不是全世界最大了，他再在也沒有辦法說一言九鼎，老大哥說 A 就 A、說 B 就 B、說升息就升息，所以大家弄一弄通貨膨脹就通貨膨脹了，通縮就通縮，這個力量已經不再了。

于：意思就是說，聯準會他可能沒有那麼大的權威性了。

洪：你不能說他沒有權威性，但從這一次的狀況，其實可以說似乎他的力量

在萎縮了，他沒有辦法像過去那個老大哥說了算，老大哥的權威要維持，沒有了。

于：所以他講過的話可以推翻？

洪：已經變成你可以等同看這是一個國際的組織發表對於美國的，當然他是我還是要再強調他是有力量的，直接要升就升、要降就降，一定會有直接影響的，只不過他越來越像影響力量的萎縮到像是一個什麼樣的組織發表一些看法而已，三個月前他跟你說看不出來啊！這不是很多這個經濟評論家的語言嗎？可是現在看起來評論家的語言已經變成主席的語言了，那你可不可以說這個主席變成評論家了？那這樣得了，實際上操作的人，他不應該去以評論的概念來談。

于：應該是要直接，就是我要直接做。

洪：那我確確實實掌握訊息可以這樣，現在他都講不準的。欸，好像這樣也可以，好像那樣也可以。

于：那這樣的一個模稜兩可的態，度會不會讓這個世界的一些投資的，應該說投資的資金來源呢，會感到有一點困惑。

洪：也許這就是常態吧！以現在的概念來講，每天這麼多金錢在各種通路上面移動，以各種的形式跑來跑去，恐怕用一個國家的立場來看要掌握的這麼準確的那個能力，也是越來越薄弱了，你受到的挑戰是越來越多了。

于：嗯嗯，意思就是說，一個國家他可能沒有辦法像以前這樣，我自己決定我該怎麼樣就怎麼樣。

洪：你會不會覺得美國，我們所知道的美國人，除了美國總統之外最有權力的人就是聯準會的主席。他權力多大啊？所以美國的這個聯準會主席好像是全世界的經濟的旗手，他可以砝碼放這一邊穩定，放這一邊這邊就穩定，他是個超大型的人啊！我們所有的那個評估報告出來就評估報告看一看預測一下，但他不是啊！他變成是美國第二號人物！

于：他要做決策不是講一講。

洪：基本上他還是可以獨立成總統之外的權限，獨立的聯準會，就類似我們的央行啦！我們央行的這個總裁哪一天預計利息要多少的時候，總統也

不敢過問啊！就是具備這樣的權力在經濟上面是非常重要的，然後那個才會在那個施老師跌破眼鏡跟大家懺悔了，新的情勢是現在，也許葉倫還是很厲害的，我相信他們有一定的這個知識的背景跟訓練，以及他們內部的這個討論，但是我會認為這樣一次的一直喊要結果，到最後沒有做成，顯現整個地球脈動已經超出了他掌控的範圍，所以我們也可以預期在未來如果狀況不變，而且這一組人不變，他會有各種各種聲音越來越像是評論者了。

于：這樣他這個公信力或者是講出來的話，其實大家如果有在。

洪：所以我們要調整，老大哥的話不是《聖經》，要把他背起來，我們要開始思考這樣有道理嗎？還是要劃一個問號。

于：那于庭想問一下，像這一次目前是決定暫時不升息對於臺灣的這個經濟會有影響嗎？

洪：那就大家都一樣啦！就是維持這樣。其實我們主要是因為跟中國大陸掛得很緊，所以傷了他我們就傷，目前的情勢是這樣。

于：好，所以目前就是又回到原點，不往前進也不往後退。

洪：只是維持平盤，他擔心他一旦這個升息以後，擾動了中國大陸的這個資金已經在逃了，臺灣我相信也是啊！那再抽一次會怎樣？

于：更嚴重。

洪：對，那如果新興國家跟新興市場都這樣，其實對美國也不好啊！所以你也可以說，其實他目前維持這樣的暫時按兵不動的一個目的，其實是那個擔憂越來越明顯，以上個月前的擔憂，應該是可以上，結果不行喔，情況改變了。所以你也可以說，他最近的訊息給他的判斷加了一個不能動，要不然那邊錢抽回來，那邊倒了我們也受傷。就像俄羅斯一樣啊！現在俄羅斯會鋌而走險，我自己認為也許跟今天的主題不是那麼樣，可是為什麼俄羅斯會鋌而走險？你不覺得他經濟傷害過重了嗎？他就卯起來跟你打啦！

于：是背水一戰。

洪：所以到處都打啊！那個我們剛剛前面這個敘利亞，這個堅持要阿賽德下台什麼意思？就對方堅持不讓他下台啊！所以表面上是藉由第三個戰場

來凸顯兩個國家的角力，其實原先你也可以說是他經濟被傷害了，油價跌下來，他都快受不了了，你還繼續增加讓他油上不去，國內不好，我就展現 Muscle 啊！經濟不好，我還很有力量，東打你一個西打你一個。所以從政治經濟學的角度切進來看，整個從地緣政治的概念來頗析，其實他的行為你會覺得說是很合理的啊！所以這一次維持就先暫時這樣子，再看看幾個月以後能不能有一些變化，需要調整再調整，可以說他是再打安全牌啦！

于：反正就是不變最安全。

洪：不過對現況對美國來講，指數看起來在維持這樣是比較好的。

于：比較好的。好，今天透過這樣的議題來跟大家分析喔，如果有在這個投資或者是關心全球經濟動態的朋友，應該呢，也會有算是新的觀點或者是新的視野來看這個美國聯準會，甚至是這個把他拉到整體世界經濟的動態喔，這樣又進入到了一個新的局面。那接下來呢，我們來欣賞一首歌曲休息一下之後呢，再來跟老師聊天喔。

（音樂）

于：好的，現場時間是下午的兩點四十七分，午後陽光第二階段，我是于庭。接下來呢，要跟高師大地理系的洪老師還有施老師，來聊的這個議題喔，是說呢，據說紐西蘭想要換國旗了，目前公布了有四個備選的圖樣，預計在 11 月或者 12 月來舉行全民公投，由他們的國民呢，來選出說新國旗要長什麼樣子。想問一下施老師，為什麼紐西蘭會突然有這樣的舉動呢，是怎麼了？大家不滿意嗎？

施：這背景的知識喔，大概呢，可以涉及到另外一個公投，就是蘇格蘭公投。今年我們有講了蘇格蘭公投嘛，但是他失敗了，對不對？然後那個澳大利亞也公投，因為他要成為共和國，但是也失敗了。那這幾個事件在加上紐西蘭國旗，其實你會發現一個共同點，就是他們原來的宗主國都是大英帝國，那大英帝國在國旗上面都有一個特色，就是米嘛！

于：就是白色跟紅色的條紋組成一個米啊！

施：所以你要穿大英帝國國旗裝，對不對？身上就身上背個米這樣。那其實我們都知道，以前稱之大英帝國就是日不落國，但是隨著他對於各個國家的控制越來越薄弱的時候，當然他以前的殖民地有權力決定，我到底要不要再跟你做掛勾嗎？

于：喔，就要從國旗上把那個關係取消掉。

施：對對，就是當你今天大英國協還能餵養紐西蘭奶水的時候，那我當然就臣服於你啊！服於你英女皇啊！可是你會發現他在太平洋的南端，一邊是中南美洲，一邊是亞太，基本上英國在哪裡？

于：太遠了。

施：對啊！所以我一直背著大英國協的一部分，基本上在某個程度，我會覺得我尊崇的那個人不能幫我啊！那當然這樣子的一個心態會各式各樣的調整，那當然比如說，澳大利亞就直接說要脫離了就不要再那個了，那當然在紐西蘭的過程裡面，他就是說先改一個小的，就是我先把國旗的米字把他拿掉嘛！可是拿掉我要擺什麼樣的元素呢？

于：對啊！要擺什麼？

施：所以就會回到以前紐西蘭是個國家的，就是我們講的毛利人，我想其實紐西蘭跟澳大利亞有一個很大的不同，是紐西蘭原本是有一個國家由毛利人做主，然後澳大利亞反倒到沒有這麼強勢的一個種族，可是紐西蘭受毛利人的，所以英國人耗好大力氣跟他打了半天，然後簽下一個懷唐伊條約，才把紐西蘭大部分的土地收歸過來。所以這些人的後代，當然在某個程度當壓制你的那個力量消失的時候，自己要有自己的聲音就開始出來了，也就是這個國旗備選的重要圖案，其實都跟毛利傳統圖騰是有關係的。

于：喔，所以不管是這個銀蕨葉或者是長得像這個海浪。

施：還有長白雲白角這幾個圖案，其實都是跟毛利有關係的。

于：他們要讓他們自己所屬的圖案或是在地的這個象徵，放在這個國旗上，而不是要一個可能關係已經越來越疏遠的大英帝國的標誌，那洪老師怎麼樣看這一次的這個紐西蘭想要換國旗呢？

洪：那就很好啊！這個也是練習一下大家投票看你喜歡什麼，對不對？就像

我們投票說哪一個明星是我們最喜歡的，他的歌唱得最好，第一名，這樣子。這本來在人類的社會裡頭，走到今天 2015 年這樣的一個時代，尤其網路的視界這麼多，我們表達意見的管道越來越多元，那我們共同去這個追尋我們這個信奉的國家的最高象徵，當然要代表我們啊！你如果去看看大英國協的這個運動賽會，你會發現連他們自己都意興闌珊啊！已經沒有辦法形成一個聯盟的概念了，大英國協已經是個小聯盟了，比小聯盟更小的了，所以表示這個剛剛講的日不落國，其實是慢慢在沒落當中，那毛利人這文化還存在啊！他還經過了這些年被英國統治，然後獨立成紐西蘭之後，又經過這些時間，他們慢慢、慢慢凸顯毛利人存在的土地上的這些，不論是植物、不論是動物、不論是景觀也好，這地景對他們是有意義的，英國女王對他們是沒意義的，或者是意義漸漸、漸漸在消失當中，所以你可以說帝國其實你一定要是利於當地人的，要不然你也不會長久啊！整個歷史來看，為什麼到最後沒落？當老大哥不再變成老大哥，我需要你幫忙的時候，你已經沒辦法幫忙我，那為什麼我還要舉你的旗子？你已經不是大聯盟了啊！最大的那個老大哥換人做了，所以這一次的這個案例這個公投是有趣的，那我們剛還在看到十月到十一月上旬這樣投票的結果如何，也許到時候我們再看看，究竟紐西蘭比較喜歡哪一樣的東西？比較有趣的是還有一個第五支旗啊！

于：什麼是第五支旗啊？

洪：就是還有另一個設計和原先不一樣，但是呢，超過時間了，那支旗也許不是要毛利人概念的，他換一個方式的聲音出現了。這就是多元啊！所以才要來公投啊！甚至於如果是聰明者，應該某種程度再把這樣一個概念加進去一起公投，避免未來我還是不喜歡那個，還是喜歡另外的第五支旗。所以這一次的課題，其實也給我們一個非常好的機會來看看，像大英國協在內的一個帝國在 2015 年在南太平洋的這個紐西蘭，我們紐澳以前都屬於英國啊！可是現在不是喔，他現在已經是屬於亞洲了喔，他越來越亞洲了喔，越來越不是歐洲，越來越不是大英國協了啦！所以這個土地、這個地景，毛利人的歷史的發展恐怕戰勝了大英帝國了。

于：是，其實透過今天這樣的一則新聞，我們可以提到說，除了像剛剛老師

提到剛剛的大英帝國他的日不落國的勢力呢，已經對於紐西蘭的影響已經漸漸、漸漸在減弱了，那如果是從紐西蘭自己的本地人來講的話，其實他們也有自我的意識要來表達在他們專屬的旗子上。

洪：是啊！公投就是啊！公投來表示說我們的旗幟上面有哪些符號才真正代表我們，那生活在這裡的那個米跟我們好像沒什麼關係。

于：我們要跟自己生活息息相關的，那施老師是不是也有話要補充呢？

施：甚至包括紐西蘭在尋找自我的時候發現跟臺灣有關係的。

于：唔？

洪：他把玉山放進去了嗎？

施：當然不是，而是說他們透過一些語言學跟文化儀式，發現他們祖先來自於花蓮、臺東。

于：喔，真的啊！

施：南島語系啊！也就是說他們祖先，對不對，是從花蓮、臺東出發的，然後透過小船，划了一、兩千年到紐西蘭，所以現在臺灣的東部變成是紐西蘭尋根之旅。

于：就會來了。

施：對，就會來花蓮、臺東，從哪邊看得出來？因為發現他們的祖屋的形式是跟我們的阿美族是很接近的，所以他們一來到說相隔幾千公里竟然在臺灣發現，所以他們就能夠確定他們祖先其實是從這邊來的。

洪：挖，比米字旗更有親近感。

施：對啊！

于：所以透過這樣的一個算是原住民尋找自我意識尋找認同，還是這個追本朔源的路途當中呢，我們都會發生一些非常有趣的現象，那剛才施老師有講到說，原來毛利人最原始是發源於我們臺灣的花蓮。

施：花蓮、臺東，阿美族。

于：所以這樣可以說，就是毛利人的祖先其實是臺灣的原住民，可以這樣講嗎？

施：欸，應該可以啦！

洪：有一說法就是，南島民族其實就是從臺灣出發的，在七千年前現在的長

濱，其實是玉器的一個交換中心，所以如果我們把歷史的時間軸再拉長一點，那原住民族在這個太平洋上面，他們才是真正的主宰啊！所以他今天用他的植物、用他的海浪雲跟羊角，其實很自然而然啊！你應該祝福他們的公投。

于：是，那我們希望就是如果有像類似這樣有族群意識，或是有像這個紐西蘭這樣要爭取意識自我圖騰的這一種行為呢，都希望他們都能夠找到說屬於他們想要找到的那個自我的境界。好啦！今天節目當中呢，跟大家分享了兩則議題，希望大家對於這樣的節目型式呢，可以透過節目的分享對於世界的訊息、對於世界的新聞，可以有更多的認識，節目當中相當謝謝兩位老師的光臨啦！請兩位老師跟大家說聲掰掰囉。

洪：再見。

施：掰掰！

(End)

第 39 集

104.09.29

〈全球化的時代帶您掌握國際時事 關心全球動態 歡迎收聽地球脈動〉

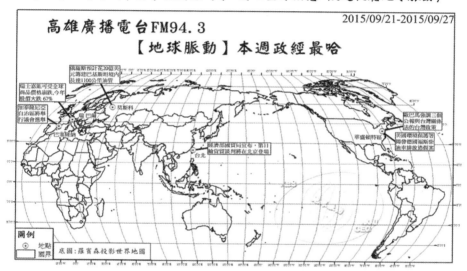

片頭：聽眾朋友您好，歡迎收聽 9 月 29 號的《地球脈動》。單元一開始帶大
　　　家來關心一下上周的國際大事：

經濟部國貿局宣布，第十一輪貨貿談判將在北京登場

瑞士嘉能可受全球商品價格崩跌，今年股價大跌百分之六十七

俄羅斯預計花二十億美元籌建巴基斯坦境內長達一千一百公里油管

西班牙加泰隆尼亞自治區將舉行議會選舉

美國環境保護署揭發德國福斯柴油車排放造假案

中美兩國領袖在美國白宮舉行聯合記者會，歐巴馬強調三個公報與臺
　　　灣關係法的臺灣政策

稍待一會兒節目當中跟大家來關心這些國際大事的最新動態。

于庭（以下簡稱于）：好的，現場時間是下午的兩點三十三分，午後陽光第
　　　　　　　　　二階段，我是于庭。今天星期二節目後半段呢一樣邀
　　　　　　　　　請到高師大地理系兩位老師，分別是洪富峰老師還有
　　　　　　　　　施雅軒老師來節目當中，跟大家聊聊上週的國際大
　　　　　　　　　事，那先請兩位老師跟大家問聲午安喔。

施雅軒（以下簡稱施）：大家午安。

洪富峰（以下簡稱洪）：大家好。

于：好，這個颱風天過後呢，再次見到這個兩位老師，真的，剛才已經跟兩
　　位老師來問候一下家中應該一切都 OK 嗎？兩位老師是說 OK 的，當然也
　　希望收音機旁的朋友喔，颱風天你家是很安全、很平安，而且如果有一
　　些小髒亂的話，沒關係，我們趕快動手把它恢復到颱風前漂亮的景色。
　　好啦！今天節目當中剛才已經有六則國際大事跟大家分享了，那我們一
　　樣按照慣例，請施老師來就前面四則，幫我們做一下比較簡要的分析。

施：那第一則呢，十一輪貨貿談判在北京登場，那請大家可能要關注一下這
　　樣的消息，清單可能快出來了。那根據協定呢，以後會有 ABCDE 五種籃
　　子。

于：什麼樣的籃子？

施：就是 A 籃、B 籃，就是「籃子」啦！那就是說你五種類型，你放在 A 種
　　類型，對不對，一簽約馬上就降稅啦！然後 B 的話，就是五年內要降；
　　再來 C，就是十年內；D 就是十五年內；E 就都不會降稅。那我想說各位
　　聽眾，你是從事外貿的，那你可能要關注一下你所從事的行業，到底是
　　ABCD 的哪一個？

于：類別被歸類在哪？

施：一種是我們，一種是大陸，等於說彼此之間都會有，因為為什麼要談
　　判？那我們之前有講過麻煩十國的時候，臺灣的進出口業百分之四十以
　　上是跟中國大陸掛在一起的，所以這個大家要留意。再來就是瑞士嘉能
　　可股票受到全球不景氣的影響，今年的股票呢，基本上是大跌，那大跌
　　的情形給大家一個數據，在一年內最高價位是三百四十五塊，現在已經

　　跌到六十六塊啦！那也就是百分之二十啦！那為什麼要特別講嘉能可？
　　因為我們要知道全球的脈動要一些溫度計，因為它是全球十大企業之
　　一，所以它就是一隻很好的溫度計，那它股票跌的只剩五分之一的時
　　候，那你就知道世界的經濟到底發生怎樣的事情。那再來第三則，俄羅
　　斯花了二十億要幫巴基斯坦修油管，一千公里的油管，這個是很令國際
　　政治嚇一跳的。

于：掉了眼鏡。

施：對，因為原本的巴基斯坦是親美的，那因為以前在阿富汗問題的時候，
　　他曾經幫美國來打俄羅斯，結果現在以前的敵人現在也重修舊好，握握
　　手，你的能源不好，對不對？我就幫你修油管二十億美元這樣子。

于：所以等於說俄羅斯跟美國來競逐一下對於巴基斯坦的友好程度，是不
　　是？

施：對，甚至包括有可能現在巴斯基坦已經，之前我們講過他偏向中國了，
　　現在有可能在偏向俄羅斯。那當然在某種冷戰思維裡面，你越偏過去那
　　當然就越離越遠啦！所以等於說，這是全球的政治經濟環境會有一個小
　　小的調整。那再來就是西班牙加泰隆尼亞自治區，感覺上這個是地區性
　　的小新聞，可是這個以後會演變成歐盟一個很大的事情。

于：為什麼？

施：因為這樣子這個自治區有可能，已經出來了嘛，一百三十五席的委員已
　　經七十二席贊成獨立了，已經過半了。所以他再來就是要推動所謂的加
　　泰隆尼亞獨立，所以在選舉的過程裡面，西班牙的外交部說，你要是贊
　　成獨立，對不對，你就不能當西班牙人，或者是說你獨立之後，你不能
　　用歐元；甚至他們歐洲很迷那個足球嘛，會有西班牙的甲組聯盟，也說
　　你要是獨立，就不能參加西班牙的甲組聯盟。用各種方式就是不可以，
　　但他還是超過了，所以會引發。

于：所以跟之前蘇格蘭獨立……

施：一模一樣的招數啦！但是他成功了，他已經過半席了，所以他以後會變
　　成是歐盟一個很大的一個問題，假如說他推動又成功了，那基本上歐盟
　　要不要收他？

于：在這個政治上在這個經濟上，都會有更新的局面要去處理。

施：對，好的，以上四則。

于：是，那接下來呢，要詳細跟大家聊的這個議題呢，是說呢，相信大家聽到這樣的牌子的車喔，應該很多朋友家裡都是這廠牌的車。據說呢，在最近美國環境保護署揭發這個福斯的柴油車它排放量造假案，什麼叫做排放量造假案啊？施老師。

施：那我們簡單的講一下這樣的狀況。就是說，美國當時候讓柴油車上市，它一定要提供它的空污排放數據，那基本上以正常的情形下一定不及格，它就沒辦法賣，所以福斯，對不對，它就想你在實驗室裡的數據跟實際上在外面跑的數據是不一樣的。

于：有兩種版本。

施：對對對，也就是說，真的再跑就是原來的污染了，可是你要測試有沒有污染，那你是在實驗室裡面試嗎？它就修改了一個程式，只要進去測試，對不對，它的排放量就會合乎標準。

于：這樣不是騙人嗎？

施：是，它就是騙人的。所以這個對我來講我也很訝異啊！德國人的品牌，對不對，腳踏實地東西又耐用，東西又用不壞。

于：那這次是怎麼回事？

施：它就變成是一個很大的重傷，現在請我們洪主任來跟我們討論。

于：好，洪老師你怎麼看這一次？

洪：那順著這個，因為剛剛說它很大的，世界第八大啊！

于：汽車品牌。

洪：全球品牌排第八，它是第一大汽車品牌，在今年年初的統計當中，它已經是全球最大的汽車品牌了，銷售量最多，有史以來十款賣得最好的車款當中，它的公司占了三款，包括我們比較熟悉的金龜車，也是這個公司出來的，排第四；它們另外還有一個 Golf，排第三這樣；還有一個 Passat，排第九，是這樣的數字，那所以這一次的重挫呢，其實剛講了，就是它會讓德國這一個一直以來你會信任，你會用一個非常誠實的方式來經營企業的這形象的一個最大的重挫，所以，以致於剛講的那個數

字、那股票等等會這樣跌，也是一個面向，我相信它會對很多人對於德國的信賴會有傷害的，這是第一個，Made in Germany 會受到傷害。德國工業也是靠汽車，這樣很多德國來的好車、名車等等，這會受到傷害，這第一個。第二個美國司法部已經開始調查甚至會起訴賠款，初步的數字說是四十八萬兩千部車，每一部車賠三萬七千五百元，合起來是一百八十億七千五百萬的罰款，這個是民事的訴訟。

于：那這個就是由這個公司這邊……

洪：當然啦！到時候你就是和解就一來一往賠多少錢，那這一次有一個比較特別的是，其實相關的決策經理人也要被民事訴訟來追訴，因為你造假啊！所以不是只有像過去一樣，這個月前今年、去年好幾個包括幾個汽車公司，像 Toyota 是第二大的也在十大當中排第九，還有韓國車、還有美國本土的車 GM，通通因為比如有什麼沒召回啊等等疏忽啦！這些事件受到罰款這次其實不止了，相關決策的經理人會被刑事追訴，所以這些經理人不是賠了錢就沒事了。

于：可能要被抓去關。

洪：說不定，所以這是一個新的方式，就是說企業對於國際企業的管理不再只靠有錢就可以買通，有錢就可以買的就可以不用坐牢了，我只要和解我就不負責了，沒那回事！對於這麼嚴重的舞弊一定要追到人了，看起來這一次的觀察點是這個，那第三個就是我們剛剛這個節目一直在談一個脈絡，包括前面說油管啊要幹嘛，汽車是最多啊，汽車的銷售量在去年一整年總共銷量多少呢？大約兩兆美金。

于：喔，一年兩兆。

洪：對，兩兆美金是什麼概念呢？可以讓中華民國政府呢用三十三年。

于：是我們三十三年的預算。

洪：對，這個行業全球的銷售量就夠讓臺灣政府用三十三年，你看這個兩兆美元有多大！所以它是一個非常大的一個生意。那隨著這個事件呢，也開始有人再討論，其實已經一段時間了，我們要不要節能？要不要減碳？要不要無車日？要不要把我們的汽車淘汰掉？在臺灣，恐怕還要包括摩托車，所以減少排放減少等等，其實是 VW 可以勝利的原因啊！它

的柴油引擎車，宣稱是可以環保用油量用的少啊！結果今天被捅報說你造假，所以這個問題出現了，會不會更一步來大家開始說友善這個城市、友善這個地球，我們就用不要開車、不要騎摩托車，我們步行的，我們騎腳踏車，我們來搭這種軌道運輸的車輛，減少對於機動車輛的這個依賴或者是使用？會不會變成第三個現在越來越有這一種地球意識環境意識的人，開始想我不要這一個？更何況這一次它之所以能夠被抓出來，就是它的排放 PM2.5 裡面的氮氧化物這個 NOx 最嚴重的，這都致癌物耶！它跟空氣當中的這些顆狀膠粒聚合在一起，進入到我們的肺部，這個是殺手啊！所以美國司法部就用這種方式來起訴它啊！你排放了這個有毒的廢棄物，會傷害我多少人，一個人平均要多少錢、多少量這樣估算，他不是亂講的，一百八十億七千五百萬是真的根據這樣的公式去估算，所以會不會再回來形成另外一波的就我們要少用車了，我們也少用石油了？這概念又會出現。

于：其實透過這樣的一個這個新聞的被爆出來喔，我們大家應該可以想想說我們在發展這個企業的同時，發展經濟的同時，對於這個環保方面到底是不是能夠兼顧呢？我們回到這個最原始希望說我們地球能夠永續經營。

洪：我們自己也碰到很多問題啊！公司排廢水啊！在颱風天還是下雨天，就排出來了啊！假日的時候他們就突然之間一個不小心操作，啊，抱歉、抱歉，都排進去了，都故意的啦！

于：這些應該都是我覺得新聞報出來，應該會讓很多的這個企業主應該要在小心了，不是說喔偷偷做壞事大家都沒有發現，現在大家環保意識都很重。

洪：對啊！政府單位也要多多加緊稽查的這個監測技術或是系統網絡更完善。

于：所以企業主們在經營還是要能秉持良心喔，還是要愛我們的人愛我們的地球，這樣呢，你的品牌能夠永續的經營。好啦！現場時間是兩點四十五分，來聽一首歌曲，等一下音樂聲過後再跟兩位老師聊天喔。

（音樂）

于：好的，現場時間是下午的兩點四十九分，午後陽光第二階段，我是于庭，節目當中呢，《地球脈動》單元跟高師大地理系的洪富峰老師還有施雅軒老師，來到節目當中聊聊上週的國際大事。接下來要來關心的這則新聞喔，跟臺灣是有相當大的關係，就是呢，眾所矚目的歐習會，歐巴馬加上習近平中美兩國的領袖喔，在美國白宮舉辦了聯合的記者會。記者會當中呢，美國總統歐巴馬強調三個公報以及「臺灣關係法」的臺灣政策，今天接下來呢，就要跟大家聊聊這樣的一個現象呢？到底在這個臺灣的定位，或者是說中國跟臺灣的關係上面呢，有怎麼樣的一個微妙的變化呢？那是不是先請施老師跟我們來聊一下這一則新聞呢？

施：我想歐巴馬提三個公報跟「臺灣關係法」這個其實很有趣的點，因為這兩個其實是有若干的矛盾，所以他還是遵循三個公報，他就有可能「臺灣關係法」可能會牴觸，或者是要遵循「臺灣關係法」，三個公報可能就比較沒有辦法這麼落實，但也就是說……

于：那為什麼他兩個都要強調？

施：因為他要涉及到現今的國際政治的一個很特殊的一個特性，就是模糊。

于：喔，不講清楚。

施：不能講清楚，這已經不像以前古代的冷戰時期，就是 A 跟 B，我就站在 A，然後罵那個 B，我站在 B，然後罵那個 A。現在是什麼？我站在 A 這邊，可是我跟 B 很有好，我站在 B 這邊，我也跟 A 很友好，讓大家各取所需。所以你會發現，對不對，那個歐巴馬講這句話的時侯，大陸的媒體就感謝美國支持三個公報。那臺灣的媒體就是感謝美國支持「臺灣關係法」。

于：三個公報當中講的是什麼？以及這個「臺灣關係法」講的是什麼？老師可以稍微提一下。

施：這兩個最大的一個問題就是三個公報他會逐年降低美國提供臺灣武器。但是「臺灣關係法」是說美國要提供臺灣防衛性武器。

于：這聽起來是兩個。

施：所以就會回到以前紐西蘭是個國家的，就是我們講的毛利人，我想其實
紐西蘭跟澳大利亞有一個很大的不同，是紐西蘭原本是有一個國家由毛
利人做主，然後澳大利亞反倒到沒有這麼強勢的一個種族，可是紐西蘭
受毛利人的，所以英國人耗好大力氣跟他打了半天，然後簽下一個懷唐
伊條約，才把紐西蘭大部分的土地收歸過來。所以這些人的後代，當然
在某個程度當壓制你的那個力量消失的時候，自己要有自己的聲音就開
始出來了，也就是這個國旗備選的重要圖案，其實都跟毛利傳統圖騰是
有關係的。

施：就一個是要歸零，一個是要維持某種穩定的質量，就對了。

洪：其實有一個更大的就是中華民國不見了。我們在「臺灣關係法」裡面，
只剩下臺灣或是臺灣人民，而這個臺灣呢，只包含臺灣本島跟澎湖列
島，所以臺灣周邊幾個小島還在澎湖列島裡面，注意喔！其實金門跟馬
祖不見了，甚至於太平島南海諸島，最近那個中共在那邊建島的，通通
不在這「臺灣關係法」的範圍裡頭，就是最大的差別啦！所以其實他們
建交公報也中華民國被取代了啊！所以剛剛那個施老師說冷戰是古代，
對，在概念上面，中華民國在中華人民共和國跟美國好像也已經很古代
了這樣，那個都是很古的事情，可是我們還留在現在耶！我們就變成是
臺灣人民很特別，我們是稀有種類，是一個已經留到現在的特別的種
族，雖然是很古代啦！自我開玩笑，回過頭來說，其實「臺灣關係
法」，其實在這邊也要呼籲我們的聽眾朋友，有機會可以上去各種網路
或者是圖書館查一下「臺灣關係法」的內容到底是什麼？看看三個公報
的內容是什麼？那這個當中「臺灣關係法」其實是美國國內法，它是根
據他的哥倫比亞特區的法律而訂定的，所以在臺灣代表叫 AIT，叫美國在
台協會，它是一個非營利法人啊！從 1980 年代呢，由國務卿來用這個國
務院的錢去支付它運轉到今天，當然，當中有些中華民國政府也多少出
了點錢，或者是資源去支撐它，那幹嘛呢？其實要保護臺灣的安全，以
及臺灣的社會經濟制度，避免遭受威脅，這威脅當然講的是中國啊！或
是中華人民共和國。而且呢，注意後面還有一句話，就是危及美國的利
益的時候他們要怎麼做，所以很多人都太一廂情願軍購上面，美國人就

會幫助我們、提供我們，當然沒有錯，可是提供是很模糊的，在英文裡叫做 Make available，那什麼意思呢？他租給你也可以，他賣給你也可以，他跟你很好的時候，送給你無條件的，就拿一個武器給你們家來操演一下，然後回去的時候忘了帶回去也可以，就放在你家了，這樣。

于：所以那個提供的方式或者是這個過程，非常的模糊。

洪：看他的目的，假設危及到美國的利益。而且呢，臺灣的安全、臺灣的社會經濟制度，比如說我們現在有這個民主的投票制度，我們的社會當中有許許多多的這個法律等等，我們遭受威脅會危及到美國利益的時候，他會出來，可是我看還是要特別強調金門、馬祖、南海諸島，包括太平島不在這個範圍喔，我們要很小心的處理這個事情，這個是當我們在談論這件事情的時候，恐怕不能簡單的指臺灣代表什麼意思，可是當中提到很多臺灣人民啊！「臺灣關係法」講臺灣人民，那誰都是臺灣人民嗎？住在這裡的嗎？我們通通都是嗎？所以主持人，如妳的安全、妳的社會經濟制度，妳遭受威脅的時候，妳可不可以根據這個關係法來跟美國請求妳的武器，防禦性的武器，讓他 Make available。

于：挖，這個是非常弔詭的地方，就是他都沒有說死耶！就是運用的空間非常大。

洪：沒有錯，而且其實在 AIT 的人他要向國會去報告喔，他們是受國會監督的，他們也許是公務人員，那這些公務人員呢，來 AIT 的時候，因為他是非營利的，所以他是留職停薪。比如說，現在 AIT 代表處的這個處長好了，他是原先美國外交官啊！他來臺灣服務的這段期間，他應該年資照算啊！因為他只是留職停薪啊！領這邊的薪水做這邊的事啊！還要對美國國會報告，他的情況很特別，是一個非營利法人。所以我認為建議啦，藉這個節目我們今天正好講到這一件大的新聞，「臺灣關係法」對臺灣的影響是非常深遠的，其實建議我們的聽眾朋友有空的時候，翻一翻、看一看看過去這段時間以來，它從 1979 年的 1 月 1 號生效以來，它到底對我們有什麼樣的影響？這個是臺灣地球脈動的很重要的一條繩子啊！

于：是，我們在關心國際大事的時候，其實最原始就是要從自己出發嘛，所

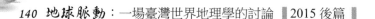

以大家可以來應該都是 Google 的吧！

洪：對，很容易，各種的評論分析啊！是汗牛充棟啦！那只不過我覺得因為我們觀看大新聞的時候，要去理解它的內涵，避免我們自己去落入一個太單方面的想像。

于：是，這是老師們今天要帶給大家的一個很重要的關看國際新聞的一個重要的點，那從這一則新聞喔，其實我們也給像剛才施老師有提到說，目前國際關係的這個進行或是國際間友誼的這種交流喔，好像越來越特別了。就是呢，很可能在政治上是不合的，在這個經商的往來上，是大家非常的 Machi Machi，那這一則議題呢，也可以看出目前呢，國際間事務的處理。

洪：像剛剛講的 Obama 總統他為什麼很重要？因為「臺灣關係法」就是如果總統認為臺灣的安全、社會經濟制度遭受威脅，危及到美國的利益，他可以向國會要求說授權給他，他才可以行動啊！所以他才可以讓武器 Make available，就讓這個武器可以來保護臺灣的安全，所以他經過這樣的轉圜這是很重要的。

于：所以大家這個節目結束之後，如果你想要對這則議題有更多的了解，或許你也可以上網來搜尋一下類似相關的新聞，可以幫助大家對於臺灣的地位有更多的認識。好的，因為時間的關係，所以在這邊呢，要先跟兩位老師說聲掰掰了，那我們預約下週繼續空中聊天囉，老師掰掰。

洪：好，掰掰。

施：好，掰掰！

(End)

第 40 集

104.10.06

〈全球化的時代帶您掌握國際時事 關心全球動態 歡迎收聽地球脈動〉

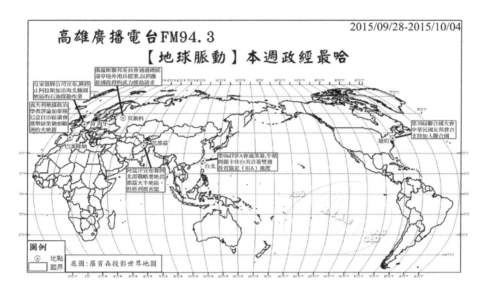

片頭：聽眾朋友您好，歡迎收聽 10 月 6 號的《地球脈動》。單元一開始帶大家來關心一下上周的國際大事：

俄羅斯聯邦委員會通過總統普亭境外用兵提案，以回應敘國政府的武力援助請求
義大利地緣政治學者評論加泰隆尼亞自治區的議會選舉結果，猶如歐洲的一場大地震
阿富汗宣布奪回北部戰略要地昆都茲大半地區，但塔利班否認
七十屆聯合國大會中華民國友邦發言支持加入聯合國
荷蘭皇家殼牌公司宣布，將終止阿拉斯加沿海北極圈地區的石油探勘作業
第九屆臺美貿易暨投資架構協定（TIFA）會議落幕，牛豬問題卡住臺美洽簽雙邊投資協定（BIA）進度，成為關注焦點

稍待一會兒節目當中跟大家來關心這些國際大事的最新動態。

于庭（以下簡稱于）：好的，現場時間是下午的兩點三十一分，午後陽光第二階段，我是于庭。今天星期二節目後半段《地球脈動》單元邀請到的是施雅軒老師來節目當中，跟大家分享國際大事，那這個我們的忠實聽友應該會問說洪老師呢？洪老師喔，今天有要事在身公務在身呢，所以呢，先跟各位這個聽友們先暫且請假一次，那下週呢，還會回到節目當中跟大家分享、跟大家聊國際大事。所以呢，今天節目當中就由這個施雅軒呢，帶領大家來了解一下上週幾則比較重要的國際大事，那先請施老師跟大家問聲午安。

施雅軒（以下簡稱施）：好，主持人、各位聽眾，大家午安。

于：老師好，老師今天呢，節目當中呢，好像我們第一則要來聊的這個議題喔，挖，又講到了俄國總理普亭，他好像提出他要做境外用兵的提案，而且呢，他們的聯邦委員會也通過了。欸，為什麼他要做這個境外用兵啊？

施：這個其實就像下圍棋一樣，你找到了對方一個弱點，然後猛攻，一直拼命踩他，那其實他這樣子已經開始展開了所謂的外交戰，為什麼叫外交戰呢？因為他提出一個說法是，俄羅斯到敘利亞的用兵是唯一合法的，就是敘利亞請求我去。

于：那真的有這樣一件事情？

施：真的啊！就是敘利亞就是請求俄羅斯支援他。換言之，現在所有西方盟國在敘利亞支持反政府軍的，他就是什麼？非法的囉！所以我才說現在變成打一種外交戰，就是說你看以前俄羅斯，對不對，都沒有出頭，你們怎麼去敘利亞玩，我們都無所謂，可是現在就是我出頭了，而且我跟你講，我以唯一合法國家在裡面動武的。

于：那他就是要跟其他反對阿賽德政府的那個國度切割，就是說我是 OK 的。

施：只是阿賽德我是合法的你是非法的，那西方國家就覺得很尷尬，對啊！

就「國際法」沒錯啊！那怎麼辦呢？那也不知道要怎麼辦。但是有人會解讀說啊！俄羅斯這次的插手會這麼嚴重啊！是因為有人會解讀說他自己自力救濟啊！把油價拉高啦！

于：喔，又牽扯到，其實一整年都在談。

施：對，一直都在講油價，因為俄羅斯的油價被美國透過各種方式被踩的很慘，那他總不能永遠都被動嘛，那現要如何要把油價拉高？有人就解讀普亭策略就是製造中東地區的混亂或矛盾，讓整個石油引起所謂的緊張感。

于：然後他們的石油就不會降價，就會大家很緊張，很怕沒有油用，所以石油就物以稀為貴。

施：就開始囤積了，就跟高麗菜一樣，又開始囤了，價格就會上來，等於就有人解讀說，因為有人在幫俄羅斯算今年盧布對美金跌了百分之四十三啊！然後通膨已經百分之十三了。

于：這個俄羅斯應該臉很難看。

施：對，所以他現在等於自己要自力救濟了，就是好，那我派兵，甚至還有一個就是就開始去攻擊，可是他號稱是攻擊 IS 啊！可是西方的國家會認為說好像不是耶，攻擊好像反政府軍耶，那糗了，那反政府軍要不要打他呢？那打他的話，對不對？所以現在這樣子，他已經是變成是有人就會說，因為敘利亞事件，大家就忘了其他的問題了。

于：其實單純的敘利亞事件的背後，有太多國際強國的勢力介入，那這些國際強國的勢力很有可能呢，他們要來進行某一方面企圖的報復，所以我真的覺得這國際政治真的是詭譎，還有那個叫做什麼深謀遠慮，真是非常、非常的厲害。

施：對，適合下圍棋的人來玩。

于：下圍棋，是。好，那接下來要跟大家來聊一下，上週有提到好像說這個加泰隆尼亞自治區他們的議會選舉呢，已經做了一個針對說有一個新的結果出來了，那如今呢，這樣的一個現象，如今這樣一個獨立的事件之後呢，義大利就有學者來評論啦，這樣的選舉結果會對歐洲造成一場大地震，為什麼這麼嚴重啊？有到大地震？

施：還沒有到獨立，他支持獨立的議會已經占過一半了，也就是說，他們未來他們會發動所謂的獨立公投，那當然發動獨立公投來講，他就會出現一個很大的情形。其實加泰隆尼亞地區在西班牙，其實他的分量是很重的，他的人口是全西班牙第二多的，等於說西班牙人口是四千七百萬，他有七百五十萬人，然後呢，全國的 GDP 占百分之二十。

于：挖，很重耶！

施：對，所以假如說這一塊要是獨立出去的話，對不對，馬上就少五分之一啊！

于：對啊！那西班牙就經濟，還有政治就……

施：對啊！就少一塊，所以為什麼人家會說這樣子他有如大地震，而且是大地震的起頭，但是各位聽眾可能會覺得說加泰隆尼亞到底是什麼地方？對不對，我們有沒有聽過，其實是有的，因為他曾經辦了一個夏季奧運會，就是奧運，所謂的巴塞隆納奧運會。

于：巴塞隆納。

施：巴塞隆納就是加泰隆尼亞的首都，然後不知道各位聽眾還記不記得？巴塞隆納奧運會，對不對，臺灣的代表隊中華隊因為他是第一次的棒球表演賽，我們還得到了亞軍，所以這個地方其實對各位聽眾而言，不會那麼的陌生啦！也就是說，奧運會為什麼會辦在這個地方？因為這個就是西班牙最有錢的地方，所以他來辦這樣子的活動是有財力的，那也就是因為這樣子，西班牙無論如何也不要讓他走啊！可是今天支持獨立的議員過半數後，這個就會導致成說那怎麼辦？所以他就變成說是歐洲或者是歐盟相當棘手的問題。那西班牙要想辦法把他留下來，除了文攻武嚇，那當然人家所謂的胡蘿蔔你要給什麼，這都是未來觀察的一個重點。

于：于庭想問一下，為什麼加泰隆尼亞這個地區的人是比較想要獨立的啊？

施：因為他們大多數的語言用加泰隆尼亞語，跟西班牙語是不一樣的。

于：喔～會有這樣的差異嗎？

施：就是說，我本來就不是講西班牙語的，可是因為以前的西班牙帝國實在太強了，我就把你打下來了，那以前因為西班牙帝國強，所以我不敢造

次說我要喊獨立，可是現在西班牙弱了，老大罩不住了，下面的小弟自己要變，就是這樣來的。

于：了解。好，所以這個加泰隆尼亞自治區的選舉結果很可能呢，還會再一直延續下去。

施：一定會延續下去。

于：就要看西班牙政府甚至是歐盟當中的一些比較大的國家，看要怎樣來安撫了。

施：因為他是西班牙最有錢的地方，所以要是被劃出去歐盟的話，他不能用歐元，那你就知道。

于：那歐盟也會損失很多啊！

施：對啊！所以這個還有很多的遊戲可以玩的。

于：是，我們靜待其變，繼續看下去。好，那接下來聊的這一則議題呢，則是說阿富汗呢，他宣布要奪回他北部的一個戰略要地叫做昆都茲，而且要奪回大半的地區喔，為什麼要這樣做呢？

施：這個其實我們之前有講的，因為九一一，這個要回到很遠了九一一。

于：大約十年前。

施：然後美國要出兵去打阿富汗嘛，結果後來打阿富汗以後就發現就變成是另外一個越南，等於說我很多的美軍都陷在那個地方，所以歐巴馬的一個策略就是，我要把他美軍把他調回去美國的本土，就不要再放在海外了。可是問題就出在說，那我調出去以後這個地方的軍事就處於真空期嘛，所以他花了多少錢？六百五十億美元。

于：六百五十億。

施：對，在美國可是動不動億美元的啦！沒有千萬級的啦！所以訓練了一個五千人的部隊，結果這五千人的部隊呢，後來他走了以後，竟然。這則新聞就是塔利班政權為什麼會奪下這裡的原因，就他才發動幾百人而已，就把他打下來了，結果打下來當然就很緊張啦！所以美軍就再倒回來，可是美軍在這個地方除了已經沒有所謂的陸軍了。

于：因為他不是已經撤軍了嗎？

施：對，所以只有用空軍去炸嘛，所以現在說，現在是一個含糊的，不知道

去是說這個阿富汗的合法政府，就說我已經把他趕走了，塔利班說沒有沒有，我還在裡面喔！

于：欸，各說各話。

施：對，就各說各話，甚至最近這兩天的一個不幸的消息，就是美軍為了要轟炸塔利班，但是他誤以為一個無國界醫生的醫院，就把他炸了，就剛好裡面的醫院還在開刀、還在手術，結果炸彈炸下來，所以很多的病人就跑不掉，就燒死在裡面了。然後更可悲的是醫生逃難逃出來，空襲結束了，還要再趕回去救人繼續他的手術啊！

于：聽起來真的好心酸。

施：對啊！

于：這個是國際上很多的這個大戰，是地區跟地區、國家跟國家之間，如果打仗，其實我覺得最辛苦且受傷最重的是人民，真的希望這個地方，雖然知道這個地方一直是千年以來一直在動盪不安，但是真的很希望他們這樣的動盪能在最短的期間結束，而且回歸到比較和平的狀態，因為最辛苦的就是當地的人民，真的是不希望再看到這樣的流血的事件發生。好，那接下來呢，跟大家來聊的這則議題呢，則是第七十屆的聯合國大會。挖，聽說這一次的大會當中呢，有很多中華民國的友邦，他們都發言了，發言什麼呢？就是說支持我們加入聯合國。老師問一下，這樣的支持呢，會對我們有實際的效益嗎？

施：這樣的支持當然增加我們的信心啊！就表示這個國際還是需要朋友的啦！然後竟然有朋友說歡迎或支持的話，那總是好事啦！那有人會去觀察說那習近平也在聯合國大會啊！那他有反應嗎？結果沒有反應，沒有反應就是好答案。

于：就是默認嗎？

施：不是默認，他不可能默認的。因為他其實已經變成是一個國際政治老手了，就知道說，那你要中華人民共和國支持中華民國加入聯合國，那你要拿什麼來換？

于：喔，有條件的。

施：也就是說，以前一開始就劈就罵人嘛，對不對？就不准，現在他今天不

講話了，當然可以另外解讀說我不屑。另外一種就是，那你要拿什麼東西來換？很容易解讀說，你拿什麼東西來換嘛，就像在那個房屋買賣一樣啊！你的價格太低，我就是不賣你，我就直接說我不賣你，就等於說直接兌你就對了，可是你砍的價錢剛好是那個價錢，當然我就不講話了，不講話意思是那你就在加一點吧！

于：喔～有協商的空間。

施：對，那只是說現在這個訊息有人就會解讀說那中華民國政府，其實中華民國政府一直把心力花在其他的地方。其實這個節目之前，我也講過臺灣要加入聯合國一個很重要，應該要派游說團去中華人民共和國，你要去遊說，人家一開始會講說怎麼可能？問題是假如你沒有得到他的同意，基本上中華民國是很難進去的。所以你有這樣子的一個友邦來支持你，其實假如今天你看他們友邦都會讚許兩岸降低緊張關係，所以就是說，他在支持中華民國要加入聯合國，他先把中華人民共和國先捧一下，對不對，但是假如說為了要更好，對不對？我們希望中華民國能夠進到聯合國裡面來。

于：挖，這也是這個外交場合上一個就是策略嗎？

施：對。

于：真的是非常的複雜，但是我們還是希望說，如果在這個機會合適的時刻呢，可以回到聯合國來，因為呢，畢竟有很多的國際事務都是要經過聯合國之間去做協議或，是經過這邊來決定，因此呢，如果可以回復到這個聯合國的身分，其實對於我們臺灣的一些國際外交，或者是在外交上的地位，都是有比較加分的效果。好，講完了政治，接下來要來聊一下經濟的話題了。聽說呢，荷蘭有一家鑽油公司，其實我們之前有提到了，那時候講到的是說北極海因為這個冰融解所以航道就開了，這邊有個新的航道，那有很多的公司都來到這邊。除了航道爭取之外，還有一個很重要的就是這邊有很多的資源，所以能源公司就來到這邊設廠了。但是現在是怎樣，就他們也要撤退了嗎？為什麼呢？

施：就挖了半天，結果什麼都沒挖到啊！但是已經花了七十億美元了。

于：可是這樣七十億丟了就跑的話，七十億就白花了耶！

施：也不至於白花啦！就會留下某些的技術，就是我丟了七十億，我留下了一些技術，我帶回家。等於說，我每一次的鑽探都有每一次鑽探的資料嘛，那些資料就會進到公司裡，雖然沒有賺到錢，但還是得到了某一些的東西。只是說我們今天看到這樣的一個新聞，那一天那個在車上跟我們的洪老師，再討論說其實全球經濟它是一個很虛無的概念，那這個虛無觀念到底有沒有一個東西是可以去量測它？

于：喔，有沒有一把尺。

施：就像說我們發燒了，那我們怎麼知道要怎麼定量說你的發燒跟我的發燒是一樣的？所以我們就發明了溫度計這種東西，所以喔，38 度就發燒，38 度就真得很燒。那當然我們也希望能設計像溫度計，那當然我們常常講說股價股票是經濟的櫥窗嘛，所以那時候就想到一個點子，就可不可以把皇家殼牌在美國上市的股價來當作一個計算，來設計一種溫度計？也就是說，你把一年的低價跟最高價，因為時間關係我們就不要講太細，然後呢加加減減，然後就會有從得到 0 到 10 分，0 分就是最低價，10 分就是最高價，就是在一年內。

于：0 分就是比較不好。

施：10 分就是很好。

施：對，那荷蘭皇家殼牌 1.3 分。

于：這樣是很低欸。

施：對啊。

于：因為最低就 0 了啊。

施：所以你就知道這些的股票交易族就知道了，人家還沒發布消息就知道他要虧七十億了就先賣了，那至於我們其它我們還有幫大家算。

于：我們好像有講到一些我們之前在節目當中跟大家關心過的這個指標型企業，有沒有哪一些是要跟我們分享的？

施：我們是不是聊太久了？我們是不是應該先聽音樂啦！

于：那我們先來聽一首這個，挖我覺得這首歌其實跟我們的國際關係有非常大的密切，叫做"We Are the World"。其實呢，全世界所有的國家所有的人民都是公同的，尤其是在這個全球化非常深的今日，這樣的一個全球

人民全球國的概念呢，大家要把它放在心裡，然後好好的用兼容並蓄的概念呢，來接納世界上的多元文化，那歌聲過後呢，再跟施老師來聊天喔。

（音樂）

于：好的，場時間是下午的兩點五十二分，午後陽光第二階段，我是于庭，節目當中呢，高師大地理系的施雅軒老師在現場跟我們聊一下上週的國際大事。那剛才呢施雅軒老師在音樂之前有稍微跟我們提到有一個所謂的全球經濟的溫度計，要來量一下到底這個產業他目前的這個溫度發展的這個後勢的趨勢，到底值不值得來重視？那接下來是不是施老師會繼續來講一下其他的產業呢？

施：我就清查出我們在這一年來對不對講了哪些公司，股王波克夏，我確定它是股王了，1.4 分。

于：這樣聽起來也不好。

施：對啊！不好。福斯，我們上個禮拜……

于：出包了。

施：0.3 分。

于：更差。

施：對。然後嘉能可 1.0 分。

于：怎麼都這麼低啊？

施：對對對。還有 Apple 還好一點，4.3 分蘋果公司。

于：勉強好一點。

施：沃爾瑪，全球五百大企業之一，1.2 分。然後美國 BP，就在墨西哥灣出包的那個，2.2 分。

于：這樣聽起來都不好啊！

施：還有幾個，阿里巴巴 1.0 分。

于：挖。

施：還有一個豐田 TOYOTA，3.3 分。那為什麼講這個？因為我們節目難道是有魔咒嗎？被我們提到的。

于：我們這樣會被罵嗎？

施：其實不是這樣子。因為他們出包變成是世界級的新聞，是我們把它拿出來談，所以這個因果關係是倒過來的。

于：我們沒有詛咒他們，我們要澄清一下。

施：對，再來有高分的喔。

于：是。

施：Google 7.3 分。

于：科技業比較好。

施：對。亞馬遜 8.4 分。

于：喔！

施：賣書的，全世界賣書賣第一名的。還有一個麥當勞，說要撤資的那一個 8.5 分。

于：這樣是不是反映說其實在科技業或者是服務業？

施：還有食品業。

于：後勢是不是比較 OK 的？

施：對在目前這一年的互動上面，妳會發現能源啊！汽車啊！石油啊！物流啊！都算是變低的，可是整個的吃的，還有電子業是比較好的。

于：比較少是比較 OK 的，是也可以讓如果你要來參與投資的朋友可以來參考一下。好，講到這個全球經濟，接下來呢要回到台灣的經濟了，近期呢有一個會議在台灣召開而且已經這個，不是在台灣召開，就是已經談判會議落幕了，就是第九屆的台美貿易投資架構協定，這麼長喔，我們用一個簡稱來簡稱他，就是叫做 TIFA，這個大家在新聞當中應該常常會聽到的。這個會議落幕呢好像並沒有為我們這個台灣跟美國之間的雙邊協定達到一個共識，因為據說有一個問題一直卡住，就是牛豬問題。

施：我想這個 TIFA 呢主要要談一個雙邊投資貿易啦！那雙邊投資貿易其實是 FTA 的，也就是那是短期目標，那長程的目標呢，就是要 FTA，所以也就是說沒有走一公尺你就沒有辦法走一百公尺嗎。但是現在連這一公尺都走不到，主要的理由就是卡在牛豬的一個問題。什麼叫做牛豬問題？就是要進口美國的牛跟豬啦！

于：要不要開放美國的牛跟豬肉進到台灣，是不是？

施：對，那為什麼美國一直希望牛豬？因為美國也是有農業州的，他們也是有議員的，所以他們一直希望對不對牛豬可以進台灣，那為什麼牛豬希望進台灣？因為最主要的是內臟。因為台灣食用的內臟習慣，在美國內臟是不能吃的，是要當肥料的，可是在台灣居然可以賣錢，哪有這個好的東西？

于：新興市場。

施：對啊！所以他一定要，等於說廢物可以拿來賣錢的啊！好，可是現在就卡住了，台灣養牛的比較少，養豬的就很多囉，所以經濟部一直希望說能不能牛豬分離來談，可是美國就說 NO、NO、NO 要一起談，一起談就是要嘛一起進口，要嘛就都不進口，這個就會卡到所謂的很多立委的樁腳，農業縣的樁腳，中南部農業縣的樁腳都是養豬戶嘛！所以這樣的一個情形就會變成在某個情形下面，對不對，它就形成一個拉扯。那這個其實也涉及到世界的國際貿易，當然這個又到一個 TPP，我們現在又再吵 TPP 的問題，這其實涉及說你要進 TPP，那你要開放台灣的市場，那請問妳要犧牲什麼？

于：開放什麼？

施：對，你開放了，你賺到了什麼呢？可是你要犧牲什麼東西？這個其實也是各位聽眾能夠好好的思考，不要覺得 TPP 永遠都像是萬靈仙丹一樣一定是好的，它會犧牲某些東西的。

于：喔，所以老師今天跟我們分享了這一個新聞，其實要大家在，應該是說在新聞上去看到一些關鍵的合約或關鍵的一些協定要簽，其實大家不能就只一窩蜂地看電視上怎麼說，或是名嘴怎麼說，我覺得比較重要的是你要去了解一下，到底是這個協定或者這個會議，它的背後到底是要來簽訂什麼？或者是說哪一些會被管制？那些會被開放？我想這蠻重要的。

施：是。

于：那透過今天的節目呢，我們對地球上的不管是經濟啊政治，都來掌握了一下上週的國際大事了。在音樂聲當中，也要請老師跟大家說掰掰囉，

下週呢我們繼續空中見，下週應該洪老師就會加入討論行列了。

施：應該，應該。

于：是，好，謝謝老師。

施：好，掰掰！

于：掰掰。

(End)

第 41 集

104.10.13

〈全球化的時代帶您掌握國際時事　關心全球動態　歡迎收聽地球脈動〉

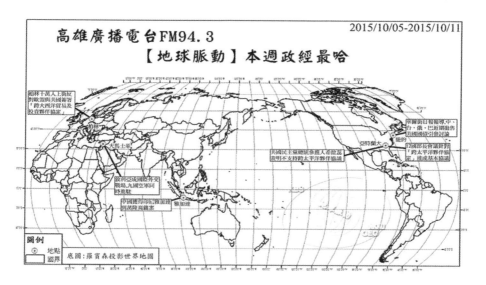

片頭：聽眾朋友您好，歡迎收聽 10 月 13 號的《地球脈動》。單元一開始帶
　　　大家來關心一下上周的國際大事：

　　　敘利亞成國際外交戰場，九國空軍同時進駐
　　　中國獲得印尼雅加達到萬隆高鐵案
　　　德國柏林十萬人上街反對歐盟與美國簽署「跨大西洋貿易及投資夥伴
　　　　協定」（TTIP）
　　　美國民主黨總統參選人希拉蕊表明不支持跨太平洋夥伴協議（TPP）
　　　十二國部長會議在美國亞特蘭大針對「跨太平洋夥伴協定（TPP）」達
　　　　成基本協議
　　　美國《華爾街日報》報導，中國、臺灣、俄羅斯和巴西近期拋售美國
　　　　國債引發討論

　　　稍待一會兒節目當中跟大家來關心這些國際大事的最新動態。

于庭（以下簡稱于）：現場時間是下午的兩點三十一分，午後陽光第二階
段，我是于庭。今天星期二節目後半段呢，邀請到的
是高師大地理系兩位老師，分別是洪富峰老師以及施
雅軒老師來節目當中跟大家聊聊上週的國際大事，那
一樣呢，兩位老師已經在主播室就定位了喔，先請兩
位老師跟大家問聲午安喔。

施雅軒（以下簡稱施）：大家午安。

洪富峰（以下簡稱洪）：大家午安。

于：好，這個今天節目當中喔來聊的議題，剛才聽到這個，于庭跟大家先來
就六則新聞先稍微來做一下提示。挖，有好多跟貿易有關的，是不是先
請施老師就前面四則，先跟大家來做一下簡單的提要呢？

施：那第一則呢，一樣延續敘利亞的問題喔，現在已經變成國際上的戰場
了，目前有人幫他算一下空軍已經有九個國家在上面飛了。

于：比八國聯軍還要多。

施：也應該算八國啦！因為一國是敘利亞啦！

于：是他們自己。

施：比較特殊的就是以美國為首的土耳其啊！澳洲、法國、約旦、沙烏地阿
拉伯跟加拿大，那當然還有新加盟的俄羅斯，那總共加起來就是九國空
軍，所以現在很熱鬧，那這個熱鬧的結果大家就很擔心會不會擦槍走
火，那就靠他們彼此國家之間，因為你發現俄羅斯去轟炸反政府軍啊！

于：而且就是這八個國家他支持的立場都不一樣，對不對？

施：對，所以轟炸、轟炸會不會有擦槍走火這個可能？所以有人說有了敘利
亞大家就忘了烏克蘭了，就是這樣。那再來就是中國獲得了印尼到雅加
達到萬隆的高鐵案，那這個高鐵大約是一百五十公里，換算成臺灣，就
是臺灣的一半啦！大約是高雄到臺中大概這麼長一段，那總經費是五十
五億美元，那中國跟日本兩個都搶的一蹋糊塗。那之前我們有回顧一個
新聞，就是說他要降成中速了，高速就不要了，但其實後來的解讀是叫
他們回去再想看看要不要開出好的條件，但是日本他會覺得他的條件已

經最好了，不能再開了，可是中國硬再從毛巾擠出一滴水，最大的讓步就是從頭到尾經費都中國出，然後而且不需要印尼政府擔保。

于：這個讓步聽起來……

施：很讚啊！每個國家都嘛希望開這麼好的條件，錢都是你中國出，而且不用我政府擔保，所以當然中國就拿到了啊！

于：嗯嗯，這個背後的經濟效益是不是很大啊？不然為什麼願意……

施：後續經濟效益不大，涉及到中國跟日本的意氣之爭啦！

于：喔，我一定要贏。

施：對，現在要搶泰國，現在就到處去搶，現在我就是政府的水龍頭，打開捐輸，所有的風險都由政府來承擔這樣子。

于：好恐怖的殺價競爭，繼續再蔓延下去。

施：對，好再來是第三則就是 TTIP，那其實跟我們的 TPP 有點像。

于：大家也都會弄混，那這兩個差在哪裡啊？

施：一個太平洋，一個大西洋。

于：喔，地域不一樣，對不對？

施：對，那現在 TTIP 還沒開始真正的談，但已經有人在抗議了。那我那時候的新聞是十萬，今天看是十五萬，洪老師說他看到的是二十五萬。

于：那為什麼要抗議？

施：抗議，其實這個就涉及到這些的自由貿易協定，其實都會讓本地的某些的產業他會受到損傷啦！也就是說他肥到大公司大老闆，可是 Local 的、在地的，因為這樣子他會失去某種的競爭力，在成本上面，他一定會高於這些大公司而失去競爭力，所以他們會抗議的主要理由是在這個地方。當然，這跟第四則扣連的希拉蕊為什麼不支持，其實一模一樣的東西嘛，也就是說 TPP 感覺他會損及美國的某些的團體，勞工的利益，所以雖然都是民主黨，可是他就不支持。這個就變成某種的國際新聞，在這個地方。

于：好，今天的這個六則議題當中，其實很多都是跟這個經貿有關的，接下來要來深入講的這一則也是，就是呢這個十二國的部長會議已經在美國的亞特蘭大針對跨太平洋夥伴協定，也就是我們俗稱的 TPP 達成了基本

的協議，達成這個基本的協議有怎樣的一個意義性呢？或者是說這樣的經濟合作已經達到了一個新的里程碑了嗎？

施：我想可能要先跟聽眾解釋一下，因為你最近看新聞講說 TPP、TPP，TPP 還沒開始喔，他們是部長級會議，簽好了拿回去各自面對自己的立法機關，然後各國的立法機關要通過，然後這個才會生效日，所以現在都還是在談的階段，可是在談成的階段是什麼？已經震驚了，因為它橫跨整個全球經濟規模百分之四十。所以它這個是號稱是史上最大的一個經濟貿易協定，那總共參與的十二個國家，當然就是以美國為首啦！美國、加拿大、智利、墨西哥、祕魯、澳大利亞、紐西蘭、汶萊、馬來西亞、新加坡、越南跟日本，那剛好就是為什麼叫做太平洋？因為正好環繞了這十二個國家，那這十二個國家當然簽署了以後，對不對，幾個比較重要的一個關卡，其實一個藥品的專利權，還有汽車的關稅，還有所謂的乳製品，乳製品的開放這三個原本是三大障礙，可是這個三大障礙，後來也硬喬也喬出了一些案子出來了，那這樣子的一個情形其實後續的情形，我們請洪老師來來幫我們介紹。

于：洪老師，就是這三個之前三大難題一直僵持不下，這一次十二國的部長會議拖了幾天啊，三天啊！而且好像聽說是馬拉松式的談判終於拍板定案了。

洪：這樣每天都有壓力啦！談那麼久，總要帶一點點這個成效回家啊！

于：要帶一下這個算是績效帶回國。

洪：而且這個歐巴馬政府已經準備要卸任了，他希望在這一邊有些那個里程碑，然後接下來才能夠往我們剛剛的新聞 TTIP 下去講啊！那這是他的經濟戰略布局的幾個步驟，所以這一次一定要有一些成效，排除萬難。當然這個高標準、全面性企圖心很強的這個協定，往後的問題還很多啦！那上個禮拜星期一吧！美國時間啦！就公告了，就簽訂了，簽訂了以後就公告了，所以現在網路已經有中文的翻譯版。如果你去閱讀的話，你看裏頭三十個章節，那開始就告訴你說：欸，這個你要加入的時候前面簽的都要算，比如說我們臺灣加入 WTO，原先這些國家都加入 WTO 啊！所以 WTO 的這些一般的規則都要跟著，像當初像臺灣跟新加坡兩年

前接近 2013 年的 11 月 7 號，我們簽了 ASTEP，就是臺灣跟新加坡的經濟夥伴關係協定，那個在未來假設這個 TPP 簽成了，臺灣在第二輪也進去了，我們跟新加坡之間原先簽的都要算數，都要當作是你先前的，就是你加入的時候，前面你簽的通通都要算。那接下來問題就多囉，像你的貨貿在裡面，紡織品在裡面啊，還有一個原產地規則。所謂原產地規則，就是這個締約方跟非締約方是一刀兩切的喔，舉一個例子好了，臺灣有很多人在東南亞，比如越南這個投資，那你有一些原物料是從臺灣去的，那根據這個原產地規則，接下來在締約的時候，就會算你同不同意他是原產地，那一個比例啊！比如說過去我們有一些汽車，我們部分的關鍵零組件沒辦法自己生產，可是你要掛臺灣生產怎麼辦？那我們就縮縮縮，縮到最關鍵的不是我們生產的，其他我們生產的，其實某種程度也培養我們在地的相關的產業，所以這一張也很重要，就是這個原產地規則將對未來這種產業的重新佈局會有影響的。那接下來就是這個海關跟貿易便捷化，那邊境，比如說進出口的東西在這些締約國當中，還沒有釐清的時候先讓你過，為了讓你手續很方便，你簽一個備忘錄或是你簽一個你不是有別的什麼惡意的狀況會出現，如果出現你願意負責就可以了，讓他很快速；接下來就是食品安全，剛已經談到了動植物防疫檢疫，這個通通都在裡面。還有這個技術那個新的貿易障礙，還有貿易救濟，後來包括投資、服務業，我們一直談的貨貿之後的服貿，通通都來了，金融服務業也在裡面啊！還有商業人士短期的進入，我們有時候會卡一些人啊不能進來，簽了以後恐怕這個市場是完全開放的。

于：挖，這樣聽起來三天的談判，聽起來達成了很多一些基本的。

洪：應該是有一個大的平台可以去往前討論啦！那除了這個以外，還有電信呢，電信也在裡面，電子商務也都在裡面呢，以後透過電子商務什麼都可以在電子商務上運轉，其實某種程度對某一些中小型企業有研發的、有創新的，說不定也是個機會啦！後面的章節會談到，可是在電子商務上面，未來通通都是要一體化了，那政府的採購，剛剛談到有一則說在搶這個政府的這個採購，未來政府還可不可以用一種補貼的方式傾銷，補助你的國營企業去外面搶別人的標，這種方式造成不公平的貿易，恐

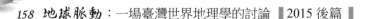

怕都會被排除啊！所以這種政府採購的這個市場的開放，以及禁止不公平競爭的事情也都會出現啊！所以他會有競爭政策的出現了，可是他還是鼓勵競爭的，不要忘記這種自由貿易協定，是努力的越有競爭力的，就越有飯吃，你閒閒沒事幹，你就是市場被人家搶走，所以他也有競爭政策啊！國營企業跟這個指定的這個獨佔企業那個商業活動等等，這些通通都有規範，那除了這個以外，在往前走的智慧財產，這個要特別講一遍，商標權，還有一個地理標示，英文叫做 Geographical indication，這個臺灣相對非常陌生，這一次也寫在裡面，其實這個原來是歐洲人比較喜歡的啦！最早、最早其實法國人最喜歡啦！如果有在喝法國酒的，你拿出法國出產的紅酒，它會有一個標示，它標示著法國產的，那法國產的紅酒呢，它就告訴你說這是源自法國哪一個葡萄酒的產區，那這個葡萄酒的產區呢，它的這個種植面積是多少？它的收穫量是多少？它是哪一年的？它的樹種是什麼？它的製造過程是哪一種？通通寫在裡面。要寫得這麼清楚，法國人他們、甚至於葡萄酒以及法餐，當作是他們的聯合國的襲產之一去申請了，也通過了，這是了不起的，他告訴你說不能相信別國人，尤其是英國人不能相信，要相信法國人，因為他們英國餐跟英國酒都不好喝、不好吃，連吃飯跟喝酒都不會的民族不要相信，這是法國人講的。出現這個 GI 就是 Geographical indication，叫地理標示，這一次都寫在智慧財產權裡面，所以臺灣會出現說廠商去國外生產，比如說到中國大陸生產，Made in China，回來以後把它剪掉然後貼一個 Made in Taiwan，這不只是詐欺行為，這是很嚴重、很嚴重的詐欺行為，啊為什麼？因為這地理標示是有價值的嘛，對不對？你再把它寫成 Made in Japan，臺灣民眾的習性，對藥品來講說不定更好，這個都要標示，未來在智慧財產權的部分商標的部分通通都是，連地理都是智慧財產權喔！

于：連地理。

洪：當然囉，打狗的米，對不對？斗六的或是那裡的文旦柚子咖啡。

施：到處都是池上米啦！就真的要池上鄉的才能叫池上米。

洪：有喝咖啡的朋友會知道這日曬的、這水洗的，你要不要試？這是地理認

證，衣索比亞日曬、西達摩水洗，這些都會在一些未來的相關的貿易的細則上面會出現，所以這是很重要的。就是其實我們應該要開始學習的國際貿易的這個內涵，以及整個地球表面上的人或資訊各種的這個流通，它是越來越精準越來越細的，而且希望去支持有能力，而且願意努力去爭取的人，這是一個鼓勵，應該某種程度也是正向的啦！

于：等於說透過一個這樣的協商的方式，讓很多國際上貿易的方式運作都把它明文化，然後把它規則化。

洪：對啊！就是這十二國就當成一個的遞出石，接下來我們可以繼續往前談，就是臺灣到底要幹什麼？它到底有哪些章節這樣？

于：嗯嗯，那這也有利，就是後續如果有其他國家要來考慮的話，其實都可以有一些。

洪：我簡單的講，就過去中國是關起來的，所以臺灣是好像全球一個世界唯一自由華人的身分，當然還有香港啦！新加坡啦！新加坡不一定全部是，那我們也經過幾十年的發展了，那中國的市場起來以後，中國開放了以後，其實臺灣面臨你要轉型，如果我們能夠很順利的加入現在在談的 TPP，我們自己也要往前推了，我們就跟先進社會、先進國家的狀況是比較接近的，這未嘗不是一個正面的事情啊！

于：剛才洪老師有提到，其實這一些這個協商過後的一些章節或者是一些條文喔，好像在網路上現在都已經有中文版的翻譯了，如果對這樣的一個跨國貿易的協商有興趣的朋友，或許呢，你上網能搜尋一下，能了解一下這個全球的自由貿易，目前呢，他這個談判還有進行到怎麼樣的一個規範。好啦，現場時間是下午的兩點四十六分，先來聽一首歌，歌聲過後再跟大家一起來分享上周的國際大事。

(音樂)

于：現場時間是下午的兩點五十分，午後陽光第二階段，我是于庭，今天星期二節目後半段呢，是我們《地球脈動》單元，邀請到高師大地理系的洪富峰老師以及施雅軒老師來節目當中，跟大家聊聊國際大事。剛才喔

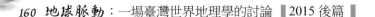

跟大家講這個跨太平洋夥伴協定的這個基本協議呢，已經在十二國的部長級會議當中呢，達成了一個基本的共識喔。那這個協議的內容非常、非常的多，而且呢，這算是環太平洋地區各個國家都在關注的一個自由貿易的協議，所以呢，這個重視的程度真的是非常的重要。接下來好像施老師要來幫我們講一下，到底這個 TPP 協議通過之後，對於如果臺灣要來加入有什麼樣的影響呢？

施：萬一假如加入的話啦！這個還是個問號啦！那假如有進去的話，我們舉一個小例子好了，比如說今天我要從事口紅生產，叫做阿軒牌口紅，強調本土原料，用本土的人士，然後所有的機械業務櫃姐全都是臺灣人，那我會有一個產業叫阿軒牌嘛，一隻賣兩百塊，對不對？低價競爭嘛，對不對？那個 CHANEL 啊，還是那個 SHISEIDO，動輒都五、六百，我多有競爭力，我只是舉例喔，不是真的這個價錢喔！然後臺灣加入 TPP 以後，對不對？

于：兩百塊的阿軒牌口紅會怎樣？

施：對，會怎樣？那現在就會 CHANEL，對不對，跟那個 SHISEIDO 推出同樣競爭價兩百元的口紅，那請問現在遇到一個情形，假如各位聽眾你要買阿軒牌口紅，還是要買 SHISEIDO 跟 CHANEL，這兩種一種就是我當然買那個什麼兩百塊名牌的 SHISEIDO 跟 CHANEL 啊！可是另外一個就是現在政府跟你講的，那你阿軒牌口紅也可以去法國巴黎賣啊！你也可以去日本東京賣啊！現在立場那就看各位聽眾，你會覺得你的立場是在哪邊？這就是 TPP 在整個爭議的過程裡面，從這個例子可以看的出來。

于：其實這個自由貿易區的通過，從一方面來看，有可能是對於本土產業造成傷害，但是從另外一個方面來看的話，也有可能是加速本土產業，你要自己要成長茁壯，要來接受全球其他消費者的檢驗，是不是這樣？

洪：對啊！如果阿軒牌賣一百五，欸，不錯，一百五還有賺頭還有利潤，那還可以繼續維持下去，等它賺回來利潤再來改善品質。說不定有一天阿軒就取代 SHISEIDO 了。

于：（笑聲）

洪：對啊！這個就是成功故事啊不是就這樣發展嗎？那我們再往前講，除了

這個以外，其實像勞工它保障，環境這點是很重要的，現在對於地球這個環境，我們這個節目叫做《地球脈動》，環境的保育是重要的。在經濟發展的時候，各自的環境也要保護的，合作與能力的建構這是當中的部分，競爭力企業促進發展。還有一個中小企業，他要組織一個中小企業的設置委員會，設置一個中小企業委員會來定期去提出一些報告，來幫助中小企業，最後呢，大概就是法規的調和啦！透明度啦！連反貪腐都寫在裡面了。

于：喔，反貪腐。

洪：反貪腐都寫在裡面，如果你這個國家當中包括，現在其實貪腐不會只有政府的人物而已，貪腐當中還有包括企業的菁英，你挖了公司，你掏空了。

于：是內線交易嗎？

洪：內線交易等等這些都跟貪腐是相關的，只是它是企業的層次，像管理制度啊！爭端的解決啊！以及例外，有些產業項目沒有放在裡面，這個源自 GATT 1994 年的案例的一個規範，最終有一個最終條款，就是你進來之後，第一張是你要怎麼進來，最後有一個你也可以退出啊！你退出要經過什麼樣的規範。所以其實這個 TPP 就是你要申請，有一天你覺得不玩了，你也可以出去，所以整個看起來是一個很完整，涵蓋面真的很全面的一個貿易條款。

于：那這樣一個貿易條款，這樣算是要開始實踐了嗎？還是說各國……

洪：還要各自回去談啦！可是你也看的出來說，這個是嘗試在 WTO 不太能夠成功，所以臺灣也是啊！我們也是加入 WTO 啊！但是好像效果不大。

于：對啊！之前小時候都一直聽說。

洪：因為它一直卡住嘛，後面的談判的過程卡住，TPP 會不會步上這個 WTO 的後塵，在後面的談判或是內部一直卡在那邊？這個都是有可能的啦！這些變數都存在，不過整個 TPP 今天所展現了這個條款當中顯現一個狀況，就是在國際的地球脈動的狀況下，要出去跟人家競爭要有兩把刷子啦！你不能完全靠保護了，你不能完全靠政府在背後面幫助你了，你要真的是真槍實彈有實力培養自己，那這個就變成區域的動員了啦！各個

層次了，教育啦！產業啦！環境啦！牽扯的層次這麼廣泛。

于：對，很多這個老師剛剛幫我們提到這個簽訂的項目，或是協約當中的項目，很多都不是我們會想像到的。

洪：我們談的都比較少部分，以政治狀況來講，就是現在執政的已經在了表示歡迎啊！都很有信心想要去談啊！可是阿軒牌的口紅能夠賣得好。

施：阿軒牌的樁腳會叫立委不要去。

洪：這個問題會出現啊！這個將是對未來簽這個合約的，或是進入一些談判過程要解決的課題啊！

于：在這個全球的經濟脈動上，全球化的階段的確各個國家都要做出努力，或是各個產業各個企業，都要想盡辦法來。

洪：而且連電子商務都在裡面喔，這個是已經往前跨了，在物連網的時代，它已經開始注意到這些現象，必須要訂定一些條約來規範。

于：是，好的，今天的節目當中，跟大家聊了很多跟這個算是區域的整合經濟的合作，那接下來呢，洪老師這邊是不是要來聊一下，好像說美國《華爾街日報》報導說中國、臺灣、俄羅斯以及巴西，最近都在做一個動作就是拋售美國國債，而且是還蠻大動作的喔，係按捺欵安奈（怎麼會這樣）？

洪：如果就我個人粗淺的理解啦！應該其實就是舊債換新債而已啦！本來葉倫不是要升息嗎？升息後有些舊債時間到，我就換你新債利息比較高的啊！那你沒有升息，我就暫時不買了。那葉倫說可能三個月以後再看看嗎？那我就先等一下，等三個月以後你會不會再升息，我再買啊！其實這個短期的比例都不是特別高，但是有特別去報導它，所以我們把它當作一個事件來看看，原先施老師再舉這一則中國被放進去這個美國國債的討論的議題當中，好像被陷害的感受，那我的想法是說不定不是被陷害啦！是被提出來說臺灣還是一個咖，在國際的這個美國國債上面雖然我們占的比例其實很少啦！

于：但是我們還是有自己的地位。

洪：對，所以我們不應該自我貶低、妄自菲薄，我們是有一定實力的。

于：是，我們也要透過這個節目最終要來結尾，鼓勵我們全臺灣的所有的產

業。

洪：對。尤其我們所有的聽眾要去看看裏頭是些什麼，不要怕。

于：是，好，今天因為時間的關係，所以要跟兩位老師說掰掰了，預約下周
　　繼續空中見，老師掰掰。

洪：好，掰掰。

施：好，再見！

(End)

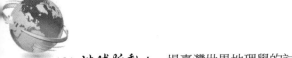

第 42 集

104.10.20

〈全球化的時代帶您掌握國際時事 關心全球動態 歡迎收聽地球脈動〉

片頭：聽眾朋友您好，歡迎收聽 10 月 20 號的《地球脈動》。單元一開始帶
　　　大家來關心一下上周的國際大事：

　　　美澳波士頓部長會議上，美國防部長堅持南海航行與飛行權
　　　日本沖繩縣知事撤消美軍邊野古地區基地施工許可
　　　美國、日本、印度三國在印度洋孟加拉灣舉行聯合軍事演習
　　　第七十屆聯合國大會選出埃及、日本、塞內加爾、烏克蘭、烏拉圭五
　　　　國為新的安理會非常任理事國
　　　經濟部「推動我國加入 TPP 之影響評估報告」推估臺灣所受影響
　　　美國威斯康辛陪審團裁決蘋果手機侵權，需面臨八點六億美元罰款

　　　稍待一會兒節目當中跟大家來關心這些國際大事的最新動態。

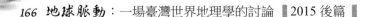

于庭（以下簡稱于）：好的，現場時間是下午兩點三十二分，午後陽光第二
階段，我是于庭。今天是 10 月 20 號星期二，節目後
半段一樣呢，邀請到的是高師大地理系的洪富峰老師
以及施雅軒老師來節目當中，跟大家聊聊上週的國際
大事，那一樣呢，先請兩位老師跟大家問聲午安喔。

施雅軒（以下簡稱施）：大家好。

洪富峰（以下簡稱洪）：主持人好，各位聽眾大家好。

于：好，兩位老師非常有默契喔，這個異口同聲一起問好。好啦！接下來就
要切進今天的主題，跟大家來聊一下上週的幾則比較重要的國際大事，
那一樣的是請施老師會就前面的幾則訊息，來幫我們做一下粗略的提要
喔。

施：好，第一則南海風雲繼續上演喔。

于：都不知道 Part 幾了？

施：對，不知道 Part 幾了？那節目已經近尾聲了喔！那個國防部長堅持南海
的航行跟飛行權，也就是說！我天上飛的、我下面走的！都不受你十二
海里的限制，現在就是卡在說一般我們認為說島礁十二海里在該國的主
權嘛，可是美國不承認中華人民共和國造的那個人工礁是邊緣礁，不算
數，那中國說算數，好，那美國就說那我走一遍給你看，我說他不算
數。

于：什麼叫我走一遍給你看？

施：美國說不算數，對不對？所以他就直接開進那十二海里，證明你說的不
算數，所以現在為什麼叫南海風雲？那假如中國你要證明你算數，人家
入侵你的十二海里的時候，那你要不要回擊？你不回擊又會被罵得臭
頭，那你回擊的話，你就會挑起這個南海的緊張關係。

洪：G2 大戰。

于：挖，這次就是來硬的就對了。

施：對，美國這次真的是來硬的，吃了秤砣鐵了心了，不玩不行了。

于：所以這個接下去南海風雲可能有另外的這個。

施：這個已經喊了一個多禮拜了，那我們再繼續看下去這樣子。

于：好。

施：那再來第二則，這個是很勁爆啦！也就是說，邊野古的基地因為是要填海，所以它需要有那個縣政府的一個許可，結果縣政府就把你 Delete 掉，說取消掉了，你不能施工了，因為他們反對他們還到邊野古這邊來嘛，但是邊野古這邊要填海造陸，他需要有施工許可嗎？縣政府這邊就說我取消你的施工許可，你就不能蓋了，那就尷尬啦！

于：那美軍怎麼辦呢？

施：所以這個新聞就是尷尬在這個地方，那現在就變成東京的政府跟琉球的政府，他們彼此之間開始鬥法了，這以後會涉及到美軍的一個利益問題，然後再來就是美國日本跟印度在印度洋舉行聯合軍事演習，這個其實也是我們之前講回應現在二十一世紀的某種地球脈動的新形態，因為印度跟中國不是之前有說不是打算在 RECP 要對抗 TPP 嗎？

于：沒錯。

施：結果經濟跟中國手拉手，然後政治跟美國日本手拉手，說要打中國，那怪了，到底印度要打中國，還是要跟中國手拉手？

于：所以說現在的國際情勢沒有永遠的朋友，也沒有永遠的朋友。

施：不是，以前是沒有永遠的朋友，永遠的敵人，現在是左手是朋友，右手是敵人，你同樣一個人感覺就人格分裂。

洪：明天換個方向，左右手又改變了。

施：對啊！就同一隻手兩支手。

洪：整體來講，當然是正面做前面，背面左右是固定的。

施：對，因為是大腦控制嘛！

洪：可是先往你的左手邊跟伸往你的右手邊，方向是可以改變的。

于：好，所以還會在繼續這個演變下去。

施：對那第四個聯合國大會選出這個新的安理會的非常任理事國，這是可以票選的，但是他們是沒有否決權的，一個等於說老大輪流做，但是要投票，唯一的限制就是不能連任而已，等於說那個位置讓大家輪流，那今年選出來這個，你就會發現親美派還是佔大多數，那這個以後也會左右

　　聯合國的遊戲規則。

于：對於他們決議的最後結果也會有影響。OK，接下來就是延續上周我們聊到這個國際間要簽這個經濟的合約，或是經濟上的一些共同的措施，上周有跟大家來聊這個 TPP，那麼經濟部提出了推動我國加入 TPP 之影響評估報告，這個評估報告裡面寫什麼呢？就是說，如果他們來預測一下，就是說，如果我們加入 TPP 之後呢，對於臺灣的某一些產業會有負面的影響，但是有些產業會有正面的影響，那至於這個評估報告裡面比較詳細的細節呢，我們就請施老師是不是來幫我們講一下？

施：好，那我們很快的講一下喔，這是立委在經濟委員會質詢的時候，那經濟部所提供的消息資料，那這裡面各部門產值影響大概會分成五個部門，我大概唸一下，會唯一變動幅度比較大就是農產跟其加工業，負七點三。

于：加入可能對一些產業有重大影響衝擊，農業跟加工業。

施：然後煤、原油天然氣礦產是正的一點零。

于：正的 1.0。

施：製造業是正的 2.1，水電燃氣是 2.5，服務業是 2.2，那你會發現加加減減在經濟部的眼光裡面，我們加入 TPP 整個變的幅度是正的 1.9。那這個其實也是經濟數據為什麼很容易說服人家，就是告訴你有人得利、有人失利，可是整個臺灣的社會在經濟部的預估，是可以正 1.9 的。

于：就是 Over ALL，我們來看真的加入 TPP 的話，對臺灣的整體經濟來說是加分的。

施：對，但是現在我們可以證實農產跟加工業一定是受傷的。

于：那這樣怎麼辦呢？

施：那現在就是看洪老師的解讀。

洪：我可以解讀嗎？

施：你當然可以解讀啦！你專家耶！

于：是，洪老師，我看了一下這個所有產業裡面真的加入 TPP 的話，受影響的只有農產跟加工業，其他的行業都是正的，都是加分的，覺得這樣的評估報告，可以說服大家嗎？

洪：這份報告其實是，如果就我手邊有的，其實是兩年前的。

于：兩年前的？

洪：是 2013 年的 10 月份做完的，那最近這個在立法院裏頭的官員跟立委的答詢的資料，看起來大概也是那份報告的某一些圖板的節錄，那這個過去兩年這個資料要不要再 Update，有沒有 Update 的需要，我想是有的，是值得考慮的，是應該要做的啦！那農業通常像臺灣這種農業的時代走過到工業，甚至已經到這個後工業，幾乎是這樣有概念的時代，農業都是被犧牲的啦！我們過去用農業培養工業啊！用工業來扶植農業，後面那句話是要騙農民同意的用語啊！就比如說，最近如果臺灣加入這個 TPP，如果第二輪我們真的要進去是很重要的，可是行政院長答覆的時候，還說美國豬是不可以進來的啊！那我們可能最大的支柱是要美國啊！美國如果不同意，那其他的十一國就不用講了。那如果美國豬不能進來，那談判怎麼談呢？這第一個難題連行政院院長都沒有辦法處理啊！所以怎麼會進呢？所以預測未來一定會有一個美國豬跟臺灣豬的大戰。

于：是，這個就是對於農業的衝擊。

洪：對，因為美國豬為什麼，也許會看到一些報導說因為萊克多巴胺的關係，這是一種蛋白質的禁忌嘛，也就是以前俗稱的瘦肉精。

于：打下去肉會比較好吃，對不對？

洪：對，有些報告說你一千公斤的飼料添加了二十個 PPM，那你的蛋白質會增加百分之二十四，就瘦肉會增加，脂肪會抑制，所以你賣的價錢會比較高啊！那至於它會不會影響吃了以後的人，多少劑量其實是有爭議的，所以有些嚴格的國家就不同意，像歐盟就拒絕，可是不要忘記喔，在這十二個 TPP 現在第一輪談判的這個發起的十二個國家，其實包含美國、包含加拿大、包含澳洲、包括還有越南，其實他們都同意使用這個萊克多巴胺的這個添加劑在飼料當中去養豬啊！

于：各國的這個接受程度是不一樣的。

洪：是不一樣，所以我們如果未來這一項不是只有美國而已，其他別的國家跟我們也會有一些衝突啊！所以未來政府或是相關的部門，在談判要進

入 TPP 的時候，如果剛剛講的都這麼好，那就來補貼啦！那農業的補貼到底要補貼到多少？所以這是一個問題出現，就是整體來講，如果加入 TPP 對臺灣是有利的，農業是不好的，製造業是好的，商業是好的，其他行業通通一併叫好，就只有農業不好，那問題看起來就相對簡單一點，相對唷，擔心的是怕是不只是農業不好而已，服務業的某些項目恐怕也在這個過程當中，是會受害的啊！因為這模式的推估通通都是模式，他把農業啊！製造業啊！把服務業啊！把能源等，分項去做推估，那當中的如果一百零八家這樣的行業，當中有高階一點的，競爭力強一點的，他說不定是受益的，比較後面在追趕的中等的，他說不定是受害的。所以同個行業當中，說不定有人受害，有人是受益，而且要區域地理空間的差別啊！簡單的講是縣市啊！有些縣市是得利的，有些縣市是受害的，這個細節都還沒有談喔，所以我認為未來這一個推估模式的數字看起來是正面的，可是哪一個行業的部分或是行業當中的某一個部分？政府或是說相關的單位要做的力道，恐怕還很大。

于：喔喔，其實這樣的一個新聞跟大家來分享喔，也是可以呼籲我們的聽眾朋友，不管呢，你對於加入 TPP 抱持的是什麼樣的立場，都其實歡迎大家去了解一下跟 TPP 有關的一些相關的資訊，不管是我們上周提到的這個一些模式的提出，甚至是像今天講到的經濟部推出這一個影響評估報告，都值得大家來分析一下，可以參考各方的意見，最後呢，在心中自己去下一個定論，但是透過這樣的一個資訊，也反映了好像我們在臺灣的這個小島當中呢，農業以及加工業可能是走到比較困境的階段。

洪：是這樣講，但還是要跟科技結合，我們剛剛講說美國豬跟臺灣豬的大戰，所以舞台上的這個豬八戒。可是你知道嗎？這個其實在科技，現在我們有時候在講器官移植，那人類年紀越來越大，老人比率越來越高，那希望你的生活品質好一點，所以過去的器官移植呢，就還要等待，等待捐贈者，那甚至用人造的，人造的心臟、人造的膝關節等。那現在有一種科技在講說，動物的身上去放那個可能的器官，然後豬就是被拿來最近是重點，因為豬跟人體重比較接近，那家當中都有一頭豬啊！用中文字來講，所以用這種方式，說不定豬八戒這種演戲的方式可以改變

啦！不見得只是擔任養豬。臺灣就我知道，之前施老師還問說到底有多
少養豬戶，我的印象如果沒有記錯，應該差不多有八千戶吧！

于：整個臺灣嗎？

洪：以前整個高雄高屏溪附近很多養豬戶啊！後來因為口蹄疫的關係，後來
　　政府把這個水源區的部分做了一些補貼，所以數量減少了，那整個臺灣
　　據說還有八千戶左右。當然這部分的農民他們的辛苦、他們的產業，政
　　府是有責任要去保護的，可是在思考產業政策上面，能不能有一個想
　　像，那個想像說不是只有單一的，當然你要輔導轉型是非常、非常困難
　　的，這個應該是憑良心講的一件事情，比如說你轉業，那他明天就可以
　　換轉業，養豬的明天就可以來電台主持節目，這困難度很高吧！所以在
　　這個過程當中，應該要有一個比較中長期，我想政府的很多部門是有的
　　啦！可是能不能在這個談之前，就開始前一步的動作就要出現？

于：喔喔，就是比較這個長期的規劃。

洪：所以我不認為應該只是，我相信立委的資料也是從各部會去蒐集來的，
　　那拿到了，就變成是一個質詢台上的訊息，就變成新聞，好像大家只在
　　這裡而已，其實是太浮面了，應該更仔細的去探討，比如說連行政院長
　　都說要把美國的這個萊克多巴胺的豬肉屏除在我們的進口項目之內的，
　　那你有什麼方法可以做？不是我反對而已啊！你怎麼做？

于：要提出一個比較有建樹的。

洪：是啊！我相信那個部長或是院長，在用日本人的說法叫做大臣啦！還有
　　什麼、什麼省的大臣，大臣有個意思啊！解決問題的人。如果我們的大
　　臣，我們的部長院長，在行政院的場合只是告訴我們說問題在哪裡，然
　　後怎麼解決？我也不知道，那他就來跟我跟施老師一樣，在這邊談就好
　　了啊！他站在那個位置，就要提一個怎麼辦，現在好像全臺灣都認為都
　　應該要加入這個 TPP 啊！是我們未來的活路之一啊！那怎麼辦？比如
　　說，臺灣豬跟美國豬的大戰怎麼辦？不要弄到最後大家都變成豬八戒，
　　照鏡子裡外不是人，所以這個部分是應該要更仔細去處理的啦！

于：是，就是根據這些評估報告，有一些中長期的因應措施，或者是有一些
　　改革也趕快來提出來。

洪：還不止這個呢，上次施老師在節目談到這一次的全面性的 TPP 高標準項
　　目那麼多，我們上次念了公布的幾十張，電信的電子商務、政府採購、
　　中小企業等等，不是只有豬八戒而已。

于：是，好，但是在這一個民意的時代，如果收音機旁的朋友對這樣的議題
　　是有研究的話，你也可以提出你的意見，反映給政府單位來知道。好
　　的，不管這個議題會怎麼延續下去，都希望大家生長在一個充滿希望的
　　城市，來欣賞一首張信哲的歌聲，接下來再跟兩位老師聊天喔。

（音樂）

于：現場時間是下午的兩點五十二分，午後陽光第二階段，我是于庭，星期
　　二節目後半段呢，我們《地球脈動》單元一樣跟高師大地理系的洪富峰
　　老師以及施雅軒老師呢，聊聊上周的國際大事。接下來呢，跟大家來分
　　享來討論的這則議題喔，就是呢，知名的手機蘋果手機喔，目前被控侵
　　權，告他的人是美國的一所大學。，通常呢，我們聽到這種科技業的互
　　相告來告去，告這個專利侵不侵權的問題，好像都是廠商跟廠商之間，
　　大家已經非常習慣了，欸，但是這次這個要告人的是大學耶，為什麼會
　　是大學來出聲呢？

施：因為我現在是大學老師，我自然就會聯想說這大學缺錢，所以告人告贏
　　了直接。

洪：成大 Siri 也去告啊！

施：對啊！所以假如我告贏了，那我就賺到了，因為這一次目前那個陪審團
　　賠出來是八點六億美元，折合臺幣是兩百八十億，假如有告成的話啦！
　　蘋果就要賠這麼多的錢，這樣。不過這涉及到他的專利權，其實是有一
　　些時間上面的一個問題，這樣。

于：時間上的問題，就是說這個專利其實有一點點久的，是一九九幾年的。

洪：有幾項是一九八八年，也就是二十七年了。

于：為什麼這麼久了才……

洪：還是我的專利，你給我用了，你沒有跟我知會一聲你就拿去用了，本來

就請你給我們一點捐贈就好，那如果你不給捐贈要興訟，那我就請律師跟你募款。

于：那這樣意思是私底下沒有喬好嗎？是不是？

洪：當然這一種情節有一點想像啦！不過我記得我們成大也有去告過蘋果啊！就是聲紋辨識那個 Siri，當然去告啊！你用成大基金會在美國聘請律師，據說要花一百萬美金喔，所以投資很少啊！如果能賠個幾百億回來，那是穩賺不賠的，所以沒有錯，大學都欠錢，那企業會不會這樣就好啊！給你錢和解也不一定？因為這個案子還可以再上訴，所以後續還有待觀察，不過到底專利權應該給多久這是個議題。

于：多久的意思是說……

洪：像我們前面講 TPP，比如說那個藥品發明出來，你有多久的專利權？如果這個知識本身其實也不是只有你有，你也用了別人很多的概念，那你要不要付給他們專利權？那當然在現在的經濟制度裏頭有專利權的保護，就是鼓勵你去做研發，產生新的產品、新的想法等等，來促進人類社會的生活品質，抑制各種的疾病，這是對的，可是你時間到底要多長？這是需要非常非常縝密的去考慮，給長了，好像就會停在這裡，給了，太短了，沒有誘因，沒有人願意去做這個研發。

于：其實在這個科技的發展，好像是科技行業越來越興盛，或是像數位產業越來越興盛，這個專利或者是版權的問題，目前是大家很常來討論。

洪：對，可是大咖才會影響讓大家去告你啊！蘋果是因為大概是全球最有錢的公司之一啦！你手上抱了幾千億美金不知道做什麼，所以大學就等著你捐點錢吧！弄到我的晶片拿個幾億美金來吧！

于：來賠錢就對了。

洪：當然講這樣子比較講得通啦！所以就告你啊！只要有一點點瓜葛的，去告你很正常的，說不定都有這個專利權的律師在幫忙打這種官司，你們有沒有被他用到的啊！我來幫你們打官司。

于：欸（驚訝音）。

洪：然後百分之五十五十拆帳，律師也是有這樣子的啊！當然不見得只是這種大型的跨國公司啦！科技公司啦！也有一些一般的事物，在美國也是

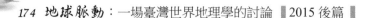

這樣子的啊！律師就來找你了啊！你在餐廳門口跌倒我興訟，如果我告輸了呢，你都不用出費用，告贏了，再看費用多少我們互拆這樣。

于：喔，這樣算是新興的。

洪：不是新興，在自有美國以來就這樣子了，就有律師這個行業做這個事情。

施：所以不是笑話說，牙醫，都不要跟牙醫講他是律師這樣子。

于：好，這個是笑話啦！

洪：不過事實上是這樣，所以美國是一個到處都是律師啊！而且有時候費用很貴的，因為你隨時準備要有人告你。

于：好，不過今天這個議題也是要呼籲這個各個朋友，如果在這個做科技業，或是做這個算是在創作的朋友們，要注意你們的智慧財產權，還有你們的專利權，千萬不要惹上這種官司，因為惹上官司，你就會很麻煩。好的，因為時間的關係所以呢，在這邊要先跟兩位老師說掰掰囉，那我們也預約下周空中見。

洪：再見。

施：好，掰掰！

(End)

第 43 集

104.10.27

〈全球化的時代帶您掌握國際時事 關心全球動態 歡迎收聽地球脈動〉

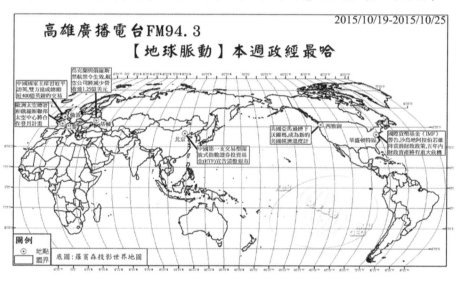

片頭：聽眾朋友您好，歡迎收聽 10 月 27 號的《地球脈動》。單元一開始帶大家來關心一下上周的國際大事：

烏克蘭與俄羅斯禁航禁令生效，航空公司將減少營收將達一億二千五百萬美元

歐洲太空總署和俄羅斯聯邦太空中心將攜手合作登月計畫

國際貨幣基金（IMF）警告，沙烏地阿拉伯若維持當前財政政策，五年內財政資產將有重大危機

中國第一支交易型開放式指數證券投資基金（ETF）宣告清盤退市

美國亞馬遜擠下沃爾瑪，成為新的美國經濟溫度計

中國國家主席習近平訪英，雙方共達成總額近四百億英鎊（約臺幣二兆元）的交易

稍待一會兒節目當中跟大家來關心這些國際大事的最新動態。

于庭（以下簡稱于）：好的，現場時間是下午的兩點三十二分，午後陽光第
二階段，我是于庭。今天星期二《地球脈動》單元呢
當中，邀請到高師大地理系的洪富峰老師以及施雅軒
老師來節目裡，跟大家聊聊上週的國際大事。那一樣
呢，剛才于庭節目開頭的時候，幫大家就上周有六則
蠻重要的國際上的動態一個情勢喔，跟大家做了一下
提要，那我們一樣先請這個兩位老師跟大家問聲午安
囉。

施雅軒（以下簡稱施）：大家午安。

洪富峰（以下簡稱洪）：大家午安。

于：于庭剛剛忘記打開老師們的麥克風，很重要，才可以讓這個聽眾朋友們
聽到老師的聲音，好，那接下來是不是一樣先請施老師就前面的四則
呢，來幫我們做一下簡單的提要？

施：那烏克蘭跟俄羅斯的問題，烏克蘭為了懲罰俄羅斯併吞他們克里米亞，
所以這一周就要開始斷絕他們的飛航。

于：就是所有的飛機。

施：不能來了，那俄羅斯就說，那你飛機也不能來，所以從此他們，其實烏
克蘭和俄羅斯一年差不多有一百萬人的，所以這一百萬的往來就不能坐
飛機了，所以俄羅斯會覺得簡直是愚蠢，就等於是一億兩千五百萬美元
的生意啊！就這樣子被卡掉了，那當然另外一個烏克蘭跟俄羅斯交惡，
可是俄羅斯跟歐洲的太空總署更友好了，他們打算五年內要成立所謂的
登月計畫。

于：就是地球上搶不夠，我們要去外太空。

施：然後我們聯合，因為俄羅斯在早期的二十世紀 60 年代、70 年代探月計畫
相當的成功，但後來大家都不走這個了，所以現在要回頭了，當然那個
歐洲太空總署跟俄羅斯，就商量合作五年內要登入月球，打造人類的殖
民地這樣。那第三則 IMF 警告沙烏地阿拉伯，如果維持當今的財政，五
年內可能有重大危機，那這個講起來好像很平淡無奇，重點就是你要是

一直讓石油不提高價錢的話，沙烏地阿拉伯財政會倒。

于：喔，這其實也是跟我們有關係，對不對？

施：當然有關係，因為我們都一直覺得說之前這個節目一直在談說，美國一直想要維持低油價然後拖垮俄羅斯嘛，那現在不只把俄羅斯拖垮了，沙烏地阿拉伯也把他拖垮了，所以有一則新聞沒放進來，沙烏地阿拉伯八位王子要逼宮，現在這個國王要下台，那為什麼？因為現在的國王也支持低油價，那因為這個低油價導致阿拉伯財政困難，那你這個國王不是做假的嗎？可是現在這個國王不得不，因為他要聽美國老大哥的話啊！所以要是那個逼宮逼成功的話，對不對？換了一個新的國王，一定是支持要提升油價的，那全國的油價就會開始，OPEC 就會開始調整他的成本，所以這是各位聽眾可能要注意的，你假如對油價有敏感的話，這個新聞你要觀察。那再來就是中國第一支交易行開放式指數投資基金，我們常講 ETF，ETF 其實就是基金啦！基金就是你繳一筆錢給銀行，然後銀行就幫你代操，有賺就大家賺，有賠就大家賠，結果這次 ETF 第一支，對不對，成立的規模是六點二三億人民幣，結果現在不到兩千萬，結果就清盤了，清盤就是好也不准贖回了，他就算一算剩多少錢，大家就分一分這樣子，那現在市值不到兩千萬了。

于：投資人應該臉都綠掉吧！

施：其實這個第一支也代表整個中國經濟的一個惡劣的一個程度，就是以前那時候在高檔的時候所投資的，到現在已經全部都萎縮起來了。

于：是，所以今天前面四則呢，其實講到蠻多是跟經濟有關係的。那接下來呢，要跟大家比較深入的來聊的這則議題喔，之前在節目當中有跟大家講過所謂的經濟溫度計，也就是從某一些產業他的營業額啊！或者是說他各年度的投資額，來換算一下這個產業代表某一個國家他的經濟發展，到底是到一個什麼樣的程度？據說呢，近期的美國溫度計要換人做做看了，原本是這個零售業沃爾碼是來做代表，現在換人囉，換成誰呢？換成這個亞馬遜。施老師，為什麼會有這種行業的轉換呢？

施：我也很訝異啊！因為我會覺得我沒事，我也想去逛街啊！我也想逛超市啊！那怎麼會變成 Amazon（亞馬遜）會爬上來呢？

于：對啊！而且超市不是很平民的嗎？大家都要那邊買東西的。

施：最近我突然有明確的感覺，因為就是沒時間啊！所以連逛超市的時間都沒有的時候，可是我就需要衛生紙啊！我家就需要礦泉水啊！所以唯一的辦法就是什麼，就網購嘛，那這其實也反映出人的一個新型態的出現了。

于：人的新的生活型態，就是大家寧可在家裡按按鍵盤，然後可能大熱天、下雨天不想出門，我按按鍵盤、按按滑鼠就有人幫我貨送到府，所以也導致這樣的行業越來越興盛，不曉得洪老師這邊怎麼看這一個新的行業興起了呢？

洪：這溫度計，那這溫度計不全代表說整個產業的狀況啦！像 Walmart 還是全世界最大的，2013 到 14 年，它的成長也有六點九接近七趴，那它的總營業額也五千多億，比這個今天談的 Amazon 多了七倍，它是它的七倍大，那 Amazon 做了八百多億，那所以相對來講呢，Walmart 還是比較大，那只不過呢，有個特別的就是年增率，Amazon 漲的比其他的零售業都要高，那美國有幾個季節是消費重要的季節，像現在就開始了。

于：對，萬聖節。

洪：然後接下來是 Thanksgiving，所謂的感恩節，之後又一個更大的，聖誕，就 Christmas，所以這個時候呢，占整個美國或是西方社會呢，非常重要的一個季節，就是零售業要快速增長，Amazon 看起來就是前景是看好的，根據去年的經驗它漲了百分之二十二點六，我們剛剛講的 Walmart 才漲了七趴。

于：挖，二十二點六耶！很厲害。

洪：在美國國內，那如果，這還是只講美國國內喔，如果你把全球的比例排上來，它其實是排第五的，在美國的百大當中排第五，它現在才排第九，你看它還有海外的，海外的部分占它比例百分之四十，所以算一下比如去 Amazon 買書啊，書就給你送過來了，這也很方便，所以這種沒有實體店面，像那個 Walmart 在美國五千一百零九個賣場，那在 Amazon 是沒有賣場的，那會有一個問題，沒有賣場怎麼做生意做那麼大？那誰都從網路上去買，你先想一想喔！我在講這個之前，我們先來談一個有趣

的數字，它在第五名，排在前面是 Walmart，還有 Costco，還有一個大家都很熟悉的臺灣，7-Eleven。

于：喔，超市。

洪：小七呢，在美國的排名才不過三十九，可是如果把全球全部加進來呢？它比 Amazon 還大，它變第四名，所以什麼意思呢？你會記得你 Amazon 買的東西，它幫你送到哪裡？

于：代收。

洪：代收在小七那裏啊！在所有的便利商店裡啊！全家等等都可以做這個生意啊！所以沒有實體店面，可是誰幫他做實體的店面？便利商店幫他做實體的啊！

于：最近的地方。

洪：便利商店也賺錢啊！所以這個 7-11 這個在美國本土很小的，在全球很大，在 2013 年全球已經有五萬家的店面了，營收超過 Amazon，所以它在幫它在實體的銷售點用另外一個，比如說你買書，Amazon 不一定有書局，它也沒有啊！它說可以買，它說很多書局要透過它賣書啊！所有的貨都在那個書局本身，那書店自己要去照顧，然後透過它的通路、它的行銷而已，所以它又可以把這個上游的庫存等等的費用抵銷掉，所以這種生意好像很好做。

于：老師們考慮要轉業嗎？

洪：你要注意喔，現在已經開始實驗用這個無人飛行機把東西送給你了，為什麼？因為它會被控告你送貨的人啊！天氣不好的時候、堵車的時候，送不到啊！那怎麼辦？走第三條路，從天空送給你，從一個點到那個點，以經實驗成功了喔，已經開始在做了喔。所以如果未來連這個都不用，它連這個被控告說它是剝削它的送貨人員的這個機會都沒有，就機器在送啊！說不定以後還有這個無人駕駛的車輛在路上跑來跑去，所以這個部分顯然會對未來的經濟活動，尤其是零售業造成很大的影響，也因為這樣子，現在拿來當作一個觀察的指標，因為光是去年它漲了百分之二十二點六啊！看今年會不會在這樣？因為 Shopping 的，血拼的季節現在就開始了，10 月份，所以有待觀察到年底的時候算算帳，看這一季

的表現如何。

于：嗯嗯，其實這個收音機旁的聽眾朋友呢，也可以來想一下你平常的消費習慣，有沒有逐漸被這種網路上的購物所取代呢？相信應該很多的朋友都漸漸有這樣的趨勢，比如說我們會上網買書啊！買衣服，甚至有一些小小的東西，比如說像是辦公小物，我們也會透過網路直接來購物喔，所以這樣的一個網路產業帶起來的一種新經濟，或許大家可以來關注一下。好的，現場時間是下午的兩點四十三分，來聽一首歌休息一下，待會歌聲過後呢，再跟老師聊聊天喔。

（音樂）

于：現場時間是下午的兩點四十六分，午後陽光第二階段，我是于庭。今天星期二《地球脈動》單元節目當中邀請到高師大地理系的洪富峰老師以及施雅軒老師來節目裡，跟大家聊聊上周的國際大事。接下來呢，跟大家聊的這個議題喔，相信你有在看這個國際新聞的朋友，應該都還蠻關注這樣的一則資訊吧！就是呢，習近平他到英國去走訪，這樣一走訪雙方達成了將近四百億英鎊的交易耶！我的天啊！這個習近平一訪英，兩個國家就有四百億英鎊，大約是兩兆元的這個合作案據說要來展開了，想問一下施老師，欸通常我們提到英國，不都覺得說他可能是跟美國比較屬於同一國的，怎麼現在好像要換邊靠攏了呢？

施：因為整個英國的經濟發展，最近的十年急速的下墜，那國家沒有錢，百姓也罵，要漲學生的學費，學生也罵，對不對？那總是我要有辦法嗎？當然想到說現在全世界最有錢的就是中國嘛，當然你要讓中國來灑錢，你要給他面子，那果然很給面子，女王的黃金馬車都借習大大坐，對不對，一出手就兩兆臺幣，一年的中華民國預算他五天就花完了啊！你看這麼讚，對不對？所以這個人家就會開始討論，那英國到底發生了怎麼樣的變化？會做這麼大？

于：最近英國是怎麼了？

洪：那個馬車也會變南瓜車。

于：老師非常的有想像力，想請問一下洪老師，英國以前我們好像都稱他日不落國，係安怎日不落國現在的局面是有點尷尬的要四處去靠攏大國了呢？

洪：他的製造業太弱了。

于：製造業太弱了？

洪：製造業就生產產品出來去輸出出口，賺外匯進來，那英國的製造業相對太弱，今天中國的鋼鐵製品都可以傾銷到英國，而變成是一個貿易問題，那如果以買東西來講，那個法國人賣給中國人的東西，還比英國人多呢！

于：喔，真的喔。

洪：對，不用講說德國和美國了，那有一個法國總統曾經這樣講，不可以信任英國人。

于：為什麼？

洪：因為英國的食物不好吃。所以習近平去了英國，只吃了炸薯條跟炸魚，薯條跟炸魚啊！那什麼英國食物可以拿來 Show 呢？沒有了，甚至連這個薯條跟炸魚，據說都不是英國人發明的，是比利時人發明的，所以英國食物不好吃的這個美名呢，就是這樣留著的。那其實英國想像的其實不是這個啦！這一次最主要的行程其實他們有思考，其實英國也有他的強項，英國的強項在哪裡呢？不要忘記喔，英國人其實在高端的工程技術，在科學研究上面，他還是很高端的，另外一個就是他的教育。現在在中國的留學生跑到英國留學，現在還有十五萬人，那觀光客大約也是這個數字，所以我相信英國的政府也在想這個數字能不能提升一點，觀光啦！各方面能再多一點，那對於高端的工程或研究跟教育能不能輸出到中國多一點？這樣能讓英國的經濟更活絡，因為他製造業不好，他連鋼鐵都輸人，怎麼辦？英國人也會哀嘆說，最近在打世界杯的橄欖球賽是英國人發明的啊！英國在初賽就被 Get out 了。以前網球也是他們發明的啊！很久沒有冠軍了啊！溫布頓拿了一個之後都是別人的了，對不對？英國的希望到最後都沒有希望了，前幾年希望達成了一次，現在又不行了，那足球也是一樣，英國人發明的，還有英超，可是英國隊在世

界杯好像表現都不特別裡想，所以黃金馬車喔，再坐多一點就真的會變南瓜啦！這個就是往下走嘛！

于：嗯嗯，可是像前幾年這個倫敦奧運，大家看這個開幕式閉幕式的時候，都會稱讚說英國的軟實力很堅強，是很多國家要來學習的，他們的文化、他們的歷史，這些沒有辦法來支撐他們的產業嗎？

洪：你看如果從 1600 年英國開始崛起，取代了西班牙變成海洋上的日不落國，這個歷史的光榮已經從二次世界大戰以後就結束了，美國取而代之，英國自己都受到戰爭的摧毀慢慢、慢慢的復甦，到了 70、80 年代，然後為了跟阿根廷打一仗，那個其實都是花錢的啦！那在這個過程裡頭，英國各方面的技術也好、外貿也好啊！有他的強項，他的強項不斷的流失當中。比如說現在講歐洲，他講歐盟大家會講德國，最近英國被 K 得很厲害，因為難民的事情，德國撐起來，德國內部也很多的問題，可是在國際上人家會認為，一般的評論會認為你不是歐洲的第一大國，因為你難民的問題你都收手，你沒有什麼樣的動作，哪像個領導者啊！

于：是，要做大國也要有那個領導的風範。

洪：這個施老師在這裡他經常會講這句話，出來混要還的，當老大要有當老大的樣子啊！那你是歐盟的一員，你甚至現在還在談說，要離開歐盟，我們自己獨立成為一個英國往日的榮光，那是沒辦法的啊！比如說在這一次中國和英國的協約當中，有關於一個核能電廠計畫中的投資，中國大約需要借錢給英國去做這個事情，那是法國人包去做的耶！因為法國核能的技術核能的使用率是很高的，所以呢，就看資料上面講說法國人標的工程，資金就跟中國借啊！因為英國也需要能源啊！

于：是，所以等於說雖然他們的科技剛好是強項，但在核能這一塊可能還是要。

洪：我一直認為世界上沒有一個國家可以主導所有的面向，說通通都你第一名，因為在全球化的時代，每一個國家、每一個社會區域都會有他的強項，那就靠著這個彼此之間互通有無，讓彼此的生活變得更好一點，這好像是基本概念，所以你人數不是特別多，然後你的發展又不是特別強，哪可能每個方向你通通都第一名呢？所以剛剛講的英國，好像看起

來是還有一定的能量，沒有錯，你如果去查一查，剛剛講說他能夠外銷的在國際評比上面的教育類，他第一名耶！我講的是教育喔，不是廣泛的教育，就是在教育研究，教育的專業，大學裡頭排名第一的是英國人呢！是英國的大學啊！所以英國你為什麼常常跑到各國去說，你們要留學英國啊！英國的文憑還算是有用的，是有這樣的一個背景，那其他的科員或者是高端的工程別人比他強沒有錯，可是他還是蠻進步的啊！即便是這樣，你如果說好，那你沒有往日的榮光就算了，偏不巧過去三、四百年來，他就是一個號稱日不落國的大帝國嘛，帝國主義就以他實現的最好啊！在上個世紀這樣，可是現在漸漸往下走了，而且國內這麼多的問題，剛剛講說學生漲這個學費，一漲是漲幾倍呢？學生當然就暴動啦！就在倫敦開始丟汽油彈啦！這個前一段時間發生的事情，前幾年這樣一路走來，所以表示這個帝國，本身還需要有一些治理的出路啦！那現在跟中國結合起來是最沒有壓力的，因為中國需要他啊！習近平需要黃金馬車啊！從過去需要磕頭倒過來的，對不對？這個情勢已轉，那另外一個事，我們前面談到的在歐洲大家會以為德國是老大或是法國，不會以為是英國呢？但在全球英國都要跟在美國的後面耶！雖然這一次好像他跟中國的關係，這超越了美國人的給的限制還是一定的框架，這是務實主義的一種表現，你也可以這樣講，可是就表示說他弱下來了。

于：那這樣美國不會……

施：這我舉一個例子，那個當時候中華人民共和國成立的時候，西方大國第一個承認的就是英國，也就是說，摒棄中華民國的第一炮開、第一槍就是英國啦！所以在美國的眼裡面已經是……

于：會見風轉舵的國家。

洪：很現實的，這也是他們的 Osborne，George Osborne 的什麼發展主義其實也是很現實啊！不過站在另外一個立場，每一個國家都有他自己要解決的問題，他只不過這一次用了過去帝國的榮光，來吸引在東亞的中國去投資或去協助他，兩邊都互助合作，互得其利而已。

于：所以在這個國際上的一些互動，還是站在就是讓自己的國家更加的富強、更加的有錢？

洪：中國拿這麼多錢出來一下子就兩兆新臺幣，他自己國內也有很多問題要
解決啊！

于：他也是透過這兩兆來搏一下嗎？以小搏大。

洪：這應該是一帶一路的另外一個延續啦！亞投行，所以人民幣跟英鎊之間
呢，透過這樣密切的互相投資再拉一把，所以這當然是美國不樂見的
啦！可是英國講說，那誰能夠出錢拉他一把他就支持誰，如果美國這次
能夠拿三兆、四兆，黃金馬車不只是黃金，加上白金。

施：給歐巴馬坐。

洪：加上鑽石。

于：好，這國際間的合作真的相當有趣喔，但站在一個現實主義的狀態，就
是大家希望透過合作呢，讓自己本國可以邁向富強的境界。好，今天因
為時間的關係，所以要在這個時候，下午的兩點五十七分，跟兩位老師
說掰掰囉，那我們也預約下週繼續空中見，謝謝兩位。

洪：再見。

施：掰掰！

(End)

第 44 集

104.11.03

〈全球化的時代帶您掌握國際時事 關心全球動態 歡迎收聽地球脈動〉

片頭：聽眾朋友您好，歡迎收聽 11 月 3 號的《地球脈動》。單元一開始帶大家來關心一下上周的國際大事：

美國聯邦準備理事會（Fed）暗示 12 月可能升息
設於荷蘭海牙的聯合國常設仲裁庭，宣布對菲律賓提出的南海仲裁案具有管轄權
俄羅斯空中巴士客機墜毀於西奈半島，引發恐怖攻擊疑慮
世界衛生組織（WHO）宣布，食用香腸、火腿和其他加工肉確實導致罹患大腸癌、引發相關產業反彈
中國因應人口老化，於第十八屆五中全會決定結束一胎化政策
臺灣首顆自主研發遙測衛星福衛五號，預定於明年上半年發射升空

稍待一會兒節目當中跟大家來關心這些國際大事的最新動態。

婉筑（以下簡稱婉）：今天《地球脈動》單元特別邀請到國立高雄師範大學
地理學系兩位老師來到節目當中，要跟大家分享上周
到底發生了什麼國際要聞呢？我們先請老師跟大家來
打聲招呼。

施雅軒（以下簡稱施）：大家午安。

洪富峰（以下簡稱洪）：主持人午安。

婉：說到這個上周發生了很多國際大事，其實有些國際大事我們可能在新聞
上面有關心到，那可能有一些我們就錯過、落掉了，我們先請施老師來
簡單介紹一下有哪些國際大事呢？

施：好，那第一則呢，是聯邦理事會暗示 12 月可能升息，基本上已經是八卦
連續劇了，我很不喜歡這樣講啦！但不得不講，未來一個月的全球股市
都會圍繞著你要不要升？所以這個東西也提醒聽眾，你這個就變成是一
個看金融期貨一個很重大的因素。那第二個就是荷蘭海牙的仲裁庭，已
經宣布菲律賓有所謂的對南海的仲裁有管轄權了，這是一個很大的問題
喔！甚至會影響到未來的南海的周邊國家跟中國，甚至包括臺灣這樣子
的一個，因為臺灣跟中國他們都宣稱對南海有主權的，那這樣子的一個
宣示，導致成未來萬一這個判例是判給菲律賓有的話，那基本上，中國
跟臺灣他是不是要相應的一個回應，值得觀察。那再來是一個不幸的消
息，俄羅斯的空中巴士墜毀在埃及的西奈半島，那這個還是很新的新
聞，到現在它到底是怎麼墜落的？爆炸機械故障？或者如 IS 說的飛彈打
下來的？都還不確定，一開始雖然說不可能啦！IS 沒有這樣的技術，可
是今天的新聞已經說不排除了，那不排除的情形這會導致成，因為之前
兩、三個月發生一件事情，就是俄羅斯的飛彈把荷蘭航空的飛機打下
來，而俄羅斯拒絕參與調查，所以這下子當俄羅斯的飛機也掉下來了，
好了，那大家要看你拒絕調查，那你的飛機掉下來了，那你要不要調查
呢？現在這個全球的觀察者都在看俄羅斯最後的態度是什麼。那另外一
個這也是蠻大的一個消息，就是 WHO 宣布食用香腸火腿會導致大腸癌，
因為這個機關實在太大了，所以它宣布的時候，大家會覺得說我呷香腸

會驚驚（臺語），對不對？可是飲食是一種文化，所以就有人馬上去問問法國人，那你這樣要不要吃？七成的法國人就說照吃啊！我不吃我也會死啊！對不對？所以我還是照吃啊！所以這個，對不對，我們詮釋就是說你知道吃這個會得大腸癌，可是飲食是一種文化，所以我還是要吃啊！大概就這樣四則。

婉：說得很對，不吃我也是會死啊！難道不吃，我就會長生不老嗎？好像也不一定這樣，只是宣布的話，相關產業就會有一些反映出來。那今天我們要特別來聊一聊，就是其實我們的對岸呢，有很多不一樣的政策，那這些政策其實對我們來講，都會覺得蠻特別，甚至現在對世界來講，都有一些比較大的影響，那在中國呢，最近因應人口老化，好像有一些新的政策，我們請洪老師跟大家分享一下。

洪：喔，我就開始喔。

婉：就開始。

洪：這個全世界從來沒有過這樣的經驗喔！這麼龐大的一個國家，人口這麼多，他居然用這種人口供稱來控制他的人口數，所以過去幾十年來已經出現幾個問題了，一胎化政策。那過去媒體的焦點會說很不人道啊！把第二個小孩做不人道的處理，甚至生下來把他藏起來啦！因為在中國的傳統社會裡，還是重男輕女，那你允許他生一個，那根據自然的狀態啊！就生 205 個小孩到 207 個小孩，會有 105 個到 107 個女兒，男生會多一點點。

婉：這是自然的形成？

洪：可是人家中國男女的比例會高達 121 到 125，就多出來了，所以這個一胎化政策之下首先的一個大問題是，所謂的九十後的男女比例差太多的問題，根據數字上說三十八點八六的男生找不到另一半，那這是個社會問題，可是你現在開放已經沒有辦法解決問題了，這個問題已經鑄下了原先的因素了，現在進行式當中，你不能是一個把小孩子生出來，隔二十五年之後再嫁給他啊！時間來不及了，那所以不會是這個失衡的現狀問題，他看的是未來，那未來就是他的人口在 2050 年左右呢，據說他就會變成世界最老的國家了，而且最老的國家還不重要，那可能比他老一點

都沒有他這個多，這麼多的家庭沒有小孩，人口變老了，怎麼辦？誰來照顧他們？所以著眼點就是年輕人，所以就開放第二胎。第二個問題是從本世紀過去這十五年，大概 2011、2012 之後，其實中國做為世界工廠的人口紅利就已經往下走了，因為他漸漸在老化，那所得提升以後呢，人工不夠了，所以也開始需要人了，所以我相信這個政策是在這兩個主要考慮的原因之下產生的，就是人口在老化需要人；第二個他如果沒有這麼多的人再繼續生出來，來支撐未來的經濟的發展，那他的經濟發展恐怕沒有辦法像他預測得這麼樂觀，在未來五年、十年還有百分之六點五甚至六。

婉：是，但是用小孩來解決這個，包括生產力下降啊這相關的，這是一個最好的辦法嗎？因為其實現在很多國家都面臨人口老化的問題。

洪：這有一個規則啦！就是我們生活過的比較好之後，我們就不會生養那麼多的小孩，從農村社會過渡到到這個工商社會，以及全球化的社會以後，人已經變成世界公民了，甚至有一種提升，就是我把全世界的小孩都當成我的小孩一樣，這個是所謂「世界一體化」這樣的概念，大同世界的理想。假如一定要用中文來講的話，那在這種狀況之下，經濟越發展，你生的小孩子比例是越少的啊！所以當中國開始他的經濟發展到一個階段，生小孩的意願也會降低啊！所以這個趨勢、這個方式、這樣做有某種程度，也希望能夠遏制你不要生小孩這樣的現象，你也可以講允許你生第二個小孩，是鼓勵你先生一個，再第二個。

婉：喔，因為現在各國都開始面臨到就是不生小孩，他連一個都不生的問題？

洪：這說起來是很恐怖的啦！因為我們已經有將近七十年的和平時期了，所以經濟發展的非常好的時候，人口大家都活得很長壽，為什麼現在帕金森阿失智症這麼普遍？因為很多人都出現這個問題，大家年紀都大啦！過去沒有像這個老化的時代，在工業革命的時代，在英國倫敦的主要城市，三十五歲、四十歲已經要掛了。

施：工業污染的關係。

洪：這是有比例實際的案例的。兩個堂兄弟之間搬到城市中間，都市的污

染，那很快就死亡，留在比較鄉村地區的能夠活到五十幾歲，五十幾歲算長壽了，那三十幾歲在工業裡頭算普遍的，那現在大家動不動八十歲、九十歲、一百多歲，人瑞一百一十幾了，所以這種狀況之下呢，人口越來越多，需要照顧的人越來越多，那中國這麼龐大的一個經濟體，這麼龐大的人口群，他需要年輕的力量是想當然爾的啦！所以如果從大家都不看好他，從所有的評論都認為他做不到啦！他即便開放要生二胎，在未來十幾年，也不會如他的國家工程所設定的會生那麼多小孩啊！所有的評論人口專家，大致上都抱持著不看好他會生這麼多小孩的狀況，可是我認為這個政策，至少鼓勵了開始要為這個問題做前導的，打一個針啦！要不然未來真的沒有小孩，那也讓希望有第二個小孩的家庭，你可以開始申請，但是我還是一直認為經濟成長到一個階段，人講求自由，難道國家要管到我們夫妻房間裡頭的事嗎？

婉：是，而且當初他們會直接就推行一胎化政策，這也是很難想像的一個。

洪：那也是經過各種的討論啊！因為糧食不足啊！所以就要用這種，因為有人餓死啊！當饑荒來的時候，就是多一口人就多一個需要吃糧食的，現在糧食過剩啊！所以以前叫做馬爾薩斯，現在是反馬爾薩斯的現象，馬爾薩斯的現象就是人口過多，糧食不足啊！現在倒過來啊！現在糧食過剩人口不足啊！嬰兒不夠，所以希望多一點嬰兒。所以這種反馬爾薩斯的現象，大家都在苦惱，臺灣何嘗不是？我們學校都要關了啊！因為沒有小孩啊！

婉：是，當然很多現在是經濟比較發達、比較先進的國家，都一直面臨這個問題，就是沒有小孩，而其實也沒有相關規定或是規範，總之，你想生幾個就幾個，但問題就是不生、不結婚這樣子的問題，現在很多先進國家都面臨。

洪：這個事情會變成這麼大的新聞，是因為他太龐大了，而且他過去禁止你，現在開放了，所以全世界的人口專家跟規劃者都在看你到底會走到哪裡去？

婉：而且他是一個很特別的，之前就很特別強硬推行一胎化，然後現在又把它開放了，所以對大家來講，這好像是一個案例可以觀察是不是一個很

特別的存在？

洪：很值得研究，中國什麼事情基本上都很值得研究，因為他應該跟其他一百幾個國家想法、做法規模出現的課題，都不太一樣。

婉：是，所以其實為什麼現在大家都聚焦在中國，因為他的存在是很特別的，因為他實在太龐大到無法忽略，那他的很多的新的規劃或者新的政策，其實對世界來講，都是連帶會有影響的，那這個生活中的層面，是不是真的要由政策這樣子來規劃到這麼細部呢？我們等一下會繼續來討論其他的問題，先休息一下，聽首好聽的歌曲。

（音樂）

婉：今天我們《地球脈動》單元，剛才跟大家聊的就是中國要把一胎化政策結束了，後續可能會有很多連鎖反映，未來我們可以在節目中，好好的跟大家探討。那接下來，我們要來關心的就是臺灣有一顆衛星要升空耶！說到衛星，就你知道進入到外太空的這個領域呢，十分的不了解，我們請施老師來介紹一下，這是什麼樣的一個事件呢？

施：我想衛星大家應該都不陌生啦！那現在全球一千兩百顆的衛星在地球上空圍繞著。那衛星其實有一個特色，就是它可以處理即時性的問題，比如說，剛才前面有講到俄羅斯的飛機掉下來了，俄羅斯馬上就公佈那個衛星影像，就是它他散落的面積長達二十公里遠，所以他證實這是高空爆炸。假如說是墜落才爆炸，那就不會散這麼遠，這就是衛星影像在整個資料庫建置的過程裡面，基本上因為衛星影像繞地球一圈，所以大概一天到兩天就有全球的一個影像。比如說，我們自己這一次福衛五號，其實福衛二號大概兩天就把全球拍一遍便然後下載來看，所以你平時的資料庫做的好的話，你遇到所謂的即時，馬上就可以把那個影像調出來，假如說天氣好的話啦！馬上就可以知道說，你做一個執政者或者當局的處理，你就知道往哪個方向來進行。

婉：那這個是說因為是我們第一顆自主研發，那我就有一個疑問喔！剛才施老師提到說，其實現在有一千多顆嘛，那我們最近幾年看了很多那種太

空電影，就是在描述說，太空人在外太空遇到一些狀況或者是衛星，比如說垃圾啦！因為衛星總是有一個壽命嘛，如果比如說它他失效的話，然後他還是一直會持續在那裡繞著地球嗎？

施：會，就是它不受人控制了，就是說我們人可以操控它，是因為我們還可以控制它，可是到某個程度，比如電池壽命沒了，它就便成是垃圾了。

婉：可是它還是一直環繞著。

施：對，繼續它的動作這樣子。

婉：那照剛才提到衛星，它的功能可能很多朋友就不太了解，那你這樣子環繞，除了說可以拍比如說即時的影像狀況，地球的什麼狀況或天氣，那它的功能大概就這一方面，還是說不同的衛星，它有不同的設計、不同的功能？

洪：那這個就是太空競賽。太空競賽呢，其實是武器競賽，所以美國呢，有一段時間從 60 年代開始，這個要跟當時的蘇聯去競爭誰能夠先上到月球，這不是美國總統甘迺迪的夢想嗎？後來他們贏了太空競賽啊！誰能夠把火箭發射到太空，而且上到軌道探險，這個就變成是天才型的艱難的動作，是一個天才科學家叫做 Rocket scientist，如果簡單的叫做 Piece of cake。所以做蛋糕是很簡單的，做火箭飛彈的是高科技啊！那我們這一次說啊，是我們自己研發，當然是講它衛星本身的內容啦，它的功能等等。臺灣發展這個已經有一段時間了，那誠如剛才施老師所說的，我們可以即時的繞一圈，像新的這一顆繞一圈九十分鐘左右，所以它不同的段跑一跑一段時間，它就可以把全球的表面路地上發生的事情，都紀錄下來，那過去這個是很難的啦！你會想說像李白會講蜀道難，難如上青天。今天變得很簡單了，飛機上去也很容易，飛機飛來飛去的，所以在太空科技已經走到差不多一個端點了，那只不過這一次，我們還是要依賴美國幫助我們安排我們去，這一個私人公司背後應該是美國國防部，把這個衛星發射上去，然後它在地球的軌道上面轉，這樣轉就能蒐集各種的資訊來做為科學研究之用啦！所以也代表臺灣呢，終於經過了五、六十年了，我們也變成可以完成 Rocket science 這樣的一個里程碑啦！很重要的。所以也許我們的聽眾朋友可以多關心關心，我想現在這個資料

很多，比如剛剛主持人講的電影這麼多了，尤其過去這幾年這五、六年來好多這一種太空的電影了。過去太空的電影都是怪物，現在太空電影是科學家太空人！

婉：是，而且過去我們都覺得這相關的知識太深奧了、太艱澀了，因為反正只要扯到太空，不管講什麼，包括物理，是物理嗎？反正這方面的就是老百姓我只能說我完全不理解，在看那些太空電影的時候，偶然只關注他在情感跟劇情上面，但是呢，現在有很多導演，他們在拍攝的時候都很注重考據的部分，就是他希望可以盡量符合真實的狀況。

洪：寫劇本的人其實要具備這樣的一個知識，那以現在這個爆炸的時代，找到這樣的知識不是那麼困難啦！也不是那麼機密，過去都是國防機密，現在其實很多都已經開放了，像可能未來幫我們發射這個福衛五號的這個公司，他是私人公司耶！根據資料，公司的創辦人是 PayPal 的創始人，所以已經是私人公司在幫我們發射衛星了，所以其實也沒有像過去那個 Rocket Science 那麼重要了。

婉：所以應該是說當時候，在尤其有競賽的那個年代。

洪：已經過去了啦！

婉：它是比較模仿方面的。

洪：它從太空當中打飛彈啊！

婉：所以我就一直在想，就是現在各國是很 Free 的，很自由的可以發射，隨便你，只要你有財力、有能力，你想發射幾顆衛星都可以啊！我們沒有任何的。

施：應該這樣講，你做得出來嗎？因為有些的關鍵技術還是被保密的嗎？所以你要是做得出來，我們一直強調自主研發，就像車子，你都可以做，可是引擎做不出來，就類似像這樣子的一個概念。

洪：把它放上去也是要靠美國。

婉：放上去的技術目前還沒。

施：因為我們沒有火箭推進系統，那個就牽涉到打飛彈，你有火箭推進系統，你就有飛彈了啊！所以就不讓你有飛彈，你就不會有火箭推進系統了。

洪：所以我們就要繼續依賴美國公司，不論他是官方的或者是他是民間機構的，背後應該還是美國國防部啦！

婉：是，因為這牽扯到國際間一個安全的問題，所以他某些技術他仍然是控管的情況之下，只是如果衛星是比較是像剛剛。

洪：比如說商用，比如說做科學的調查、氣象的觀測，就剛講的發生一個事件，我們可以拍一張圖片回來，然後分析這個狀況這樣。

婉：但是因為它現在衛星的鏡頭是越來越精密的嘛，就它的那個解析度會越來越好，那你這樣子……

洪：會變成間諜。

婉：對啊！就是全世界各國大家都在偷看別的國家，是這意思嗎？

施：是啊！

洪：沒有錯啊！

婉：所以現在是說臺灣已經有技術研發出自己可以做衛星，當然我們沒有辦法自己把它送上去，但是我們已經可以做出衛星，所以以後我們也可以九十分鐘的時間，來偷看全世界其他國家在做什麼這樣子。

洪：它繞一圈九十分鐘，它可以繞好幾圈，所以在一段時間之內，全球表面上的資料都可以蒐集傳回來。

婉：是，所以怎麼說呢？這就是一個地球村的時代，越來越國與國距離好像越來越靠近，但是又好像越來越遙遠，這實在很難說，所以呢，我們《地球脈動》單元都一直帶領大家，就是希望可以多多了解國際上面正在進行、正在發生什麼事情？因為其實許多的事情跟臺灣都很有關係的，今天節目當中特別邀請到高師大兩位老師，洪老師跟施老師跟大家分享地球脈動，那下週我們同一時間，也是跟大家一起來分享一些國際大事，謝謝兩位老師。

洪：再見。

施：好，掰掰！

(End)

第 45 集

104.11.10

〈全球化的時代帶您掌握國際時事 關心全球動態 歡迎收聽地球脈動〉

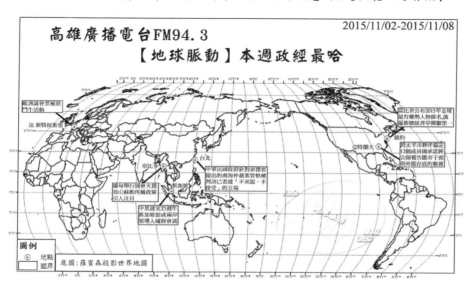

片頭：聽眾朋友您好，歡迎收聽 11 月 10 號的《地球脈動》。單元一開始帶
　　大家來關心一下上周的國際大事：

　　「富比世」公布 2015 年全球最有權勢人物排名，俄羅斯總統普亭仍蟬
　　　聯第一
　　「跨太平洋夥伴協定」（TPP）十二個成員國聯合聲明中承諾，將公開
　　　報告匯市干預與外匯存底的數據
　　歐洲議會禁補助鬥牛活動
　　緬甸舉行國會大選，翁山蘇姬所屬政黨引人注目
　　中星建交二十五週年新加坡促成兩岸領導人碰面會談
　　針對菲律賓提出的南海仲裁案管轄權判決，中華民國政府已表達「不
　　　承認、不接受」的立場

　　稍待一會兒節目當中跟大家來關心這些國際大事的最新動態。

婉筑（以下簡稱婉）：歡迎回到午後陽光第二階段，我是婉筑，今天的《地球脈動》單元我們特別邀請到高雄師範大學地理學系兩位老師來到現場，跟大家聊一聊上周發生了很多國際上面非常重要的事件，首先要請到我們施雅軒老師。

施雅軒（以下簡稱施）：大家午安。

婉：另外是洪富峰老師。

洪富峰（以下簡稱洪）：午安。

婉：首先請施老師來介紹一下上周發生什麼樣的國際情勢呢？

施：好，哪四則喔？第一個就是富比世公布全球最有 Power 的人，那俄羅斯總統普亭呢，蟬聯第一名，那比較有趣的是前十名大部分都是政治領袖，但只有兩個，一個是微軟的比爾蓋茲，還有所謂的 Alphabet，就其實就是 Google 的執行長，這兩個是商業人士，那其他的八名其實都是政治人物。再來就是 TPP 十二國家的聯合聲明，就是以後要公開所謂的匯市干預跟外匯存底的數據，這個代表這原本是一個秘密的，你超出一個國家，這是一個國家央行的權力，可是你要加入 TPP 的話，你就要放出來給大家看你是怎麼操作這個匯市的，那當然這個主要是要避免你透過干預你的匯市提高你的競爭力，因為通常國家貿易你只要降低，等於說你貶值你的出口就會增加，但是你出口增加，就傷害了其他的會員國，所以這個東西以後就變成加入你就要釋放出來給大家知道。再來就是因為歐洲禁止補貼鬥牛活動，也就是西班牙，那我們都知道每個國家都有不能講的秘密、不能講的故事，西班牙就不能講鬥牛好不好，因為它就是文化，你不能講它好不好，因為大家都說不好，可是你不能講，那這個的情形，對不對，這個就燒到了，現在因為整個鬥牛歐盟補貼的，可是有人認為說，那你補貼應該是畜牧用啊！怎麼會補貼殺牛的呢？所以就要禁止補貼了，所有人就評估因為這樣可能西班牙的鬥牛的養殖，可能就一敗塗地了。

婉：受到影響。

施：對。再來就第四個緬甸的國會選舉。那新的資料已經出來了，翁山蘇姬
　　當然拿到七成以上，那為什麼是七成以上？因為有兩成五是軍方的，就
　　還沒選，軍方就兩成五了啦！

婉：他們會固定有這樣比例。

施：對，這一次的選舉也就是說，她拿到七成五的選票其實就是百分之百了
　　啦，她最多只能拿到，已經是七成了，那以上四則新聞到這邊。

婉：那今天呢，特別要聊到一個，我相信很多朋友上周都非常關注這個新
　　聞，那就是以國內來講，就是算幾十年來的一個突破，就是中星建交二
　　十五周年在新加坡，在這邊呢，也已經促成了兩岸領導人來碰面了，這
　　歷史性的一刻，我們施老師要不要簡單介紹一下這個新聞？

施：我想各位聽眾最近看了新聞常常會講到三贏，是一個三贏的活動，可是
　　站在我的角度這是三沒輸啦！三沒輸跟三贏不一樣，因為贏是你有賺到
　　東西，可是三沒輸是你都沒有賺到東西，為什麼會這樣講呢？站在新加
　　坡的立場，因為新加坡之前所謂的中巴經濟走廊，就是巴基斯坦跟所謂
　　的泰國、中國的克拉運河，這個其實都是要去讓麻六甲海峽的航運降低
　　的，但這個一降低就會損害到新加坡的貿易發展，所以新加坡是透過這
　　個機會跟中國重新修好啊！也就是說，你就不要再發展中巴經濟走廊，
　　你也不要去發展什麼中泰的克拉運河啦！還是好好走麻六甲海峽這樣
　　子，那在某個程度習近平給一個很好的回應是，我挑在中星建交二十五
　　周年來，就是說我們還是朋友，只是告訴新加坡讓他有點放心，所以他
　　沒有輸。再來就是習近平，根據報紙的顯示，說這個活動已經是策劃了
　　兩年了，那為什麼是現在習近平同意？主要的理由是因為習近平是擔心
　　說會變成很難對共產黨的勢力交代，就是說為什麼你要讓臺灣浮到國際
　　上去？那這一次為什麼讓他上來？所以在整個活動的設計上面，他很巧
　　妙的是在中國跟新加坡建交二十五周年，所以場合雖然是國際，可是這
　　個活動是內部的活動，這是一個。再來是說，那為什麼是現在他同意？
　　很重要的理由是，當時候因為在南海上面美國拉森號開過去十二海浬，
　　解放軍海軍沒有做任何的處置，這個其實對解放軍內部反彈是很大的。
　　也就是說，人家侵門踏戶，對不對？你既然什麼都沒有處理，那習近平

就是要轉所謂的政治壓力嘛，所以他就想要做一個好大的一個版面，讓大家去關心那個，就忘記罵他拉森號的軟弱了。然後再來就是我們馬總統，他也沒有贏到，因為這次活動的主軸是兩岸和平嘛，可是在他的任上，兩岸和平就是強項了啊！等於說原本的強項，在強項某個程度，他就沒有贏到任何的東西，因為等於說他不去新加坡，兩岸和平就是他的強項啊！所以就導致成他出去新加坡跟習近平會面的強度，其實就變弱了，所以他也沒有贏到東西，所以我才會說在我的認知這叫三沒輸啊！

婉：三沒輸。

施：好像吃的東西喔。

婉：讓我想到山蘇還是什麼的，當然畢竟這是一個算國際矚目的一個新的突破啦！當然這到底算是好的影響還是不好的影響？好像很多人都有不同的意見，那我們洪老師的意見呢？

洪：這個好壞其實不是現在去評論他啦！那我比較想從，因為我們的節目是地球脈動，那我們經過這十多個月來我們在談地緣戰略的概念，那為什麼這一次會促成這樣的一個概念、一個活動？而且是剛剛施老師的意見是把一個本來是國際的場合，弄成是我們兩岸的國內事務在處理，像臺灣也是陸委會去喔，外交部是沒有現身的。所以對臺灣，不是外交活動是內部的活動，中共也這樣認為這是內部的活動。那這個過程當中剛剛講到拉森號等等，其實我們第一則消息說，普亭變成全世界最有 Powerful 的人物，其實你看看中國跟俄國在地中海軍事演習，在東海軍事演習，又在南海軍事演習，所以對美國這個國家來講，碰到一個問題了，誰控制了東歐，誰就控制了世界上最大的一個陸地，控制了全世界最大的陸地心臟地帶，誰就控制了全世界。在美國這個地緣戰略的概念上面，其實俄國跟中國已經合在一起了，所以這一次不惜用拉森號去南海諸島這樣繞一圈，然後現在航空母艦也在旁邊喔，這是第一個，所以軍事上面兩個是在這一邊互相比武一下啦！那這一次習近平去之前還跑到越南，有個很特別的地方，越南跟新加坡通通都是美國主導這個 TPP 的十二個國家之一，所以在經濟上面彼此要去拉攏啊！所以好像一個新的局面出現了，就是小國家也可以在兩個大國之間，透過這個軍事，透過這個經

濟上的合縱連橫，找到自己的定位，所以在全球化的世界真好，我們就不再被某些大國要求我們做什麼我們就做什麼，叫你坐下來你就坐下來，叫你跑五十步你就不敢跑五十一步，所以這是一個好事。那兩邊在這一邊互相的抗爭，或者說比武力，或者說互相比經濟實力的過程當中，其實對未來的發展還很有得談呢，所以你說一下子是好、是壞呢？很難講，那這評論很多，那似乎我們地球脈動不必把他當作是我們也加入最後一級的評論這樣，因為猜想未來這個新聞就會淡下來了，就不再是國際的大事，因為它其實就是兩岸之間好像彼此都想把它定位成國內事件啊！

婉：等於說在處理上面都比較把它外交的部分淡化掉，然後比較是一種好像。

洪：我們的外交部不見了，如果是一個國際事務，喔這國際啊，大家都看到我們了，可是沒有外交部啊！是陸委會啊！

婉：其實很多現在發生的事件，它都會有一些發酵期，那我們可能未來慢慢的就會觀察到，它可能在哪一個方面它會產生比較多的影響。

洪：這是對的啦！因為兩岸交流其實這麼一段時間以來，很多年了啦！自從開放探親以來，你現在天天可以在六合夜市看到來自大陸的客人，我們去中國各個省份等等，旅遊也好、生意也好，那是無日無知啊！所以這一種生活的方式，其實透過彼此之間的理解不是壞事，所以這一次把它當作一個歷史事件，它當然是一個歷史事件，可是這個歷史事件呢，以現在這個趨勢底下相對於每一個人，已經都變中產階級了，生活方式有自己的主張，或是已經有地球公民這個概念出現了，其實這樣事件的影響你恐怕是有限的。

婉：是，而且剛才像洪老師提到一個非常重要的，就是因為現在都是整個國際上，國家跟國家之間互相抗衡的一個狀態，那在過去，都會覺得臺灣很小，很小的話，好像就會一直不停的受到我們周邊國家的影響跟掌控，但現在就像我們看新加坡，新加坡也很小，可是他可以在很多不同的勢力當中取到一個抗衡，讓他自己變得很富強，這種就是未來很多很多的小國像我們一樣那麼小的，大家過去會覺得。

洪：我們不小了，我們排二十一哪。

婉：對啊！其實沒有那麼小。

洪：一百九十名我們排二十一名，不算很小吧！

婉：當然跟很巨大的國家比，我們是小的，相對小，但是沒有小到說好像真的。

洪：消失了，看不見。

婉：對，所以這樣子的概念就是剛才洪老師提到，就是地球公民的這個概念，慢慢建立起來，其實國際情勢我們都用不同的角度去評估，會比較客觀一點，那也不要把事情想的很片面，這樣子我們會比較客觀，而且真的是需要一點點時間來觀察這些不同的舉動，或者是這一些會面當中很多細節，未來是不是會再怎麼樣去有新的變化，其實都很值得我們期待的。來，休息一下，好聽的歌曲之後我們要來聊南海的管轄權到底又是怎麼一回事？

（音樂）

婉：現在時間下午的兩點四十八分，進行的是午後陽光第二階段，我是婉筑，現在進行的《地球脈動》單元。我們繼續跟高師大地理系的兩位老師要來討論一個，大家不知道有沒有特別注意到，就是這個南海上面有一個管轄權的判決，那這個判決到底是什麼樣的內容呢？我們請施老師做個簡單的介紹。

施：好那我想呢，這個判決之前我們稍微點到，但是那個判出來的結果，因為菲律賓跟中華人民共和國在一個島礁上面的所屬權，也就是說，那個島礁上面是解放軍現在占有，那菲律賓認為那是他的，那既然趕不走，那我就上國際法院去做仲裁，那現在仲裁正式的結果還沒出來，是明年，可是現在看樣子，很可能會判給菲律賓。那這個判案對中華民國政府而言，因為中華民國跟中華人民共和國在南海的主權宣示上面，都認為那都是我們的，所以你會背我們的南疆在北緯四度的曾母暗沙，各位聽眾不知道有沒有概念？這個不知道有多遠？北緯四度耶！

婉：北緯四度耶！

施：所以等於說整個南海都是我們中華民國的。

洪：接近赤道了。

施：那中華人民共和國也說那南海都是我們的，好，那現在就是判決竟然判給說菲律賓，會認為說他有管轄權，所以為什麼說中華民國政府會表達說我不承認也不接受？因為這就衝擊到南海是中華民國的，那這樣子的主權，為什麼剛才我們洪主任會覺得說馬習會後來可能會雲淡風清？可是會覺得有個尾巴，就是所謂一中架構。這個對未來在南海的策略上，有可能會被發酵，也就是說，原本為什麼中華民國會認為南海的主導是我們的，是因為當時二戰結束的時候，中華民國是有派海軍去接管的，根據著日本所占領的島嶼一個一個去插旗說這是我的，所以比如說，太平島為什麼叫太平島？因為當時後的艦叫太平鑑去插旗的，所以取名叫太平島，所以插滿了旗。也就是說，其實在實質占有上面中華民國政府是在南海各個地方都有插旗過的，有資料的，在一九四六到一九四七年，那現在問題就出在，好，那現在中華民國現在已經沒有這麼強大的軍力去維護說這個都是我的，所以我們只有兩個，一個就太平，一個東沙，這兩個，這還是高雄市政府的喔！

洪：東沙。

施：太平也是吧！都在旗津區啊！

洪：我沒有印象太平有沒有算在裡面，但是沒有聽過有人去太平，倒是聽過有人去東沙。

婉：好，它算是比礁大一點點的島，就是太平跟東沙嗎？目前我們剩下。

施：對，我們中華民國實際占有。

洪：我們有軍隊在太平島上。

婉：就駐守在上面。

洪：就一直到現在都還駐守著，那當然後來把它改成海巡，想把一般用非軍事化的方式來降低它在國際上面的衝突，其實也反映了我們國家海軍的力量的式微啊！我們其實也沒有辦法把他撐起來啊！這個是不勝唏噓的啦！

婉：對，但可能很多朋友就在想說，嗯，那那個島可能小到非常非常的小，那島又有怎麼樣的重要性？我們這一塊島在那裡，是我們的或不是我們

的影響性會有多大？

施：因為講那個島是我們的，那下面的資源也是我們的啦！

洪：十二海浬領海，兩百海浬經濟海域，那我就可以去主張漁業權，可以去主張剛剛講的下面的石油，中國也在那邊用了幾個探勘啊，因此跟越南有衝突阿，就是拿這個鑽油平台鑽看看，這是前一段時間發生的事情，還因此鬧的不愉快，所以大家都在搶資源啊！所以剛剛前一段講說，控制了島就控制了世界，其實現在也有一種主張，就是海跟陸是要合起來的，這就是中國想要崛起的兩個一百年，在這節目當中也多次稍微談過一帶一路沒有海洋，所以處心積慮想要把南海納進中國的版圖的範圍，是這個原因啦！這一次施老師認為說未來還是有後續，但是再怎麼樣，還是回到那個管轄權的概念上去談啦！那在這個地方沒有任何人可以主張，因為有的都是小島，這個過程當中呢，難道你要在那邊佈署這個軍事基地嗎？看起來各個國家都不願意樂見這個事情。

婉：是，因為如果是軍事基地，那他就感覺衝突會比較容易升溫。

洪：隨時都有可能擦槍走火啊！那這不是當代時代樂見的啦！所以我一直認為剛剛施老師說習近平面對的是他的軍事方面的壓力，我倒想說，這會不會是已經進入到中產階級生活的中國人的壓力啦！因為我相信，人過的比較好的生活、比較好的經濟條件以後，他不會想要那麼多的衝突的。民族主義可以用在一時啦！在國際事務上，你一直拿著這個民族主義的大旗，到最後會打到自己的，這個好幾次的最近兩、三百年的歷史的發展就是這樣。所以我倒認為他最大的壓力恐怕不是來自軍方，而是一直內部裡頭，我們不太清楚，但偶爾會聞到一點點味道的這種批判，難道中國的崛起一定要用這種方式嗎？難道一定要去跟人家爭奪嗎？難道一定要用軍事的方式來做後盾才行嗎？那我們也會覺得說美國不就是這樣嗎？過去四、五十年，他就是一直用這種方式啊！他也在反省啊！他們打了這個中東的戰爭，前總統布希還有一個兒子這次想選總統的，他就在罵說所有的顧問把他兒子帶壞了，讓他去打了這個戰爭之後，美國的國力上面大衰退，因為花太多錢了，得到了什麼樣的效益？所以我不認為軍事衝突是這個時代應該要有的，所以在南海的議題上面，如果

要繼續這樣子的互相來秀肌肉，我覺得是悲哀的。

婉：是，但是他們還是會有一些，就是紛爭爭端出現。

洪：那沒有問題，你就到法庭，你就回到這整個聯合國，或者是人類的這種對於主權的主張，一定有一個機制可以解決嘛，那這個機制已經存在嘛，那這一次，似乎又把中華民國好像拉上來了，我還是一直認為我們被當作是內部事務來觀看的。即便是這樣，我還是鼓勵我們地球村的公民。

婉：那相信這個南海管轄權的問題，因為最終的判決是明年會出來嗎？那所以最後的結果就明年，還是會公布讓大家知道，那當然這一個就是國與國之間產生一些包括經濟上、包括管轄權範圍上面，都難免會有一些爭端，但就像洪老師提到，就是過去好像都一定要打的你死我活，好，那我輸了你贏了這樣結局，但現在因為慢慢、慢慢我們都理解到，如果是戰爭，每一個國家付出的代價都太高了。

洪：代價太高了，這個地中海的戰爭就是難民啊！最近就再上演了，我們非常不希望走到那一步。

婉：沒錯，所以現在已經有像剛才提到這個是聯合國的國際法庭，那就是用一個仲裁的方式，希望呢，調解紛爭，你們如果在意見不合或者是有什麼歷史的情況之下造成的紛爭，都希望可以用先坐下來好好的談。

洪：對，所以我想法律系還是很有前途的，尤其是國際法的。

婉：尤其是國際法，因為未來可能越來越多的國家會需要這方面的，這是洪老師給大家的建議。

洪：地理系也很有前途，這個地緣戰略上面，我們要去思考。

婉：是的，沒錯。今天我們《地球脈動》單元跟大家聊到上周發生很多我們很關心的國際情勢，那我們下週繼續會聊到什麼新的事件，可以引起大家的注目呢？今天也謝謝高師大地理系兩位老師，謝謝你們。

洪：再見。

施：好，掰掰！

(End)

第 46 集

104.11.17

〈全球化的時代帶您掌握國際時事 關心全球動態 歡迎收聽地球脈動〉

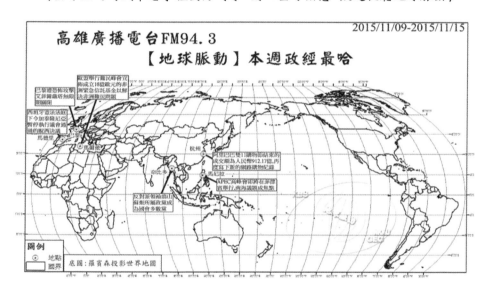

片頭：聽眾朋友您好，歡迎收聽 11 月 17 號的《地球脈動》。單元一開始帶
大家來關心一下上周的國際大事：

APEC 高峰會即將在菲律賓舉行，南海議題成焦點

緬甸反對派領袖翁山蘇姬所屬政黨成為國會多數黨

西班牙憲法法庭今天下令加泰隆尼亞（Catalan）暫停執行議會通過的
脫離西國決議

歐盟在馬爾他舉行的難民峰會宣佈，成立十八億歐元的非洲緊急信託
基金，以解決非洲難民問題

法國巴黎遭到恐怖攻擊，艾菲爾鐵塔無現期關閉

阿里巴巴雙十一購物節結束成交額為人民幣九百一十二點一七億，再
度寫下新的網路購物紀錄

稍待一會兒節目當中跟大家來關心這些國際大事的最新動態。

婉筑（以下簡稱婉）：現在時間下午的兩點三十七分，進行的是午後陽光第
　　　　　　　　　二階段，今天我們的《地球脈動》單元繼續要跟所有
　　　　　　　　　的聽眾朋友，一起來探討我們國際間的發生一些很重
　　　　　　　　　要的事情，一樣在節目當中，我們邀請到國立高雄師
　　　　　　　　　範大學地理學系洪富峰老師。

洪富峰（以下簡稱洪）：主持人、各位聽眾，大家午安。

婉：以及施雅軒老師。

施雅軒（以下簡稱施）：大家午安。

婉：首先先請施老師來介紹一下上個禮拜發生哪一些國際大事呢？

施：好，那第一個 APEC 高峰會準備要在菲律賓舉行了，那這是一個很尷尬
　　的場合，上個禮拜有講到菲律賓跑到荷蘭去告官，但是現在 APEC 又在
　　他那邊舉辦，所以南海的問題要不要提，是一個很尷尬的場合，那基本
　　上，中國已經派外交部長去喬說，為了保有習近平的政治尊嚴是不可以
　　提這個問題的，假如你不履行的話，他就不來了，類似像這樣一個，但
　　是協調怎樣，我們等高峰會最後的結果是怎麼樣。那再來是翁山蘇姬上
　　個禮拜也講過，就是國會的多數黨，但是基於憲法，她不能當領導人，
　　就有人會說她，因為憲法規定自己的配偶或小孩是外國人，就不可以當
　　總統啦！

婉：他們有這樣子一個規定。

施：憲法規定，她就不行，因為她先生還有小孩，所以人家會認為說這是翁
　　山蘇姬條款啊！但是她也公開講說，她就是背後的指揮者就是了，那這
　　個對緬甸的政治我們之後再觀察。那再來就是加泰隆尼亞要脫離西班
　　牙，那這個也一陣子了，那當然現在加泰隆尼亞已經正式在 Run 了，那
　　西班牙的憲法法庭直接就告訴你，這是不合憲的，但是加泰隆尼亞說不
　　合憲我管你，我照樣用我的，反正弄出來再說，這個以後會是歐盟一個
　　很潛在的一個炸彈。那再來就是歐盟之前講的所謂地中海難民問題，現
　　在挑一個比較小的來解決，就是非洲，那非洲他成立一個信託基金要怎
　　麼解決？也就是說，我給一筆錢，然後在非洲做地方建設，你們就不要

出來了，你們在那邊就好好過，就不要再出來了，那看這個模式未來能不能擴大在敘利亞，這個大家就有待觀察，這四則新聞。

婉：是，其實國際間發生的事情，我覺得已經慢慢變成大家可以觀察到牽一髮動全身，因為大家現在都是國際間的組織都會有合作，跟一些競爭的關係，所以當世界上發生一些尤其是影響層面比較廣闊的事情的時候，臺灣也不能夠置外於此，就像接下來要探討這個非常重要的議題，就是在法國巴黎，那這一個恐怖攻擊，我們也馬上反映了，所以接下來，請施老師介紹一下這一個真的很不幸的恐怖攻擊事件，到底起因跟整個過程是怎麼樣的情形。

施：這恐怖攻擊在我們這個節目一月的時候也有講到一次。就是那時候《查理周刊》，那時候我們在節目上也有討論說，假如策劃恐怖攻擊的人沒有達到他的目的的話，它還會再發生，所以顯然的這一次恐怖攻擊的發生，就是我們講的上次查理恐攻並沒有達到他該有的東西，所以這種所謂以少數人力來發動全球注目的其實是 IS 最常用的策略，我用幾個人當成人肉炸彈進去，然後就引發吸引人，那當然這大家就一直在想啊，那你的策略這樣是要做什麼？當然終極目標就是要人家來打他啦！也就是說你不打我，我就發動攻擊讓你來打我，忍不住就是一定要來打我，就對了。

婉：所以他的目標是希望……

施：趕快來打我，趕快發動攻擊軍隊打我，你不打我我就再逼你，逼你就對了。

婉：那他為什麼會有這樣子的訴求，就是希望你來打我呢？

施：這個就涉及到……

洪：因為打一打之後呢，才能夠建立哈里發國家，這是穆斯林的理想國，在中東地區所有的國家呢，有熱血的年輕人覺得被西方世界資本主義，以及基督教文明所破壞的這群人，都將會以伊斯蘭國做為一個目標，因為聖地被攻擊了，所以有人說這是二十一世紀的十字軍的戰爭，也是根據這樣的一個觀點來推論的。所以希望你來打，因為溫合的反對派已經無法來讓敘利亞和平了，所以就要靠極端的反對派，就是現在的 IS 建立的

這個新的國家，就是所謂伊斯蘭國，才能夠把伊斯蘭的光榮帶回來成立一個穆斯林的理想國，現在叫哈里發國家啦，那這一次轟炸的地方是剛說法國啊美國啊，用空軍去轟炸沒有效，為什麼沒有效？因為在他們城市裡頭有一般的平民也有恐怖分子，也有自由軍啊，甚至部分的政府軍，你搞不清楚→所以在這個過程當中，這個城市，甚至於伊斯蘭國的士兵，已經跟拉卡這個城市，他們號稱就是哈里發這個國家的首都啦！已經有一些婦女都結婚了，他們過著要往穆斯林理想國的方向前進，你去轟炸的時候其實就是一般平民了，所以除非地面部隊去把他們分開，或者是有什麼樣的方式，把裡面各種的不同的勢力切割，不然這個問題沒有辦法解決。這個是他們的宗派戰爭已經拉高到全世界了。

婉：是，那他們就其實他們是一個算很鮮明的宗教團體宗教文化的一個，他們想要建立這樣。

洪：是啊！這個伊斯蘭國還向世界嗆聲，聯合國救不到的難民，我們用賣石油的錢來照顧這群人，給他食物做基礎設施，比聯合國照顧的還好啊！所以你怎麼說，你西方那一套在我們伊斯蘭國這個地方是最好呢？不是最好的，我們穆斯林的理想國才是最好的，所以我某種程度也認為這背後的概念在打，往後如果西方社會真的用地面部隊切進去的時候，就是穆斯林理想國要建立的開始了。

婉：所以可能很多聽友不見得對這個議題這麼理解，就是說大家想要從前面先理解一下，因為其實法國這次恐怖攻擊發生之後，當然大家都為這些受傷的人很難過，但是也有很多人開始關注說為什麼會有這樣子攻擊的行動，因為它一定會有一個起因嗎？

洪：阿拉伯之春嗎？阿拉伯之春希望推翻小阿賽德敘利亞的政權，所以有一部分的軍人，根據資料上寫的大約四萬人，他是脫離政府軍的，成立所謂的自由軍，自由軍誰在支持他們？美國、法國，還幫他們訓練做游擊戰、做巷戰，結果這個自由軍就比較溫和派啊！後來就被 IS 吃掉了，所以伊斯蘭國就成立了；比較激進的，他對什葉派的清真寺阿基督教的教堂啊！通通把你摧毀，他建立他剛剛講的哈里發國家已經成立，未來就是一個穆斯林的理想國，所以有很多法國的年輕人他們過去一、二戰之

後移民法國也好，或者是某種程度到法國去留學也好，他在社會上是沒有受到比較公平的對待的，因為宗教的關係，然後被敵視的這群人就變成社會的邊緣人，所以一旦有地面戰爭的時候，這群人在想像當中，都會歸心到穆斯林的理想國去，那就是全面大戰了，還不是恐空而已喔，所以這個背景是這樣來的。

婉：其實我們過去就曾經大家都關注到一個議題，就是當西方國家用他們習慣的方式去介入其他國家的政治，算是整個國家社會的時候，難免都會產生一些文化衝擊的問題，然後就會開始有分裂了。

洪：一千年啦！就是十字軍的戰爭繼續打，這個觀點是對的，就從宗教的衝突開始啊！

婉：是，因為宗教跟文化這一個衝突，是很難用你片面的角度你想去全面的改變嗎？或者是你要怎麼樣的介入呢？到最後都會產生一些紛爭，那這些紛爭如果是很溫和的性格，人民都慢慢的，文化就融入。

施：這已經不可能溫和了，因為我們之前跟各位聽眾在回顧一下 IS 的有效占領國是五萬平方公里，比臺灣還大，他一天賣石油可以賣兩百萬美元，他的銀行戶頭有兩億美元，因為他有打下一個銀行，所以他基本上已經是準國家了，所以你不發動地面戰，可是問題是美國、法國他又不願意發動地面戰，所以他去丟那些炸彈其實是一點意義都沒有的。

洪：過去的經驗就是拖進去以後，美國就要負債幾千億美金，甚至上兆的，那對於美國的財政上面的負擔太沉重了。

婉：而且以過去的經驗來說結局，都不是很好。

洪：對啊！所以他們有共和黨的總統候選人說，你們攻下來了，結果油田沒有拿回來，只花了軍費，這是不划算的。川普不就這樣主張嗎？攻下之後把，油田占領了，這是他的說法。所以這一個戲碼，我們還認為很不幸的啦！他還是會繼續演下去，在 1 月我們講過，現在 11 月不知道什麼時候？

婉：那其實他們的訴求，就他們要成立一個穆斯林的國家，就是他們的聖地，然後要依照他們的宗教文化，去貫徹他們的生活，可能西方國家對他們國家的介入，也有很多的意見跟反抗，那當然他們採取的方法是比

較激進的，那我想他們也是希望可以引起國際間國際社會的關注這個議
題，那……

洪：他都把事情上網讓你看，讓你大家都看得見。

婉：當然，所以這些攻擊的活動，我覺得很多我們在網路上面看到一些就是
包括一些事件或者是，不管發生在法國也好，或者是發生在當地，或者
是有很多很多不同的攻擊行動，我覺得最後付出代價的都是平民老百
姓，所以到底這一些真的是算宗教文化上面的對抗對立跟一些衝突？之
前洪老師也曾經在節目當中有說到，希望可以用比較找到一個方式取代
我們以前。

洪：大家踢足球就好。

婉：嗯，對或者是一些體育競賽，是這樣子。

洪：跑馬拉松看誰跑的遠、跑的快。

婉：希望能找到以人類現在的智慧越來越進步情況下，找到一個比較相對溫
和或相對比較。

洪：足球踢輸我了，你就要退，國土要讓一個城池出來。

婉：喔～這樣子的話真的就要很拼命了，我們來休息一下，等一下繼續進行
另外一個議題。

（音樂）

婉：午後陽光第二階段，我們今天的《地球脈動》單元剛才跟大家聊到法國
巴黎這個恐怖攻擊，其實背後有很多不同宗教文化當中的一些紛爭，那
是不是接下來，我們可以找到一個比較相對和平的方式來化解呢？這還
是有待大家繼續來觀察。那接下來，我們要來討論的是一個非常驚人的
雙十一購物節，這是一個怎麼樣子的事件呢？那我們施老師先跟大家介
紹一下。

施：這個應該是無中生有的一個節日啦！就是 11 月 11 號光棍節嘛，就是四
個一就光棍嘛，那因為阿里巴巴所轄下的淘寶網就看準了這一個，就自
己創了一個節日。就等於說，我們一般講的像西歐聖誕節是有文化意涵

的，可是這個是從天上掉下來的，只是我設定就是雙十一就是光棍節或是說 Shopping，那天大家就來網路 Shopping，那現在越做越大，到今年的營業額是九百一十二億人民幣，這一天的營業額，所以你會發現他會做廣告，然後大家就在那邊有很多的折扣那天會進去看，我想這個聽眾常在網路上購買的人應該都不陌生，進去裡面相當多的東西。但這個背後，其實它是有某種意義存在的，也就是說，其實網路的購物已經大到某種程度，它已經影響到實體店面其實已經相當的嚴重了。

婉：是，而且網路界嘛，當這一個網路購物相對的比較便宜或比較方便，就會吸引非常非常多的消費者來消費，那特別這一個雙十一已經形成一個好像最近幾年的都會接近這個節慶，算節慶嗎？接近這個日子的時候大家好像……

洪：創造出來的啦！

婉：對。

洪：就是阿里巴巴叫你在花錢，淘寶網叫你在花錢。

婉：他就創造一些優惠的活動吸引消費者。

洪：這其實也應該從他的經濟發展來看啊！因為過去四年他漲到六千美金，甚至今年已經到七千美金了，定義上已經到中產階級的國家，所以我要購買才表示我是活著的，所以大部分的人都有這樣的需求的時候，就會一下子有這麼多人去上淘寶或者購買，就像美國人在聖誕節要買東西，我們在過年買東西，一樣的，只是把他創造出一個要買你兩次過年以外，光棍節也要賣你一次。

婉：所以我覺得商人真的某些程度上來講，真的很厲害。

洪：他創造一個你的需求。

婉：因為其實很多。

洪：不是光棍的也去當光棍，去買東西去。

婉：對，而且光棍跟購買東西這有什麼關係？

施：沒有關係。

洪：沒有關係啊！

婉：就是當然————這本來就只是 11 月 11 號，這本來沒有什麼特殊的。

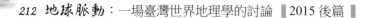

洪：他有發展過程啦！據說已經有一、二十年了，不過會把它當做一個消費
　　節，這個當然全是商業模式做出來的，臺灣也有很多啊！年終慶啊！不
　　是嗎？要多少、買多少、送多少，其實都是一樣的方式，只不過它現在
　　放在網路上。

婉：是，其實臺灣有一個非常經典的，到底為什麼中秋節要烤肉呢？這是誰
　　創造出來的？那可是後來我們就變成習慣。

洪：可是大家買啊！你願意這樣啊！

婉：就是你後來就變成習慣了，你好像遇到這個日子，你就會一窩蜂的大家
　　一起來進行一個什麼樣的活動，可是他這個成交額非常驚人欸。

洪：不過如果你以他的人口數來看，一個人平均才幾十塊錢，其實也並不多
　　啦！因為他太大了！所以你把他聚集起來那個數字就會嚇你。其實不要
　　忘記，這是一個很大型的中產階級，剛剛經過跨過這個門檻中產階級的
　　國家消費需求，本來就很正常，又平常不知道什麼節日，除了過年，那
　　只好創造這個日子來買啦！要不然要用什麼方式讓你掏錢？

婉：所以就是說，反正你口袋裡有錢，勢必是要花的。

洪：對，這是一個商業模式。

婉：對，我創造一個名目，讓你心安理得的來花錢。

洪：現在情人節喔，白色情人節喔，各種情人節都出現了喔。

施：七夕。

洪：還有所謂這個東方情人節啊！都是一樣的模式，提醒你，你的錢在咬你
　　了，趕快花錢。

婉：留住你的錢呢，也沒有要幹嘛，不如就是買買想的東西，而且這想買的
　　東西不一定需要啦！你只是就想要而已。

洪：購買才是一種活著的象徵。

施：我買故我在。

洪：可以這樣講。

婉：可以這樣說，非常厲害的這個雙十一呢，剛剛結束沒多久，你有沒有趁
　　這個日子好好的買東西呢？其實這是一個非常特別的，大家就是現在好
　　像很習慣這個盲目的購買，尤其在網路上面，因為太方便了，你好像花

個幾分鐘就可以完成購買，因為以前我們可能還要出門去店裡面，你還要停車。

洪：現在按一按就可以了。

婉：對，現在按一按就可以了，任何東西都可以買到，因為方便，所以也刺激消費，但是有時候冷靜下來想想，這個東西你到底需不需要？

洪：怎麼能冷靜呢？

婉：不能冷靜是嗎？

洪：對，這個時候不能冷靜。

婉：不要盲目的購買，好不好？不要被商人騙走了。今天節目當中跟大家分享上周發生了很多國際間的大事，那在下週二同樣《地球脈動》單元我們會邀請兩位老師，繼續跟大家分享國際間發生什麼新的事件，那今天也是謝謝我們高師大兩位老師，謝謝你們。

洪：掰掰。

施：好，掰掰！

(End)

第 47 集

104.11.24

〈全球化的時代帶您掌握國際時事 關心全球動態 歡迎收聽地球脈動〉

片頭：聽眾朋友您好，歡迎收聽 11 月 24 號的《地球脈動》。單元一開始帶
　　　大家來關心一下上周的國際大事：

聯合國安全理事會通過法國起草的決議案，共同對抗伊斯蘭國
澳洲與中資公司嵐橋集團簽署了達爾文港九十九年總值五點零六億澳
　　元的租賃協
中國資助阿根廷二核電廠的建設，金額達一百五十億美元
美國國會通過國防授權法案，將臺灣列為軍事援助及訓練對象
中國紫光董事長接受路透專訪，計畫投資三千億人民幣打造為全球第
　　三大晶片製造商
臺灣加入亞太自貿區（FTAAP）核心起草小組

稍待一會兒節目當中跟大家來關心這些國際大事的最新動態。

婉筑（以下簡稱婉）：現在時間下午的兩點三十一分，進行的是午後陽光第
　　　　　　　　　　　二階段，現在要來進行《地球脈動》單元，我們在節
　　　　　　　　　　　目當中一樣邀請到國立高雄師範大學地理學系洪富峰
　　　　　　　　　　　洪老師你好。

洪富峰（以下簡稱洪）：主持人好，各位聽眾午安。

婉：還有施雅軒老師，你好。

施雅軒（以下簡稱施）：大家午安。

婉：首先請施老師先來介紹一下上周發生什麼樣的國際大事呢？

施：好，那第一則是延續法國的恐攻，現在法國就起草送到聯合國的安理會
了，準備要共同對抗伊斯蘭國，那我想現在這個還是 ING 的進行式，那
我相信有可能會組織某種的地面部隊的形式進駐，但是算，所以法國總
理就到處去串、到處去串，那結果怎樣？我們再跟各位聽眾去做報告。
那第二個是澳洲與中國，等於說澳洲的達爾文港用九年總價值五點零六
億澳元租給有中資色彩的嵐橋集團，我想呢，這個為什麼會引發某種的
國際事件呢？是因為澳洲的達爾文這個港口呢，有美國的海軍陸戰隊，
那他租給他以後九十九年，他擁有八成碼頭的股權，所以就變成說美國
的海軍陸戰隊，就變成在這家中資公司的監控之下了，變成被他管的，
那這會某種引起某種美國軍事布局的疑慮，所以他就變成一個國際新聞
了。然後再來就是中國要資助阿根廷核電廠的建設，我想這個也是另外
一個就是鐵路外交以後，開始會有所謂核電廠的外交，那為什麼會核電
廠外交呢？因為我們都知道最近準備在法國要成立一個會，就是要控制
所謂的溫室效應氣體，那要控制溫室效應氣體一種就是你節約能源，那
當然火力發電就少用，一種有些國家是我沒有辦法節約能源，我還是要
花這麼多的能源，可是我現在要降低溫室氣體，那要怎麼辦？換成核電
廠。只能變這樣子了，所以我相信這中國未來，對不對，應該會到處去
蓋核電廠，因為他的核電廠技術也成熟了，他也可以輸出了，這個阿根
廷就是最佳的案子。所以，你會發現兩個核電廠，一個是用加拿大式
的，一個就是他們自己發展的叫華龍一號，以後應該會到處去賣華龍一

號核電廠啦！然後第四個就是美國國會通過國防的授權法案，把臺灣列入軍事援助的對象，那現階段就是說，你以後南海這個地方發生事情的時候，對不對，美國會援助臺灣，所有的新聞大概都點到這個地方，可是大家知道什麼叫做發生事情？

婉：而且這個援助是援助到什麼樣的程度？

施：當然是軍事援助，講好了。也就是說，臺灣也要加入抗衡援助，你變成就是援助他臺灣打中國了嘛，後面那段我們現在都不講，現在新聞都不敢講這個，只敢強調這一段。所以中華民國國防部樂見其成，可是不敢講援助我們要做什麼，因為後面那個是不能講的，四則新聞大概就是這個樣子。

婉：是，那因為在前面這幾則新聞，有一個大家都特別注意到的，就是花了很多錢在世界各地，跟許多不同的國家有不同的合作。那我們接下來就要關心今天主要要跟大家討論的中國一個大的廠商，那他計畫要投資巨資，希望打造成為全球的第三大的晶片製造商，那這樣這一個新聞事件，又有什麼樣值得我們關注的地方呢？

施：這個大概要跟各位聽眾回顧到在中國十三五計畫裡面的頭條，就是要發展所謂的半導體晶片的國際技術，因為他發現中國所發展的機密，為什麼不小心就流出去了？那因為現在都是電腦時代，所以他們就覺得一定是西方國家在這個晶片裡面有放什麼樣的東西，所以中國的機密就這樣出去了，所以他們要發展屬於自己的晶片技術，可是他們又沒有基本的工業來發展啊！最簡單的方式就是買，所以就是國家通黨庫，不，國庫一打開給私人公司，你看上哪一家，你就去買就對了，我就出錢讓你買，所以紫光這間公司在最近幾年就快速的發展起來，他們到處去買的一個結果呢，當然嗆聲說要變成是全球第三大晶片廠，可是要跟各位同學，不，各位聽眾……

洪：當起這個空中教室了。

婉：空中教室、空中教室，是。

施：讓大家知道現在目前全球第三大是誰？就是台積電啊！這也是說，他放話就是要把台積電做掉，他要當第三名。

婉：是他要取代台積電，那第一名跟第二名是哪兩家呢？

施：我記得一個是英特爾（Intel），然後一個是三星（Samsung）。

婉：所以可能還沒有辦法一下子成為全球第一，但是先取代成為全球第三，然後再慢慢的擴張，這是他未來的目標。那很重要的，就是他希望可以達到一個至少在資訊方面，現在好像都因為電腦時代都已經變成資訊的攻防戰了，所以是希望資訊的部分想要保密，是嗎？

洪：我回答嗎？

施：對對對。

洪：我先還是回到剛剛前面這，因為產業的發展這個在二十一世紀前面這十五年也很快就要結束了，那許多的預言家都會認為未來所謂物聯網的時代，通通在網路上面已經由軟體把硬體整個歸納到整個系統來了，那中國大陸也開始在開放著嘗試讓臉書用，社群媒體也可以開始在那裏運作看看，Test 看看他的試驗結果如何？這種做法顯然符合共產黨的操作模式，就是他大聲音的去宣導，然後讓你試點試看看，效果好的時候，就跟進全面實施，這是計畫經濟的一個模式。所以我認為這個其實也是他拉起來說，整個國家中國現在就要發展這樣的產業，但是你上媒體說要把誰取代啊？要把誰替代，那個是要兩把刷子才行的，所以雖然話這麼說，可是用買的把他買起來，是不是能夠全部買起來？那困難度是重重的，所以才會有人說請你在炒你的股票嗎？因為很容易就會因為這樣的新聞被報導了之後呢，不明究理的人就去買他的股票，他又賺一筆，所以即便是產業沒有發展出來，說不定股價就漲起來了，這就是會有評論者認為說你是在為你的股價在呼喊啊！不是你真的能夠拿到錢。不過我們其實要有一個想像，就是過去我們臺灣中華民國在臺灣，也有計畫經濟的年代啊！我們會有四年計劃啊，什麼幾期計畫，我們最近很少聽到政府在講這個事情了，好像都沒有人在領導我們。

婉：沒有計畫。

洪：對，沒有計畫啦！那政府的這個所有的包括在競選公職的人呢，談的都變成是很小的或是口號式的，那過去這一陣子我們的總統談了一些經濟的目標達不到之後，變成他一個永久的包袱了，那這個是困難度重重

的，那為什麼會這樣子呢？因為我們原先還相信你做得到，政府就是可以把國內的經濟所有的企業帶到一個階段，中國共產黨現在還相信這一套啊！他的操作模式還是這樣，所以他五年、五年，一次、一次的包括他的政府、包括他經濟的模式，就這樣的翻轉，那至於能不能做得到？當然就是說那我們看啊！可是計畫經濟走到一個最後，就是他不太容易讓你有創新的可能，因為都別人告訴你，對一個長官或一個規劃者，告訴你說現在要做什麼，可是我們一方面又要講創意，又要別人告訴我們說我們應該怎麼創意，這是矛盾的，所以我們內在的矛盾如果沒有拆解開來，我們永遠只能說拿著別人給你設定好的路徑，你就往那個路徑繼續走，這是未來中國經濟要發展的一個最大的挑戰之一吧！所以現在為什麼會一直認為說，如果他不把人是一個自由的，我可以無限的這種發揮創意的，或者是進步的這種想像的那個鎖套把他解開的話，就不要用規劃經濟了，讓他有點自由或是自由度，要再放大讓他去做，他是達不到的，這也就我們一直質疑這樣的現象說有些評論認為其實是炒股票的原因之所在，因為他沒有內容，很像喊個名字就有了，還有我要替代第三名啊！好像明年我就替代第三名了，你要知道這種高金額而且高技術，就所謂技術密集跟資本密集的，你用國家的錢可以堆過來啊！可是你的技術難道用買的，通通都可以買過去嗎？當然模仿的過程是這樣，可是到達一個階段以後人是不能用買的啦！技術或許可以買，但是人是不能用買的，現在人才越來越重要，難道你能永遠用買的嗎？我是不太相信的，所以這是他提出來很大、很大的好像針對臺灣，我倒認為啦，某種程度其實希望來激勵自己內在的說，啊，我們國家要往這個方向發展喔，所有的產業、所有人的想像都往這個地方發展了，就是有人搖旗吶喊，後面就要跟隨的意思啦！

婉：剛才洪老師特別有講到，其實過去臺灣也有一段時間是這樣子，就好像政府他會資源就比較投入一個領域裡面，可是真的最近幾年，真的比較少，我覺得也算是已經發展到一定的程度之後。

洪：他的經濟發展是開始改變了，所以你會發現說希望把這個力量釋放給民間，讓民眾跟各個企業體發揮他的創新，而且冒險，然後到處開拓的精

神，我想臺灣的經濟發展到今天，為什麼我們百分之五十的這個這種製造，會在國外甚至超過一半到百分之五十三？其實就是他選擇他認為最好的位置啊！那跑出去了，有人批判說，那這樣子的話我們的 GDP 某種程度是假的，有算在裡面，但是國內沒有實質得到，所以這幾年低薪就是這樣創造出來的，也對這個問題是要克服的，可是你不會覺得我們真的很有創意嗎？啊這種創意可能還沒到達那個最高階的位置，所以中國大陸如果一下子突然之間說他要變成第幾名的，看起來是有可能的，可是臺灣發展這麼多年，我們政府花了多少錢，那個台積電其實一部分是行政院的啊那個基金投資，我們多少產業的政策稅率去幫忙這個產業發展到今天，其實他也才第三名啊！

婉：已經投注了極大的資源在發展。

洪：對啊！人才政策、這個稅率、國家的計畫各種的，通通都進去了，不容易啦！

婉：而且技術這個東西一直不停的在翻新的，它是永遠在進步的，你現在花一筆大錢買到現在最新的技術，明天又會有新的出來，它是一直推陳出新的，那目前呢，中國仍然是使用這樣的方式，希望可以指引一個方向，讓他們國內產業朝某個方向去發展，但是……

洪：對啊！所以領導人的意志想做什麼，好像就變成什麼，好像看起來一下子是，都有一個方向感，但是你也會擔心說萬一他選錯了呢？那另外一個就是說，難道我們都要等別人來告訴我們嗎？這好像不太符合人類社會的一個發展啊！

婉：而且剛才洪老師也有提到，其實好像在人類社會發展當中，尤其一個國家進化的過程當中，其實到每個不同的階段，就會有不同的一個動能出來了，就好像已經沒有辦法再由一個人的聲音，去領導整個國家，就真的大家都朝那個方向走嗎？

洪：對啊！如果我們都能夠判斷，他是怎麼樣得到這樣的一個方向感的。

婉：而且如果那個人沒有方向感呢？哈哈，是不是？大家。

洪：妳是在隱含什麼事情嗎？

婉：沒有，沒有，我是說這樣子，就變成你需要信任，必須要產生出一個就

　　是像救世主的角色，就是不見得每一個領導者都能勝任這樣的角色。

洪：我不太相信經濟上的救世主啦！

婉：所以真的在每一個國家，都有每一個國家不同的生態，那這些生態也很值得大家共同來研究，而且共同來關心。休息一下，歌曲之後繼續要來探討今天第二個主題。

（音樂）

婉：現在時間午後的兩點四十九分，今天進行的是午後陽光第二階段，我們現在進行《地球脈動》單元。要來聊第二個主題，請施老師跟我們分享所謂的亞太自貿區，這一個怎麼樣的組織呢？

施：我想要談亞太自貿區，大家應該常常聽的是 TPP，然後這個是 FTAAP，因為講中文太慢，現在我們清楚的知道就是說 TPP 跟 FTAAP 他們都是 APEC 會員國，他們的成員都是 APEC 會員國。那假如他是會員國，為什麼需要有不同的組織呢？這顯然後面做莊的老闆不一樣。比如說，TPP 後面做莊的老闆是美國，可是這個 FTAAP 做莊的老闆是中國，他原來的概念是美國提出來的，可是因為在整個的談判過程裡面太複雜了，所以他另起爐灶再成立一個 TPP，但是這個概念美國就不要了，但是中國現在把這個概念撿起來用，所以因為我們都知道 TPP 他是排除中國的，所以中國說你排除我，對不對？沒關係，我自己弄一個，然後就撿你以前講的那個組織，就是 FTAAP 嘛，那在 TPP 的過程裡面，臺灣是沒有地位的，一直到現在大家都還在爭取，可是現在為什麼現在這則新聞會很特殊？那為什麼臺灣會進入到 FTAAP 這樣子的一個起草小組？有趣，是有趣在這邊，雖然人家會認為說在，這個參與的過程裡面跟你會不會加入到 FTAAP，這是還有一段很大的距離，可是在某個程度 FTAAP 跟 TPP 這兩項來比較下，臺灣似乎已經有踩一隻腳在 FATTP 裡面了，但是 TPP 是完全都只能在門口罰站而已，連進去都還進不去，那當然為什麼站在那罰站連進去都不能進去？在某個程度，是因為假如臺灣參與 TPP 的時候，臺灣的農業會遭受一個很大的打擊，那在這樣打擊的情況下面，

好，當然我們現在都會宣示說我們要加入 TPP，可是大家都不敢講我們加入農業垮了，或者是農業遭受打擊的時候，臺灣要怎麼辦？但是現在這樣同樣問題又複製了場景，就是 FTAAP，那你進入了這個起草小組，在某個程度，他就會變成某種我們剛才講的受損的那個能不能寫進那個遊戲規則裡面，那這個當然是後話啦！這只是一個開始而已。

婉：可能有很多聽眾朋友跟婉筑一樣，因為這許多不同的組織，感覺十分的複雜，但是總的來說，就是不同國家之間的一個合作，那這個合作是算是比較經濟的領域嗎？

洪：都算。

婉：都有。

洪：婉筑，吃過麵吧？吃過乾麵。

婉：嗯。

洪：尤其是如果妳可以吃到一碗麵，妳一條一條麵條吃的時候，妳會覺得妳可以知道那一碗麵當中，有多少條麵條嗎？

婉：搞不清楚。

洪：那有人說，如果一條麵就是一個區域型的，像 TPP 啦！FTAAP 啦！RCEP 啦！就是那個麵條一樣，就是一碗麵條，妳搞不清楚，那現在整個全球，我們這個節目叫做《地球脈動》，這整個地球的經濟組織就像那碗麵一樣，有這麼多的麵條在裡面，我們搞不清楚了，那臺灣就我們希望加入 TPP，以前還有一個 WTO 更大的，對不對？那我們也跟一些國家，像新加坡，簽訂這個 FTA 雙邊，類似這樣的一個狀況是會越來越多啦！所以這一次，其實都是兩個大國崛起之後呢，互相在尬對方而已啦！就是妳有一個，那我也要有一個啦！那臺灣呢，因為在國際上面呢，被承認的比例太低了，幸好我們還有加入這個 APEC，每次呢，領袖會議啊、部長會議啊，什麼會議我們都去玩一下，露露臉，可是你有沒有發現我們的國家代表人總統沒有去啊！我們還是被穿小鞋啊！所以這一次當這個中國說，欸，FTAAP 臺灣可以當作起草小組了，那妳會不會跟他講說，那我們不要蕭萬長來啊！下次再有來的時候，我們新選出的總統就是他去啊！可不可以這樣子？如果真的被對等、平等的對待的時

候，能不能這樣子？好像又不行。所以我們那碗麵，雖然有這麼多的麵條，但麵條放到我面前的時候，我能夠選擇的卻很有限。我們不能像每個國家一樣，比如說韓國參加哪一個，大家都說你來、你來，臺灣沒有這一個，所以施老師講說，他特別把這一個 FTAAP 這個系統新聞拿出來，其實要告訴我們的聽眾朋友，我們要知道我們的狀況啦！如果能夠說核心起草小組，那為什麼總統不能去呢？去跟歐巴馬、去跟習近平那個地方會面呢？我們應該問我們自己，我們是不是應該被賦予，或是我們應該擁有這種權力？我們都是 APEC 的會員國，不是嗎？這是我後面吐槽他選這一個新聞的原因啦！以為我們好像已經被很重視，其實都不是，都是好像有點像嗟來，來來來！你來！這樣子，那如果我真的能來，如果我真的能夠變成這個核心的起草小組，為什麼我們的總統不能去呢？另外，要跑去新加坡跟人家這樣子握手，然後就再回來了這樣。為什麼我們要這樣呢？這沒有道理啊！在地球脈動的過程當中，臺灣也是夠大的一個國家啊！不應該這樣被低等的對待啦！這不符合公平正義原則。所以我的想法是不必太在意這個核心起草小組啦！你在現有的已經是會員的當中，比如 APEC，你就讓我固定的參加，我想臺灣也不會不負起自己做一個會員應該負起的責任，該交錢就交錢，該做公益就做公益，我們都願意啊！但是為什麼你不讓我參加呢？這很不合理啊！所以這則新聞其實凸顯了非常矛盾，但是其實也是現實的地方，我們希望不要用無奈的心情，但是我們應該要知道我們面臨的狀況是這樣，而且是誰對我們這樣，我們應該要很清楚。

婉：是，我相信很多朋友都非常清楚，臺灣在國際間真的遇到很多的困難，就是許多的國際組織，我們是希望可以參與的，但是我們又好像很難拿到一個門票，然後每次可以參與可能很多都是以說什麼什麼觀察員或什麼什麼一個。

洪：那個是還要加入的，這 APEC 我們就會員啊！為什麼我們不能去？而且為什麼我們從來不能主辦？哪一次換我們輪流主辦的話，我們也有錢啊！我們也有場地啊！對不對？招待也很好啊！臺灣人這麼溫和？對不對？說不定來的時候？我們還可以招待他們在臺灣環島遊行呢。

婉：對，臺灣好吃的東西又這麼多。

洪：好吃的東西很多啊！什麼時候換成我們來主辦 APEC 領袖會議，對不對？

婉：相信很多朋友都有這樣子的疑問，啊！我們是會員國，那我們是否跟其他所有會員國的成員都享有？

洪：對啊！換我們辦的時候，邀請歐巴馬來參加啊！

婉：是，我們也是可以跟他握手啊！

洪：對～

婉：《地球脈動》都會跟大家分享很多國際間發生的許多大事，那當然也讓大家可以趁這個機會好好想一想，臺灣在許多國際間扮演著什麼樣的角色，未來我們有什麼樣的可能？今天很高興邀請到高師大兩位老師跟大家來聊一聊，那下週二同樣空中繼續跟大家分享，不知道會發生什麼國際大事，謝謝兩位老師。

洪：再見。

施：好，掰掰！

(End)

第 48 集

104.12.01

〈全球化的時代帶您掌握國際時事　關心全球動態　歡迎收聽地球脈動〉

片頭：聽眾朋友您好，歡迎收聽 12 月 1 號的《地球脈動》。單元一開始帶大家來關心一下上周的國際大事：

俄羅斯總統簽署對土耳其實施特別經濟制裁措施，以報復軍機遭擊落事件

美國總統出席東協峰會，於記者會公開提出臺灣為反伊斯蘭國聯盟的亞太地區國家之一

伊斯蘭國發布影片，將臺灣列為反伊斯蘭國的「抗戰成員」

法國巴黎召開氣候高峰會，將有超過百位國家元首及政府首長參加

中國在非洲國家吉布地協商建設軍事基地

美元指數強勢上漲，一度突破一百歷史大關

稍待一會兒節目當中跟大家來關心這些國際大事的最新動態。

婉筑（以下簡稱婉）：現在時間午後的兩點三十分，現在要來進行今天的
《地球脈動》單元，節目當中我們邀請到國立高雄師
範大學地理學系施雅軒老師，老師好。

施雅軒（以下簡稱施）：好，妳好。

婉：今天呢，我們要來討論上一週發生了很多的國際大事，那請施老師先來
介紹一下我們現在要來討論的這幾個議題呢？其實當中有跟臺灣非常有
關係的，大家都覺得唔，好像突然間躍上國際版面，這是怎麼一回事？

施：好，那當然就是我們剛才講的第二則，那美國總統出席東協高峰會的時
候，在公開記者會呢，突然就提到說在反伊斯蘭國聯盟裡亞太國家裡面
其中有一個是臺灣，那其實這個在臺灣的消息裡面，還持算蠻正面的
啦！就是說我們被美國總統講出來了、被點名了，但其實從在我們的角
度去觀察這個事情的時候，我想在我們節目的前半年的時候，曾經講一
個叫做小早川效應，那我想新來的聽眾朋友可能還不知道，這個小早川
效應呢，是一個什麼樣的效應？那其實臺灣現在就處於小早川效應，那
先要解釋什麼是小早川效應？我們要先講小早川效應這個人，就是小早
川秀秋。

婉：他是一個人。

施：對，他是一個人，那他在日本的戰國時代，假如大家有知道日本的戰國
時代的歷史，以前有講到所謂的織田信長是打天下，那豐臣是是統一天
下，然後德川家康是治天下，所以織田信長是槌麻糬（臺語），然後豐
臣秀吉是做麻糬（臺語），德川家康是呷麻糬（臺語），就是這樣子，
這是本土化的喔，那個在豐臣過渡到德川的時候，也就是說豐臣秀吉死
了，那當然大家又要找個新的頭，然後當然當時後礙於面子，大家還是
尊德川家，也就是他的小孩豐臣秀吉，就豐臣秀賴，可是稱久了，德川
家康就不舒服啊！就找個事件，兩邊就打起來了，其中打起來就是關原
之戰，那當時候呢，豐臣家的主帥叫作石田三成，擁兵十萬，德川家康
也是十萬，兩邊都各十萬。

婉：實力相當。

施：對，就在關原，那個關之原，然後其中有一個叫做小早川秀秋，他有一萬五，然後兩邊都想拉攏他，所以那個時候呢，那個豐臣家也就說，你要是幫我這邊，對不對，打敗他了，然後他的一些就分給你；然後德川說，你要是幫我打敗豐臣家，對不對，我就提高你的薪水，就是所謂的藩屬的薪水領地的。然後呢，小早川就不知道怎麼辦才好，兩邊都很大啊！都得罪不起啊！對不對？可是不管了，就開始打了，兩邊就開始打了，他就說他要保持中立，哪有中立的，對不對？都對決了，所以他也帶一萬五在那個地方。

婉：那他要跑去哪？

施：現在就是為什麼這個我們會有小早川秀秋這個，就是這樣子，然後兩邊呢，都有派密探，然後後來他評估一下德川家好像贏面比較大喔，所以他就偷偷跟德川講說，我要加你這邊，然後兩邊都一對陣起來，慘了，怎麼看起來豐臣家好像快贏了呢？

婉：押錯邊，押錯邊。

施：對，所以突然兵就不動了，然後德川家……

婉：還是說先暫停一下。

施：沒有在暫停的啦！兩邊已經打起來了啦！怎麼暫停呢，對不對？然後德川家康說，欸，小早川不是說要加我這一邊嗎？怎麼他都不動呢，然後大家就說，怎麼辦呢？他就裝死，趕快，他就裝死不動，結果呢，德川家康說，拿砲打他，叫他快一點，結果德川家康就轟他這樣子，砲口就不打豐臣直接就轉過來打小早川，小早川就嚇一跳，怎麼突然對我呢？趕快加入德川家好了，所以他一萬五就轉過來加入德川家，然後騎牆派的一看，對不對，因為他是騎牆派最大咖，所以他騎牆派最大咖，所以小咖就說他都加入德川了，跟他走就準沒錯，所以後來德川就這樣子就贏了。所以這樣子一個歷史故事呢，其實引申其實臺灣現在也有這樣子的一個難題，因為現在是什麼呢？臺灣的角色，政治我們是靠美國，可是經濟是靠中國，那所以現在的情況我們就相安無事啊！比如說 APEC 我們說經濟歸經濟啊！政治歸政治啊！可是問題是哪一天，因為現在國際的政治評論大概軍事對抗就是美日對抗中俄啦！這個軍事聯盟其實已

經有這樣子的態勢出來了，當然現在這兩邊都不會逼你表態，可是哪一天你也像，因為我們要變成反 IS 聯盟，我們好像都不知道啊！我們都不知道我們是反 IS 聯盟。

婉：是被通知的，不是嗎？

施：對，那假如有一天，對不對，美國總統也這樣說我們，那你要怎麼辦？尤其是之前我們有講過受中國的經濟整個掉下來有遭到的麻煩十國，臺灣就是麻煩十國的 NO.1 啊！為什麼呢，因為臺灣的 GDP 跟中國是掛著百分之四十，所以中國這個經濟火車一失速，對不對，臺灣百分之四十就會受到影響，所以這是第二則，那當然第三則就是既然美國把我們列入反 IS 聯盟，那當然 IS 聯盟就點名了六十國裡面，當然臺灣就放進去了嘛，然後我們中華民國國旗，對不對，就放上去，而且因為按照字母排的還排在美國的旁邊，大家都看的到。

婉：是因為按照字母的關係，所以我們就剛好在一個顯目的地方。

施：對啊！我們是 T 嘛，他們是 U 嘛，就在他的旁邊這樣子啊！就莫名其妙就變成抗戰成員啦！嗆聲了，這是二跟三，那其實第一則其實也是值得觀察是俄羅斯簽屬對土耳其實施的經濟制裁，那其實在網路上大家常常不講俄羅斯，會給他一個暱稱戰鬥民族啊！

婉：是，沒錯。

施：說實在，他真的很適合，這個國家就是為了戰鬥而生的，你會發現在美國所參與的戰爭，對不對，那個戰爭的節奏不會像俄羅斯這麼的明確，為什麼會這樣講呢？就是說其實在今年年初開始的時候，俄羅斯不參與敘利亞內戰的，也就是說其實往回推啦！其實敘利亞內戰其實 2011 年就開始了啦！可是到了 2015 年的年初都，還沒有任何的反應，主要的理由就是俄羅斯因為油價，我們陰謀論都是美國害的嘛，對不對？用低油價的方式，因為原本一桶九十塊現在變成四十塊，那你就少五十塊可以花啦！所以俄羅斯，對不對，就經濟受到重傷了，可是問題他重傷不知道為什麼兩個月前突然活起來了，突然有錢了，那當然人家就懷疑啊有人用比較高的油價跟他買，也就是說有麻吉就是說市面上四十塊，可是我不用四十塊，我用多一點的跟你買，對不對，有人就懷疑一定有這樣輸

血，他兩個月前突然活起來了，就說他要參與敘利亞的內戰，那你會發現原本我們會以為說參與就參與啊！結果你會發現俄羅斯這個戰鬥民族，對不對，他參與的戰爭節奏都相當的明快，就是每一天都有什麼新的進展，甚至都覺得這個好像有八點檔的編劇在裡面，之前你就會發現很多的俄羅斯的軍機，常常被土耳其警告了，那不是一進去就被打下來，不是這個，他常常飛進去，然後警告、警告，然後有一天土耳其突然就生氣了，然後就把他打下來了，那當然他會說他不知道那是俄羅斯的飛機，因為一直警告，他都不回應，他的 Mic 都關掉了啊！他也不說他是誰啊！然後就侵入領空，大家就追追追追就衝進去敘利亞，他一樣把他打下來，就是大家在電視上面看到的一個畫面，然後土耳其就說你看我有雷達圖公布，對不對，你看他都侵入土耳其的領空，就俄羅斯就說，誰說的，我也有雷達圖啊！你看都在敘利亞裡面啊！所以這個我們不得不懷疑當兩邊都提出證據的時候，那你要相信誰？那當然大家就懷疑，那再來隔兩天，俄羅斯又開始又出招啦！當然就是要制裁我們這個新聞嘛！那這個制裁！對不對？為什麼會有殺傷力？因為我們那時候都會以為說第三次世界大戰要開打啦！俄羅斯也沒有這麼笨啊！他其實也學美國用這種經濟制裁，那他怎麼用經濟，因為土耳其基本上會收俄羅斯的觀光客一年收三百萬，你想想看喔，這三百萬一人花一百美金啦！我們最保守的，一百美金才三千多塊，你出國怎麼可能只花三千塊？我們算最簡單一百美金，就三億美元的喔，那假如說他是美國人的話一千美金的話，也就是三萬多塊，就是三十億美元了喔，一次就斷了，不准你去了。

婉：說斷就斷。

施：對，說斷就斷，他們一定是說斷就斷，然後呢，俄羅斯有九萬個工作人員，連同眷屬二十萬，就說要管制。

婉：遣返。

施：沒有到那個啦！先嚇你嘛，就說要管制，對不對？在你的農產品百分之十五退回，因為土耳其要生產那個番茄啊！然後進了俄羅斯要做羅宋湯，然後呢，我也不要吃羅宋湯了，我也可以吃別的啊！

婉：而且我可以進別國的啊！

施：對，不要你了，你看這樣土耳其的番茄是不是就滯銷了？很多的農產品，就是讓你去施壓你的土耳其的總理，那土耳其的總理說我就是不道歉。那不道歉沒關係，過兩天就最近的消息了，就是我飛機飛過的地方，他要大家想一個問題說 IS 不是都靠賣石油？那問題是誰來幫他賣呢？IS 又沒有港口啊！那這個時候大家有一個疑惑，因為沒人敢講誰幫 IS 出口石油嘛，結果俄羅斯就說就是土耳其啊！對不對？所以你為什麼把我軍機打下來，就是我飛的過程就是土耳其賣黑油的地方阿，所以你要掩護 IS 啊！好，那普亭這樣子一招講出來，好，那現在就是看美國老大哥的態度啦！你一直說要打 IS 啊！結果你的北約盟友，對不對，偷賣 IS 的原油啊！那你要不要逞罰他呢？你一直打人家 IS 啊！那你要不要逞罰他，對不對？這下子因為這個是最新進展，所以各位聽眾我也沒有辦法知道美國要怎麼處理他，我相信美國一天到晚五角大廈又要開始開會啦！

婉：又開會了。

施：對，又要開會了，不知道怎麼辦才好。

婉：真的，戰鬥民族他們的進度是沒有冷場的。

施：沒有冷場的。

婉：我們隨時會有一些新的進展，然後讓你就是知道說這些事件很明快，進行的。

施：每天都會有一則重要的新聞出來，所以誰知道俄羅斯手上到底有土耳其怎樣的，所以照結局會怎麼樣，我們也都不知道啊！

婉：不知道，而且就是，我要不然就不參加我就沒有意見，一旦參加的話，我每天都會有新的意見出現這樣子，所以說俄羅斯一直讓我們有那種戰鬥民族，大家如果有在網路上看到一些短片，就是他們受到任何的，比如說車子撞擊啊！熊攻擊啊！都可以立即在站起來，你就知道就是他們在尤其這種國際事件上面，他們的反應又非常的快速，我們可能都會有很多官方語言先進行，然後再有一些什麼實質的公布，沒有欸，他們都直接。

施：都直接，而且總統都站第一線喔，直接就出來嗆聲這樣子，所以之前我們節目介紹啊全世界現在最有政治 Power 的人是誰？就是他啊！只要他一出手，大家就都在講他啊！。

婉：是，這真的跟國家的那種民族性格很有關係。

施：我覺得有相當的關係。

婉：我們今天呢，首先先跟大家聊一下，就是俄羅斯跟土耳其之間現在，而且最近一兩天又有新的進度，可能接下來這一周又會有很多新的進度出現喔，然後再來就是我們的臺灣的國旗出現在這個伊斯蘭國發布的影片當中，這算是國際舞台吧！這算是值得開心還是不開心？

施：不知道，就怪怪的啊！而且我跟你講啊！IS 也一點都不冤枉我們，為什麼呢？因為我那一天在看一個一系列援助敘利亞難民的照片，然後就看到一個貨櫃屋，每個貨櫃屋上面會有噴贊助國的，就那張照片贊助國就是中華民國的國旗，下面寫 TW300，什麼意思？TW 就是臺灣嘛，300 就是至少編號是 300，也就是說我們至少捐了貨櫃屋收留敘利亞難民，至少那一個已經是第三百號了。

婉：連這個都留下證據，我們現在是沒有辦法否認，可是到底是該否認還是該承認呢？相信很多人都針對這一個新聞，都感覺到情緒有一點點的複雜。我們休息一下，歌曲之後我們回來繼續來討論過去一周發生的國際大事。

(音樂)

婉：現在時間午後的兩點四十八分，進行的是午後陽光第二階段的《地球脈動》單元，今天我們邀請到國立高雄師範大學地理學系施雅軒老師，要跟我們分享很多國際間發生的重大事件。接下來我們就要討論剛才婉筑也有提到一點，就是在法國巴黎召開了氣候高峰會，這是什麼意思呢？

施：這個氣候高峰會呢，應該在最近你開電視都會講到這個樣子的一個事情，那這個其實是延續 2009 年在丹麥開的高峰會，那當時候哥本哈根開這樣子的一個會議的時候，其實沒有針對排碳做一個明確的一個合約，

那其實法國這一次希望他們拿到主辦權能夠，他號稱有一百五十、一百九十五，不管啦，反正就是全世界很重要的領袖都到了那個地方去，那法國會一直希望說這個全球上面留個名稱，就是大家來總是簽個約嘛，對不對，然後對排碳的目標大家有個設定，可是問題是這樣會涉及到一點，就是說那排碳跟限制排碳跟經濟發展衝突的時候，你還願不願意排碳？這個其實就是為什麼我們衍生悲觀論者，我眼睜睜地看著地球溫度一直上升，溫室效應就是二氧化碳嘛，一直上升，可是你拿他莫可奈何，甚至估出來到了這個世紀結束，對不對，地球大概會上升兩度，那對各位聽眾來講，上升兩度沒什麼感覺啊！對不對？可是你要知道當地球上升兩度的時候，代表很多的地方原本該保有水的，就是他冬天應該要，秋天、冬天他應該要保冰的那個地方，他都不會在保寒了，也就是說水源自然就會受到某些的衝擊，那一衝擊基本上我們都知道，很多的農業它是需要灌溉用水的，所以整個全球的經濟變成會改變。好，這個是遠程的，可是問題是近程，誰願意限制排碳？那我想呢，各位聽眾也許會想說，為什麼排碳會跟經濟發展會有關係？因為整個經濟發展，他需要動力，也就是電，那這個電線在最簡單的方式就是突破，比如說水力發電，那個就沒有碳的問題，可是不是每個地方都有水力發電啊！不是每個地方都可以潮汐發電啊！沼氣發電啊！還有地熱發電啊！那個不是你想要就有的，要想要就有的就只有火力發電嘛，也就是說，你從遠的地方送石油送天然氣，你在這邊蓋個電廠然後一點火，他就可以那個了。可是問題來了，當你現在經濟，像現在反對最大聲的就是印度啊！因為他會覺得說，我現在到處蓋電廠，我要提升我印度的經濟發展，結果你現在說要限制排碳，所以不能夠蓋電廠，那是不是就打壓我的經濟？那當然甚至還包括在整個排碳的過程都不願意簽名的就是美國。因為在整個統計上面，美國他基本上使用的好像超過全世界百分之二十以上的能源，石化燃料，那為什麼？我覺得很簡單嘛，就是你買一個什麼東西，你是不是，比如說我們今天在臺灣下個單，對不對？然後就有人從美國寄來了，那東西會自動飛來這邊嗎？不會啊！要有飛機啊！那個飛機就是石化燃料燒啊！所以當你排碳的已經確定排碳目標的時候，那

這些飛機都不能飛啦！那不能飛對生活品質是不是就產生影響了？所以這個就是美國為什麼都始終不願意簽名的答案就在這地方，可是假如你不願意簽名，那其實他就會變成一個大拜拜了，兩萬多人來秀，然後電視都在撥，然後大家都要救北極熊，對不對？可是問題是你只要沒有簽合約，什麼都沒有啊！

婉：沒有達到任何共識的就回家了。

施：對，就回家啦！所以為什麼新聞會有講說全球五十萬人，對不對，高喊要氣候正義，在臺灣土地正義大概大家都常常聽啦！但是現在一個新口號氣候正義，我希望能夠阻止地球，而這阻止地球暖化的過程，他其實是需要某種的氣候正義，也就是說在賺錢的人需要補貼賠錢的人，所以有另外一個協議，就是說開發國家要拿出，就上次 2009 年的會議要拿出一千億美元來去補貼窮國。

婉：開發中國家。

施：對，好，現在就回到一個問題啦！拿錢很快啦！叫我把錢從口袋裡掏出來喔，很慢啦！所以現在一千億在哪裡，對不對，也不知道在哪裡啊？一千億要交給誰？每一個國家要按比例分要怎麼分，對不對？，這其實都是政治角力啊！所以感覺氣候暖化是自然問題，錯了，他不是自然問題，他是人為問題啊！只是遇到人為的時候，你的經濟，對不對，你會不會限制排碳？所以你的經濟就會受損，尤其是運輸，所以在整個新的氣候高峰會他很重視的一個就是這個東西，比如說農產品，對不對，你就是吃你家附近的，所以有一個新名詞也許聽眾聽過，就是碳足跡，也就是說你要盡量吃碳足跡越少的東西，好，那就這些世界貿易大國而言，豈不是要他的命嗎？你全部都講碳足跡，那也就是說，我的東西都不能夠賣到全世界囉，因為我賣到全世界我需要航運、我需要空運，那碳足跡一定都很多啊！

婉：是。

施：所以聽起來會很沉重啦！可是結論大概就是這樣子啦！

婉：而且我覺得這幾年大家都慢慢的對這個問題比較有概念，剛開始在討論，尤其碳足跡的時候，很多朋友覺得什麼意思啊？大家可能對溫室效

應可能還可以理解，就是越來越熱，大概是這樣，可是所謂的碳足跡我記得那時候還有討論說有一個代價的制度，就是比如說我現在消耗不了那麼多或生產不了那麼多，可是我有個扣打，那我可以把這個扣打賣給別的國家，類似這樣，這樣子的概念其實不管是用什麼方法，大家目標都是希望達到說真的拯救地球，不要再惡化下去，可是不要再惡化下去，有這個共識一定要有效的方案出來，那如果大家只是口號上喊一喊，像尤其老師提到就是美國只是一個國家，可是他是使用能源百分之二十以上，那想想看其他的國家受到多大的排擠？而且他排放出來的碳不是只有留在美國，他是到全世界，所以到底這一個所謂的氣候高峰會，因為我記得之前就有一個京都議定書。

施：對，就京都議定書就失敗了，因為都不簽啊！

婉：就是顯然大家都很早開始就有意識到這個問題，但是沒有作為沒有實際上執行的作為，所以現在又……好吧！大家聚集起來載討論一次，可是如果討論完又沒作為。

施：沒有簽合約，就是大家聽眾看對你有什麼影響，就是他會不會簽合約啦！限制排碳目標，這才是重點中的重點啦！

婉：可是如果簽了合約，但是他不遵守呢？

施：所以這個就會來啦！因為你簽合約了以後，對不對，他會綁就是說你就沒辦法進口、出口碳足跡高的產品了，除非你能拿到那個扣打，你才能夠賣，也就是說用貿易來綁這個氣候這樣。

婉：好吧！那我們只能懷抱著正面的期待，希望他們真的。

施：可能要開好幾天啦！這是第一天，所以我們再觀察，等下禮拜我們才能知道到底有沒有結論。

婉：會繼續觀察，那接下來有兩個議題我們施老師再簡單介紹。

施：好，簡單介紹就是未來觀察重點啦！美元大概會吸所有的美元，因為為什麼會突破一百，就是大家美元又匯回去美國了，拼命買美元嘛，因為預期十二月大戲就是美元要不要升息？又要上演啦！大家又要猜猜樂啦！那至於那個吉布地，這個我們之後再來談。

婉：是，今天呢，我們跟大家討論了很多國際大事，那當中臺灣也扮演了小

小的一個角色,那扮演這個角色到底對臺灣會不會未來在國際上面,會不會有什麼樣的變化呢?很值得我們繼續來期待。那另外一個,我覺得大家要更加關心的是在氣候變遷上面,因為每一個人都受到非常重大的影響,那我們在下周的《地球脈動》單元當中會繼續跟大家討論許多的國際重要大事,那今天也是謝謝施老師。

施:好,掰掰!

(End)

第 49 集

104.12.08

〈全球化的時代帶您掌握國際時事 關心全球動態 歡迎收聽地球脈動〉

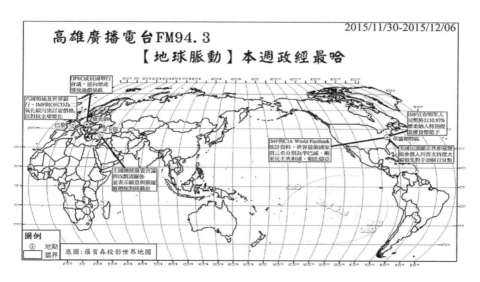

片頭：聽眾朋友您好，歡迎收聽 12 月 8 號的《地球脈動》。單元一開始帶大家來關心一下上周的國際大事：

土國總統發表言論與 IS 劃清關係，並表示願意與俄羅斯總統對賭職位

IMF 宣布明年人民幣將以十點九二趴權重納入特別提款權（SDR）貨幣籃子

OPEC 成員國舉行會議，逆向增產導致油價暴跌

IMF 與 CIA World Factbook 統計資料，世界最窮國家前三名，分別為辛巴威、剛果民主共和國、賴比瑞亞

美國民調顯示，共和黨總統參選人地產大亨川普支持度大幅領先對手二十個百分點

法國氣候高峰會法國等六國領袖，以及世界銀行、IMF 與 OECD 主張，為二氧化碳污染訂定價格，以對抗全球暖化

稍待一會兒節目當中跟大家來關心這些國際大事的最新動態。

婉筑（以下簡稱婉）：現在時間午後的兩點三十三分，進行的節目是午後陽光第二階段，我是婉筑，現在我們要來進行的《地球脈動》單元，同樣在節目當中我們邀請到國立高雄師範大學地理學系洪富峰老師，洪老師，你好。

洪富峰（以下簡稱洪）：主持人好，各位聽眾午安。

婉：另外還有施老師，好。

施雅軒（以下簡稱施）：大家午安。

婉：那先請施老師先來介紹一下我們過去一周發生了一些重要大事。首先先簡介一下前四項吧！

施：好，那第一個是土耳其總統發表言論界線，然後俄羅斯就說你的家族跟 IS 的走私是有關係，結果這個總統就問說，我跟你對賭，假如有的話，我辭總統，假如沒有的話，你普亭你辭總統，所以已經變成黑道嗆聲，兩國的總統嗆聲了。然後再來是 IMF 宣布人民幣進入 SDR 的提款的籃子裡面，那這個特別提款籃子呢，其實呢，你假如是 IMF 的會員國的話，你都會有一個 SDR 值，比如說我們舉個例子說，南韓是三千三百六十六百萬 SDR，也就是說，一個 SDR 像是錢一樣有加 S 的，也就是說，每個國家只要 IMF 會員國，都會有一個值，然後這個值（一個 SDR）明年 10 月就變成說美元、歐元、人民幣、日圓跟英鎊去混，那這個每個國家都有 SDR 有什麼用意呢？就是說，我銀根有點不能的時候，我就拿我的 SDR 配這個去跟人家換。也就是說，你能進入到 SDR 的話，在某種程度就是說，你變成是全球的主流貨幣，經過 IMF 認證的，那這樣就會全球的央行在放那個儲備的貨幣的時候，就會用到人民幣，這主要的在這個地方。再來 OPEC 成員國舉行會議逆向增產，就是高麗菜本來就很便宜了，結果種高麗菜的就說我還要種更多的高麗菜，這現在是這個感覺啦！那你會覺得這根本不符合做生意啊！對啊！這不符合做生意啊！他就是要這樣做，所以油價又暴跌了，一度又跌回四十以下，好像三十九多，我今天剛來的時候我有看到。那再來就是 IMF 跟 CIA 的 World Factbook 統一資料，那以前我們都講說全球最有影響力的三個，全球最

有錢的三個，今天舉的是最窮的三個國家，那倒數第三個就是賴比瑞
亞，倒數第二名是剛果民主共和國，然後他們的人均 GDP，一個是三百
七十九，一個是三百三十四，就是說一年只賺三百多美元啊！一年一個
人，可是他不是最後一名，最後一名是辛巴威，一個人一年只賺零點
一，一年啊！

婉：零點一零點一美元？

施：三塊錢臺幣啦！一年只賺三塊錢臺幣啦！那你會想說，那這樣人怎麼活
　　得下去？所以你就會發現人活著跟我們一般的經濟行爲是沒有關係的，
　　比如說我去打獵，我打到動物來吃，這不會算在我賺錢的裡面啊！但從
　　這個統計數據，就可以觀察出某些的經濟的現象，其實變成說辛巴威爲
　　什麼變成是世界最窮的最後一名？其實在某種程度，就是他在整個資本
　　市場裡面，或者他在市場，全部失靈了，完全都所有的人民百姓的經濟
　　行爲，都沒有辦法納入統計了。

婉：那……而且這樣的情況就變成說，人在完全沒有經濟活動的情況下，還
　　是可以活著的。

施：有經濟活動，但是我已經不用錢了，因爲他們最貴的那個十億可以當書
　　籤的，一張十億的，學生送我一張當書籤。

洪：收你一百塊，是沒天大的價值。

婉：就是他本身貨幣沒有價值，但是他如果當成一個商品，反而比較有價值。

洪：多運幾張出來世界各地去拋售的。

婉：對，他的面值是十分驚人的。好的，以上這四點呢，是過去這一周發生
　　了在國際間發生很多重大的事情。那接下來，當然就要進入我們主要要
　　來討論的就是在我們國內有大選，其實美國的大選相信很多朋友也非常
　　的矚目，那美國民調顯示這一個非常聰明的、好像要準備要出來選總統
　　的川普先生支持度蠻高的，是嗎？

施：這個我爲什麼會講到川普呢？是因爲三個多禮拜洪主任在車上的時候有
　　講到，我們那個時候就把川普定位成，把選總統當作是一個 Show 來演
　　出，所以他的言論基本上是很強烈的，比如說他認爲美國的穆斯林，他
　　要建立一個資料庫，每個人都要追蹤，然後所有敘利亞難民都要請回去

不可以放美國。各位聽眾會覺得說好瞎喔，現在他為什麼會變成我們《地球脈動》討論的？就是他這樣子激烈的言論，竟然變成是共和黨的第一名，而且贏第二名遙遙領先百分之二十個百分點，那換句話說，因為整個共和黨確定候選人大概要到明年 7 月啦！在這七個月假如沒有什麼樣的劇烈的改變的話，就這樣子，川普變成是總統候選人的話，我想可能全球會發生大事情。

婉：哈哈，因為川普他本身他其實應該是一個有錢人，生意人，他其實是一個生意人嘛，不只地產，他的產業，那之前對他的印象比較，可能是從一些媒體上面，因為他有節目。

洪：暢銷書的作者、電視節目主持人。

婉：所以可能一想到他可能就是想到的是有錢人而已，所以他出來參選要想說總統。

洪：恰恰好就這點支持了他啦！因為現在是電子媒體的時代，川普其實就是一個明星啊！他一個電子明星的效應，那其他跟他競爭的是十幾個人，相對看起來，在鏡頭面前就是有點僵硬不靈活，那川普呢？他的這個表情都很有穿透力啊！他雖然講的意見你不見得要認同，但你一定會看著他啊！所以在短短的兩、三秒當中，他吸引了大家的目光，所以你可以批評他說演很大哪，但是他很像真的，這是第一個。第二個是他很有錢，所以他不用募款，別的候選人天天在追錢，他不必，所以他早就準備好等你，那別人為了這麼募款的時候、頭大的時候，川普還可以在那邊好整以暇去練他的上節目到處，去跟別人對談，所以他的曝光度是高的，那如果根據現在他的支持度，大概 Total 整個美國的百分之十的人是支持他的啦！那你就會問說這十趴支持的人到底是真的想要把墨西哥人這個趕回去嗎？尤其那個非法移民，想把這個伊斯蘭教的這個信奉者穆斯林，通通阻擋在美國之外嗎？要對中國所有的商品課百分之二十五的關稅嗎？真的是這樣嗎？恐怕是有問題的。不過不要忘記了，在美國這一段以來去調查支持他的人有個特色，他們大部分都中產階級嬰兒潮的，尤其都已經退休的，所以這些人是經過了二次世界大戰之後偉大美國榮光的這群人，就突然感覺美國沒那麼的偉大了，被人家入侵、被人

家進攻。川普有一個對話很有趣，他就說美國人花了一兆美金去攻打伊拉克，把那個油田都恢復了，就離開了，也沒有把油田搶回來，他認為是不對的，所以他這種非常保守派的，以美國為偉大的概念的，正好填補了嬰兒潮後這一群人中產階級的偉大美國的失落感啊！所以目前看起來是這樣，我認為是因為他不用募款，而且過去他有電子媒體的明星效應來支撐他，他的論點是非常、非常有爭議的，看看那個美國主流媒體裡頭的這個評論，那個是有時候施老師說我們在笑話這個事情，也許就是二十一世紀的一個現象吧！雖然你覺得他很荒謬，但是他有一定的市場，所以他後來會不會變成共格黨的總統候選人，可以取得這個提名？當然是還有待觀察，不敢妄臆啦！但是看起來爭論是一直存在的，而且會持續下去，然後他有講的那麼像真的，就是那樣幹的，但是如果真的讓他擔任那個共和黨的候選人，而且他還選贏了，那這個世界就要翻過來了。

婉：是，因為一直要到明年 7 月，所以還有好幾個月的時間可以來觀察，尤其共和黨參選人，現在至少還有很多個候選人。

洪：我是認為恐怕後面就會比較接近了，因為十幾個人會分散掉所有的初選的登記選民的比例啦！那剛開始因為明星效應，所以川普浮上來，隨著選戰初選之路往後面打進來的時候呢，漸漸有一些低比例的人就會離開，最後會比較聚焦啦！那過去還認為說兩任總統布希的兒子或弟弟這個 Jack Bush 會出來，結果看起來布希在辯論的時候，看起來不會輸川普太多啊！可是川普的形象好他太多了，被電的時候川普會笑，然後布希會一臉不高興，所以在媒體上川普是贏的。

婉：過去我們都認為選舉是因為政治嘛，是一個相對嚴肅非常，至少跟娛樂產業是很不一樣的。

洪：現在越來越多囉！

婉：現在好像那個距離越來越拉近了。

洪：對，那是個表演啊！

婉：是，所以有的時候，當你有舞台魅力的時候，是不是就可以換成選票呢？這件事情還有待觀察，但目前為止，川普先生的支持度可是大幅領

先呢，我們來休息一下，等一下繼續討論另外一個跟環境有關的議題。

（音樂）

婉：午後陽光第二階段，我們現在在進行《地球脈動》單元，要來探討過去一周在全世界發生了很多重大的新聞事件。剛才我們聚焦在美國的總統參選人，那接下來，我們就要來關注在法國現在正在進行氣候高峰會，有什麼新的進度嗎？

施：現在高峰會還在進行當中，所以到底有沒有最後的結局，我們也不知道，我們只能在現在的過程，把這個新聞抓出來在法國等六國領袖呢，然後結合世界銀行、IMF、OECD 主張為二氧化碳的污染定價錢，而且在這整個報告裡面有幫臺灣，雖然我們不是正式的聯合國，但是他有幫我們臺灣算出來，我們排碳量占全世界百分之一，幫我們算出來了，那一的意思其實在某種程度他是希望是說，應該這樣講好了，假如全世界算七十億人的話，那百分之一就是七千萬，那我們只有兩千三百萬。

婉：所以我們超標了。

施：在某種程度，假如是遊戲規則還沒有訂出來，只是在某種程度這樣子，比例一出來，臺灣在某種程度就是超標了，那當然未來會什麼樣一個走向，可能還要等到下個禮拜，因為這個還有一個 ING，還有一個動態的一個過程這樣。

婉：是，那他這個訂定價格的意思也就是說，我給你一個扣打，那如果你超出的話就要罰款，類似這樣子的一個原理。

洪：像加稅一樣，本來你在空氣當中吐一口氣、吸一口氣不用錢的，現在要錢了，你吐得越多口，你就要付越多的錢，而且要計算，那我們用一個共有財產的概念來看這個，就是要把空氣變成共有財產，它不是公共財產。

婉：是。

洪：空氣本來是公共財產，是全球的公共財產，但是現在不是，它現在是共有的，共有的是什麼意思呢？共有的，就是你不能夠排除別人的使用，但是有競爭性的，所以要訂定一個價錢啊！或是你要交一點稅啊！等等

啦！這是地球的公共財產啊！是屬於你個別國家的。比如說臺灣占一個百分比，假設真的如他估計所說的，那以我們的人口比例，我們高啦！那是不是我們應該多付一點錢？聽起來合理嗎，因為我們用的這個地球的公共財產用多了，所以為了增加我們的競爭力，我們就多付一點錢這樣，所以這是一個開始啦！不過這個問題很大的是誰來管制啊！

婉：對啊！而且我錢要交給誰？

洪：對，交了以後呢？他做什麼事情？如果收這個稅定價之後的所謂廣義的碳稅，那是不是應該來做這個減碳的工作，讓大家地球的氣候變遷的速度，或者是他嚴重的速度下降，來做這個事？所以這個非常複雜的全球工程啊！以前的例子就是聯合國的國際海洋法規公約啊！兩個國家不願意簽訂，簽訂我也不遵守，那這個氣候的公約從京都議定書開始講到現在，那美國聯邦政府也不願意接受啊！到今天，雖然他們很多的城市跟很多的州都支持說，應該要對氣候變遷做一點點抑制，但很多人不願意啊！光是這個最大的國家，也是世界上經濟最強的國家，美國，他都意見都不一致，那這一次有個曙光啦！就一直認為像臺灣的媒體，也在講說這個中國大陸很積極的要介入囉！要扮演這樣的角色囉！為什麼？因為逼到牆角了，所以用煤用這麼多，然後空污這麼嚴重，那這個跟碳不一樣喔！這是空污喔！碳是氣候變遷喔！空污是，比如說最嚴重的，現在大家都漸漸的理解了所謂 PM2.5 裡頭含有某一些有毒的重金屬，就進入到你的這個呼吸道的系統，進入你的器官，就會累積在人的身上這樣就得病，那像這個問題還是另外的喔，通通都要合起來去談，所以工程是超大、超大的。但是基本上，我認為這一個會議呢，目前是一個非常重要的一步，就是願意把原來以為不用錢的公共財產，變成共有財產，這是不一樣的，不是免費的喔，你要用的時候，你要付錢的。

婉：是，我覺得好像很多概念我們要有一點調整了，比如說過去我們一直覺得水啦，像是電，大家可能覺得，因為電的價格比較貴，那大家就會電費是不是又漲或者跌，但是像水相對於電來講水費比較便宜，那大家對水，好像比較沒有那麼的好像電這樣斤斤計較，但這幾年就會發現，欸，缺水的時候，你就知道痛苦了，那這個水資源的問題，現在大家也

越來越重視了。

洪：對啊！水資源也是一種共有財產啊！剛剛講到。

婉：因為現在大家都意識到一個問題，就是氣候變遷這個已經不是單一國家
面段，是整個全球，有些地方他本來不下雨的，現在下雨了，所以就造
成淹水水災的問題。那有些像我們，我記得以前梅雨季是很長的，可是
現在梅雨不見得會出現欸，所以就造成有時候很久沒有水用，一旦下雨
又下的很大。

洪：簡單的概念，就好像一年當中有旱災跟水災。

婉：就好像一直交替不斷的出現。

洪：它的頻率變得比較快啦，所以我們過一輩子，過了好幾輩子，這樣講。

婉：可以這麼說，所以我覺得這個新的概念，我覺得是每個人，尤其未來我
們是地球公民，我們應該要有就是公共財了。

洪：對，它的嚴重的問題就是說，你可能這個地方的災難，把你好幾倍的好幾
代人累積的這個生命財產的安全，通通受到威脅之後，甚至在一次的災害
當中就不見了，所以應該做點事情。最嚴重的就是說冰川跟冰都溶解了之
後，海平面上升，在沿海地區的這些城市都淹在水裡了，那我們還沒有辦
法像魚一樣用鰓呼吸，那我們就完蛋了，所以這個是大問題啊！

婉：大問題因為國土會縮減很多，非常多，我們大家就住在山上嗎？是這樣
子嗎？今天我們在《地球脈動》單元繼續跟大家探討，就是現在法國的
氣候高峰會還在進行中，這麼龐大巨大複雜的問題，到底要怎麼樣得到
一個結論？然後真的可以執行的有效的方法，去減緩這種對地球的破壞
呢？每個人都要好好來思考一下，那今天我們也是謝謝我們兩位國立高
雄師範大學地理系的兩位老師，洪富峰老師以及施雅軒老師，我們下周
《地球脈動》單元繼續跟大家一起來探討，謝謝兩位老師。

洪：再見。

施：好，掰掰。

(End)

第 50 集

104. 12. 15

〈全球化的時代帶您掌握國際時事　關心全球動態　歡迎收聽地球脈動〉

片頭：聽眾朋友您好，歡迎收聽 12 月 15 號的《地球脈動》。單元一開始帶
　　　大家來關心一下上周的國際大事：

　　　法國氣候高峰會通過巴黎氣候協議，以「2100 年前全球升溫限 2℃以
　　　　　內」，最受注目
　　　委內瑞拉舉行國民議會選舉，反對派聯盟贏得國會過半控制權
　　　墨西哥政府核准法國藥廠製造的登革熱疫苗
　　　中國紫光集團入股臺灣三家封測廠，引發市場討論
　　　美國領導盟邦空襲 IS 三週計八千餘次，投下二萬餘枚飛彈及炸彈，耗
　　　　　資五十二億美元（約臺幣一七○九億元）
　　　南非總統突撤換掉財政部長，引發外匯市場震盪，蘭德大幅貶破

　　　稍待一會兒節目當中跟大家來關心這些國際大事的最新動態。

婉筑（以下簡稱婉）：現在時間是午後的兩點三十六分，我們進行的是午後
陽光第二階段，我是婉筑，今天的《地球脈動》單元
繼續邀請到高雄師範大學地理學系兩位老師，要跟大
家分享我們上一周發生了什麼樣的國際大事，首先邀
請到洪富峰老師，老師，你好！

洪富峰（以下簡稱洪）：主持人好，各位聽眾午安。

婉：還有施雅軒老師，你好！

施雅軒（以下簡稱施）：大家午安。

婉：那請施老師先來介紹一下我們上個禮拜發生了什麼樣的重要大事呢？

施：好，那第一則法國的氣候高峰會終於結束了，那洋洋灑灑一堆的結論，
其實關鍵點就是本世紀末要限溫在 2℃ 之內最受矚目。我想很多的新聞都
圍繞在這條上面，那其實這個也是一種悲哀啦！為什麼？因為沒有其他
可以寫了啊！就是 2℃，對不對，其他說要拿一千億出來，那這個是上次
哥本哈根會億就有啦！那新的賣點也就是這一條，但咱麼說這一條就是
另外一個新的一個挑戰開始了，你如何限制？雖然說他朝向 1.5℃，可是
要如何？這不知道，這是這次的會議，下次再說。再來委內瑞拉變天
了，這個變天呢，其實我們可以回到整個全球的政治結構，就是低油價
所造成的，其實會對三個國家，尤其是反美三個國家，簡稱為俄伊委，
再聽眾重複一遍，俄羅斯、伊朗、委內瑞拉。結果委內瑞拉就中槍了，
終於美國所領導的那個低油價，終於中槍了，就是整個民不聊生，然後
原本中南美洲相當富裕的委內瑞拉因為他出口石油，這個油價一直 Down
的結果呢？民眾受不了了，所以呢，就選給反對派了，所以原來執政十
七年就換人了，在國會過半數，因為國會過半數，他就可以開始主導所
謂的總統的選舉了。再來就是其實這個搭配高雄登革熱因為很嚴重，那
法國，大家注意喔！是法國藥廠研發登革熱疫苗，結果墨西哥先率先同
意，那因為你們知道登革熱其實不是只有高雄有，全世界都有啊！所以
這是很大的一個商機，所以對法國藥廠研發了十幾年研發出來，可是他
要做人體實驗啊！人體實驗以後十幾萬的人體實驗，然後看哪個國家願

意用，那墨西哥是率先全球第一個同意他可以直接用在墨西哥人的身上，這是一個。再來就是中國紫光，上次我們也有討論過，他終於發威了，開始拿錢出來灑了，那最近的報紙財經版大概都會看到這個，他預計買了臺灣三家封測廠，打算要花八百八十一億，這個其實已經涉及到了所謂國安層次的問題了，也就是因為涉及國安層次，所以中國紫光為什麼積極要買？就是因為他們發現未來二十一世紀的新戰爭晶片是一個很重要的，也就是說，我射飛彈做什麼的，我一定要掌握某種的晶片的主導權嘛，那都是別人做的，我怎麼知道你在晶片裝什麼東西，然後我在買來放我的飛彈裡面，結果自己就飛走了，誰知道，對不對？所以他一定要有自己的技術，可是這種東西高技術需要時間培養的，可是他沒有時間，他就用買的，所以這個未來還有一段時間。以上四則。

婉：沒錯，以上四則呢，就是在全球發生的，那第一則大家就很關心氣候高峰會他通過這個限制 $2°C$，但是要怎樣來建置呢？很難說喔，好像還不知道這實際上要用怎麼樣的規定，讓大家可以達到這樣子的一個目標？那剛才說到，其實未來的戰爭，因為都好像已經過去戰爭，就是陸軍、空軍、海軍，那現在好像如果要打人的話，就是先用飛彈先把你轟一轟，這真的其實如果要打仗的話要很有錢哪，我們接下來要來討論這個重點，就是空襲投下兩萬多枚的飛彈，美國真的花了不少錢是嗎？

施：這個新聞其實是有一個前提是，我不要再派兵了，就是美國子弟不要再死人了。

婉：他不想派兵。

施：對，因為美國人又會死啊！所以我一定要解決問題啊！所以我就看能不能用飛彈一直炸你，然後你就投降了，這個是如意算盤嘛，因為事實後來發現炸了這麼多，花了臺幣一千七百億，一千七千零九億，等於說臺灣一年的八點五，我算一算，發生一些事情啦！我們請我們洪主任講發生了什麼事？

婉：發生了什麼事？這樣強烈的轟炸之後，發生了什麼事？

洪：這個第一個，美國人認為說他，因為一個飛彈是針對這個有高價值的目標來攻擊的，所以他是比較小範圍的。

婉：高價值的目標。

洪：比如說敵人的頭頭，所以他新一波的新聞稿當中說，已經把 IS 的財政部長炸死了，已經把英國籍的這個 IS 成員，一個叫做聖約翰的 Jihadi John 把他幹掉了，這些都指標人物，先重挫你的軍心，而且讓你的這個系統混亂，這第一個目標達成了。第二個呢，他把他的經濟設施，包括戰略的高速公路、賣油的輸油管，他毀壞了一部分了，切斷你的命脈。所以他認為這兩個目標都已經達成了，所以美國總統才嗆聲說巴格達迪是吧！接下來就是你了，所以他想用這種方式，根本不用地面部隊出動，他只要用這種無人飛機就可以搞定了。其實臺灣有一個跟這個有點相關的，我們那個阿帕契的這個直升機。其實阿帕契直升機很適合來用這種地獄火的飛彈，它是空對地，專門是來炸坦克的，現在炸這個地面的設施，包括你躲在一個碉堡裡頭，它都可以貫穿，這是用這種方式。所以這兩點來看，美國人會認為雖然國民的支持度可能不是太高，只有不到四成說這樣是對的，有六成說這樣不對，但是呢，這個似乎看到了 1990 年代之前的軍工複合體又出現了。

婉：軍工複合體是？

洪：對啊！就是軍事跟工業合起來啊！所以製造這個飛彈的那個地區的這個工業廠房，周圍的房地產都往上漲了啊！

施：大家都在加班做飛彈。

洪：在加班啊！你沒有辦法生產那麼多的飛彈啊！所以要增加生產線啊！軍工複合體出現了啊！好像是二戰前後的事情，所以這是非常有趣的。我們以為冷戰結束了，但是冷戰結束以後呢，但東方的軍事智慧像是《孫子兵法》都拿來做為這個國際商業指導原則，現在似乎又回過頭來了，取了一點拿來做戰爭很精細的、精密的戰爭使用。

婉：所以這等於是未來的趨勢嘛，就是我不派地面部隊進去減少我的傷亡，但是我就用飛彈。

施：大概只有美國有本錢這樣子啦！其他還是一樣要地面部隊比較便宜啦！

洪：你看他很遠哪！算算他的緯度，他等於繞了半個地球啊！半個地球是一百八十度，他繞了一百二十度、一百三十度左右，你從美國本土這樣繞

過去繞到中東去打仗，你想想看這國家多強盛。

婉：所以他是飛彈從美國境內起飛。

洪：不是，他那個飛彈是小型的，他用飛機。

施：美國做好，然後再載去那邊

婉：然後就從空中，就是。

施：飛機載去打他，這樣子。

洪：美國這個無人飛機，那你想想看，其實這也是美國軍火商藉這個機會在試驗他們武器的效度，所以我剛剛才講說似乎是軍工複合體的這個再生啊！我就是用我的軍事工業來培養我某一些工業的這個技術，那用武器的需求，你看有哪一個產品，一下子你在幾個禮拜當中需要砸幾千億的？誰有那麼大的消耗量？民生用品都沒那麼大的消耗量，連太空梭都沒有了，要好幾年，他幾個禮拜就要燒掉幾千億，你想想看，這樣的需求量誰做這個行業誰賺錢啊？軍工複合體出身的，而且是把別人的生命跟財產當作一個對象，我不用派兵去，我只要遙控飛機。

婉：這讓我直接聯想到有一個票房非常好的電影就叫做「鋼鐵人」，他當中也是一個賣軍火的這個商人，一旦發生這樣子類似的國與國之間的戰爭的型態的時候，就發現商機無限啊！

洪：很恐怖喔！

婉：很恐怖，那的確這個需求量如此的大？消耗量如此的大，然後在這一次這整個轟炸過程，好像也是一個各式軍火產品的展售會。

洪：你想一想吧！我們說臺灣最大的這個製造工廠嘛，到國外去投資的吧！鴻海的郭台銘嗎？我們施老師在預測，他將會去那個巴基斯坦投資，半年前。

施：半年前啦！

洪：果然現在已經開始在評估這樣子了啦！那我們最近有一些討論，那你想想看他的工廠要生產多久才能夠賣一千多億？一千七百多億，他要發動多少工人去生產啊？而且要賣得出去才能賺那些錢，可是幾個星期當中，一、兩個月就燒掉這麼多錢，你就知道軍事工業複合體的厲害。

婉：我們今天第一個跟大家討論的就是目前來說，可能只有美國有這樣的財

力，可以投下這麼多的飛彈，因為一打下去就是有去無回，就這些錢就燒掉了，耗資已經是五十二億美元，也就是臺幣的一千七百零九億元，未來可能會再更多，那就是剛才洪老師也說，軍工複合體這一個重生了，從第二次世界大戰之後，又好像再度出現這樣子，一個供應有需求就會有提供，那這樣子新的戰爭的型態，未來我們可能還要繼續觀察一下它的效果到底是如何？休息一下，好聽的歌曲過後，讓我們繼續來探討另外一個議題。

（音樂）

婉：午後陽光第二階段，我是婉筑，現在進行的是《地球脈動》單元。剛才跟大家分享的現在的新型的戰爭型態，就是飛彈跟炸彈繞過半個地球，然後擊中他想要瞄準的目標。那我們接下來要來討論的是，在南非突然間好像有一些動作，那引發經濟上面的變化，那這一點，我們請施老師來介紹一下是什麼樣的事件。

施：我想在各位聽眾假如有投資南非幣的話，這幾天一定會很悶啦！就是只是換一個財長而已，結果就整個大跌。那其實人家講說，賺到利率可是賠了匯率，也就是說，因為基本上在整個外幣的利息，他現在目前是最高的嘛，所以他為什麼深得臺灣的三種貨幣，美元、澳元跟南非幣，南非幣就是南德或蘭特這樣子，可是因為這樣子一個換的動作，現在為什麼要換他？現在目前的馬路社消息啦！就是一個他不批准核電廠，再來就是他不要買 AirBus，不要幫南非航空買 AirBus，所以總統就把他換掉，可是一換掉，想不到，對不對？就引發完蛋了，南非本來就很糟糕了，結果這一換，再下殺百分之五這樣子。但是最新的消息，就是他又換了另外一個，所以那個匯率有稍微有拉上來一點這樣子。

婉：恩，如果說對他投資不是很理解的朋友們，南非幣聽說他是那個利率比較好，所以很多人會去投資，但是呢，為什麼他們換財政部長會引發這樣子的外匯市場的震盪呢？，我們洪老師有什麼看法。

洪：我們可以拉高一點，這個節目講過，其實就是矽谷模式對他這些模式的

差異啊！你會發現說，這一次經濟不好的時候碰到這個問題，是換財政部長，不是換經濟部長，那為什麼呢？因為經濟部長管的是生產啦，或者是各種的貿易往來啦，他是實體的經濟居多，那財政部管的是匯率啦，股價啦，他是虛擬的，那在這個過程當中呢，我們姑且稱之為華爾街模式，那前面那個叫做矽谷模式，那個時間差，像我們這個案子裡頭財政部長五天換兩個，當這個節目一周還沒完的時候，他已經換了兩個了，所以這個就是他很快二十四小時就要結帳了，那根據現在的這個全球經濟的趨勢啊！實體貿易佔的比例遠低於這個金融啦！各種的股票的進出啦！也就因為這個樣子，財政的部門包括匯率、包括股價，比重就越來越重，那其實你可以看的出來，其實這個可以包括前面講的說馬路社消息的，其實就是 G2 戰爭的延續嘛，就這一波以來因為股價的這個以及這個匯率的暴起暴跌，如果他是比較平穩的，他就會去關注矽谷有什麼新的產品啊？可是現在暴起暴跌誰，都理不了你有什麼新的產品了，因為我可能工作了兩年、三年的投資所得，會因為一個股價匯率的差別暴起暴跌或全盤輸掉了，或是有些人突然賺很多的，也有可能。所以現在有個理論就是說，我不用理他，長期他是平均的，可是不會有人等長期的，很多人都是走短線的，尤其你每天都要算，啊這匯率下午三點半就要結啦！所以這個問題在這邊。就是這兩個模式的不一樣，所以財政部長越來越重要，因為匯率，因為股價，因為那個氣氛的關係遠遠重要於現在的實體貿易。不是實體貿易不重要喔，是他反應的比較慢，那投資比較長，大家都在講這個國際貿易，每天都有這個各種的貨幣指數給你看啊！那那個生產的指數都用一季、半年、一年，電腦模式完全不一樣，所以財長（財政部長）越來越重要。

婉：是，那所以他們撤換的財政部長，可能就是跟他們國內的一些……

洪：又回到原先的一個，其實這一次被換掉的剛剛馬路消息說，被換掉的那個人，即使是現在正在當的這個人的副手啦！在 2014 年的 5 月呢，他卸任之後呢，這個被換掉的叫做 Nene，就是他的副手，他做了一年多以後，換了一個叫做魯岩的，他聲勢不好，又把原來的、就先一個的 Gordhan 再找回來，他其實 2004 年以前到 2009 年為止的財長就是他，他

已經做了五年了，就用老將再回來穩住啊！

婉：嗯，就像剛才我們洪老師講到每次我們都會很關心每一年可能每一季或者是今年像大家都很關心所謂 GDP 多少多少，但這個都好像是比較年度的一個指標，可是如果是匯率的話，那就是每天都不一樣了。

洪：對啊！可能上午下午就不同了。開盤的時候就跟著浮動啊！

婉：所以有非常非常多的投資人，可能對於國際大事要特別關心，因為我們臺灣所有的一些金融市場，因為我們可能經濟體。

洪：比較小。

婉：跟其他國家相較比較小，所以很容易受到一些國際情勢的影響，所以就像洪老師說的，早上跟下午就都不一樣了，所以……

洪：中午就不一樣了。

婉：就不一樣了，所以每天都不一樣是很正常的，那如果說，我們對於一些國際情勢呢，比較多的了解，那可能如果我們投資朋友們也比較能夠有一點點的心理準備，可能趨勢未來會有什麼樣的變化。

洪：背後比如說這個是換人嗎，你想想看五天換兩個財長，那為什麼換回這個舊的就穩住？他跟前任到底有什麼不同？這就是政治經濟他們混合在一起了嘛，那當然比較遠，南非我們非常不熟悉，可是從這個故事、這個事件的演變可以看的出來，其實不同的我們離他很遠，但是呢，非實體的貿易匯率股價，已經變成現在世界這個主要經濟決策的非常非常重要的一個主流因素了。

婉：是，沒錯，而且很多朋友可能對南非根本就很陌生，但是呢，他的南非幣你可能每天都在買賣，類似這樣距離反而很近。所以呢，我們今天跟大家分享到上一周發生的國際大事，那我們下一周的《地球脈動》又會討論什麼議題呢？讓大家拭目以待。今天也是謝謝我們高師大兩位地理學系的老師，洪老師以及施老師，謝謝你們。

洪：掰掰。

施：好，掰掰。

(End)

第 51 集

104.12.22

〈全球化的時代帶您掌握國際時事　關心全球動態　歡迎收聽地球脈動〉

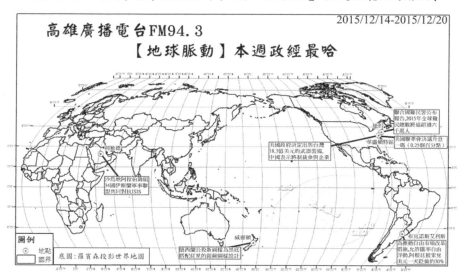

片頭：聽眾朋友您好，歡迎收聽 12 月 22 號的《地球脈動》。單元一開始帶
　　　大家來關心一下上周的國際大事：

美國政府通知國會決定出售臺灣十八點三億美元的武器裝備，中國外
　　交部表示將制裁參與企業
聯合國難民署公布報告，2015 年全球難民總數將遠超過六千萬人
紐西蘭公投新圖樣，黑色為底搭配紅星的銀蕨圖樣設計中脫穎而出
阿根廷新政府為為推動自由市場改革措施，允許匯率自由浮動，阿根
　　廷披索兌美元一天貶值約三十趴
美國聯準會（Fed）決議升息一碼（零點二五個百分點）
沙烏地阿拉伯籌組三十四國伊斯蘭軍事聯盟，共同對抗伊斯蘭國

稍待一會兒節目當中跟大家來關心這些國際大事的最新動態。

婉筑（以下簡稱婉）：現在時間午後的兩點三十三分，我們進行的是午後陽光第二階段《地球脈動》單元，今天我們一樣在節目當中邀請到國立高雄師範大學地理學系兩位老師在節目當中跟大家一起來探討前一周發生了什麼國際大事，首先是洪富峰老師，老師你好。

洪富峰（以下簡稱洪）：主持人好，各位聽眾朋友午安。

婉：另外是施雅軒老師，老師你好。

施雅軒（以下簡稱施）：好，大家好。

婉：那請施老師先來簡單介紹一下上周發生了什麼重要大事呢？

施：那第一則是美國政府通知國會決定出售臺灣十八點三億美元的武器裝備，那中國外交部呢？這中國喔，不是中華民國，是中華人民共和國然後表示要制裁參與這個軍售的企業，那我想被制裁的企業大概心裡也有這個準備啦！因為這是中國必要的一個反應啦！那其實我們想要的美國也不賣，因為我們要的是攻擊性的武器，他賣的基本上是防禦性的，所謂飛彈巡航艦啊！陸戰隊的突襲艦啊！坦克飛彈啊！防空飛彈，這些基本上都是防禦型的，所以其實美國在操作上也希望臺灣能夠保衛自己，但是你不能侵略別人，所以你這個就維持著一個質量上面。第二個其實是一個不幸的消息，其實就是聯合國的難民署公布，今年有難民六千萬人統計，那其實兩千多萬人其實就是因為逃離戰火，就是我們今天講的敘利亞內亂的，那在境內的就有三千四百萬，就是說他沒有逃出國，可是也有三千多萬人。就是說全球六千萬以上的人是離家失所的，離家失所在某個程度，他的吃、他的住其實都是一個很大的問題的，基於人道的關懷。那第三個是紐西蘭公投國旗新圖樣，那我們知道我們之前有稍微提過，因為紐西蘭希望能夠擺脫英國殖民地的色彩，因為我們知道那個紐西蘭的國旗上面有個米字旗，然後代表大英帝國曾經統治過，那另外一個聲音就是，每次澳洲國旗跟紐西蘭都分不清楚，那只有星星擺不一樣而已，所以他覺得要跟澳洲要分道揚鑣，但是現在投出來的這個其實不是這樣就定了喔！各位聽眾，因為他明年三月要跟現在的這個國旗

PK，這次投，只是投就是我們要跟舊國旗 PK。這個投出來就是明年 3 月還要再公投一次，要是大家投出來喜歡舊國旗那就繼續吧！這個 PK。再來就是在全球的經濟上面，這個阿根廷新政府為了推動自由市場，所以原本他是把匯率控制住的，但是呢，他說要放寬的那一天，剛好是美元升息，所以他一放寬美元升息，很多新興國家的資金都抽回去美金，他一天就貶值百分之三十。貶值百分之三十就是十塊錢的東西變十三塊。

婉：這是一個很大的波動。

施：這個波動馬上就變成國際新聞，以上四則。

婉：是，那我們今天呢，特別就是要來聊到剛才呢，施老師也提到了美國呢，決議升息，那升息呢，到底它代表的意義為何呢？

施：我想這個升息的新聞在我們今年的 10 月 9 月也曾經講過，那時候我們還笑他葉倫老大，對不對？從年初就嗆聲說要升息，結果居然大家講一講，9 月、10 月那一次他就不敢升了，那時候我在節目上面講說，他這個有損老大哥的顏面啦！結果那時候就有留一個尾巴，說我 12 月就會升了，所以現在大家就在關心 12 月，會不會又不升了？沒有，12 月他就如期的真的得到大家的驗證，他真的就升息了，那升息其實最簡單的就是類似在游泳池裡面，你升息游泳池裡面的水把它抽調一些，最簡單的概念就是這樣，就是這整個美金的金流，他把他抽一點，那實際的狀況，我們請洪老師跟各位聽眾來講解。

婉：是，因為可能對這個不太了解的朋友就想說升息，到底會有什麼樣的影響呢？

洪：那就錢抽回去啊！

婉：是美國把自己的美金？

洪：因為利息變高了啊！那就有一些資金要回到利息比較高的位置啊！跟他借錢的人利息也變高了，所以要趕快還給你啊！對不對？就是立刻要做這個動作嘛，所以全世界的資金美國最大，所以大家都往美國走，就當他升息的時候，而且本來就有預期會這樣子，這也是確定了從九月到現在確實要升息了，還升了一碼，零點二五啊！就從零升到零點二五，到零點二五啊！看起來一點點喔，可是你把那個基數弄得很大、很大的

話，那是一大筆錢啊！所以大家都回去了。包括臺灣的也被抽回去啊！包括中國的也被抽回去啊！在這個過程當中，前面那則阿根廷那個更慘阿，他就在他的旁邊而已啊，直接就被抽回去啦！所以剛剛施老師說，這是一個好像是一個池子是指美國啦！那這個池子旁邊如果有一條小河流或是一個大一點的河流，那這個池子就要控制河流的河水的流量，當他升息的時候呢，他放出來的資金就比較少，大家就回到那裡的池子裡頭了，池子的水往上升了這樣。所以呢，這個過程當中這一條金融的河流，有一些不強的人被沖走了以後，挖，我們這一段河段乾枯了，魚沒得活了，像這樣的比喻啦！所以新興的國家、新興的市場，包括中華人民共和國、包括臺灣、包括我們剛剛前一則的阿根廷都受傷啊！就是這個概念。

婉：等於說全球的資金就有一部分就回流到……

洪：那你會什麼會這樣子呢？因為以前我們要發行貨幣的時候，我們用黃金做準備！啊你的黃金準備多少的時候呢，你就能發行多少貨幣，那有一個固定的量，現在都沒啦！上個世紀 70 年代就取消啦！沒有這個以後呢，我們來講一個有趣的事，我們把美元叫成什麼？臺灣一般的用語叫成美金，對不對？日圓叫做什麼？叫日幣，中國大陸用的叫做人民幣，我們用的叫做新臺幣，我們為什麼不叫臺金呢？日圓為什麼不叫作日金呢？或是人民金呢？為什麼只有美金是金呢？因為大家已經把本來對照的黃金做準備了，變成現在都以美國坐龍頭了，啊大家以美金做基礎，而且美金變成是全球所有的貿易的計價的、用的最多的一個貨幣，大家都用他的，好像他是一個貨幣準備一樣。所以連本國有人賄賂都用美金在賄賂啊！

婉：哈哈（笑聲），是一個有公信力的貨幣。

洪：就是你不用怕他，你拿到哪裡去，都會有人要他嗎？他通通都是，就像以前逃難用黃金一樣嘛！現在臺灣用美金嘛！所以不必用鑽石嘛！不必用黃金嘛！

婉：不必再換錢了。

洪：所以你就直接用美金就可以了，所以這一次葉倫會變成全球十大有影響

力的人之一欸，他只不過是這個美國的一個聯準會的主席欸，他排名在十名之內欸，很多國家的元首都比不上他，為什麼？因為他控制了那個池子的金融河流的流量。他的一言一行他的舉止都會影響到，這個是今天地球脈動最大的一個控制的因素之一啊！而且某種程度，他不太受美國總統這個限制欸，他是獨立運作的。他的任命雖然美國總統提名他們國會同意之後，他是獨立用作喔，某種程度他不是美國總統告訴他，欸，你現在做什麼事情，財政部長要他做什麼事情。不，某種程度根據他們的法規，他是獨立運作的。所以因為這樣子，他才變成全球最有權力的十名之一。

婉：對，因為他控制了美金耶！

洪：因為大家都用這個美金做，連賄賂都用這個，你想想看，這就知道他的力量之大，所以今天的地球脈動就靠著這個金融河流在脈動在控制的。所以像阿根廷，這個就是太糟糕了，一下貶三十趴，他的體質有多麼弱，弱到美金抽走的時候他就完了，而且一下子三十趴的震盪，表示他太弱、太弱了，臺灣一點點，我們稍好一點。有一些國家在這個過程當中獲利的，就是跟美國用一樣標準的，日本就獲利啊！這個歐盟的老大德國就獲利啊！他們手上有那麼多的資金可以玩啊！他們跟他是一起的啊！升息他們都贏了啊！

婉：所以升息的話，就變成本身國力強的你可能就是……

洪：就看你跟他的關係，當中這個控制你是會被抽走，以致你，就他的升息就代表我們沒錢了。我們在回想一下，為什麼美國聯準會最近要升息，他從 2008 到 2009 的金融風暴以來，他的利息是接近 0 啊！我們那時候節目一直在講，就是那個量化寬鬆，量化寬鬆就是無限制的印鈔票啊！那每個月、每個月，我這一次要丟七百億啊！我這個月要丟五百億啊！你再丟出來，他在控制這個全球的金融流量當中的美金的量。那嘗試用這樣的方式來救他美國的企業，他認為救了美國的企業，就救了全球的企業了，所以現在回來穩定了，失業率比較低了，通貨膨脹二趴以下，然後經濟的數字看起來也不錯的，9 月的時候本來就應該要升了，因為在那一季中，那個中國大陸的人民幣以及他的匯市這個大崩跌，所以說欸

稍微有穩住了喔，因為那個很大，所以到了 12 月好升息。這個就是從金融風暴以來，美國人認為包括從葉倫這個聯準會認為這個就比較穩定了，他可以開始把原先丟出來的資金在收回來。Q1 要慢慢收回去了，他的效果達成了啊！只有他能玩這個遊戲。

婉：哈，只有他有這個能力，所以是只有他是美金嘛！

洪：對嘛！你想想看，至少在我們的聽眾朋友，我們也許講美元啦！我們絕對不會講美幣啦！

婉：對，沒有。

洪：我們一定講美金，為什麼他要跟金有關呢？因為用他來取代原先的黃金。

婉：所以對我印象中，就是你要印多少鈔票，你要有那個黃金的那個量。

洪：那個已經是四、五十年前了。

婉：那現在已經不是這樣了啊！

施：沒有了，你想要印多少就多少，只是你印出來，人家要不要相信你這個值不值那個錢？

洪：你像非洲的那個印了一百兆等於美金一塊錢的，你印再多也沒用啊！辛巴威啊！他還得到中華人民共和國的孔子獎欸，他們總統，這是題外話啦！因為他印了那麼多錢也沒用啊！他沒有實質，他沒有力量，在全世界運動來講是講實力的啦！我們有時候開玩笑說，我們這個節目是地理學，地理學的我們研究帝國，認為因為我們是帝王學裡頭三大武器要學的，一個就是要會貿易，把別人的資源拿回來，弄成產品賣給你，然後我是跟你做生意，商業帝國。另外一種就是我用武力征服你，軍事帝國，那比較血腥啦！但是也一定要有。第三個就是宗教，你們通通信奉我，你就這個大家都升天得永生了，宗教的帝國。這三個力道美國通通具備。

婉：是，所以他一直都以世界的老大哥自居，在國際間發生許多的事情，他們都覺得我應該要出點聲音。

洪：你也可以說是西部槍戰的延續啦！所以以前拓荒是拓他西部的荒，不是拓全球之荒，你們都跟美國人生活一樣，所以美國從小教育他的小孩美

國是個偉大的國家，American is great Country。

婉：YA，剛才我們講到就是美國升息一碼，雖然一碼是零點二五個百分點，看起來好像不是很大，但是對全球來講是一個很大的波浪，那未來可能當美國有什麼樣的動作，對大家來說，都是牽一髮動全身的，我們休息一下，等會繼續探討另外一個議題。

(音樂)

婉：現在時間下午的兩點五十分，進行的是午後陽光第二階段，我是婉筑，現在進行的《地球脈動》單元，剛才大家分享的主題呢，是美國升息了，那當然這一個聯準會的動作牽一髮動全身，也影響到全世界各國的經濟。那接下來，我們要來聊另外一個現在大家都非常關注的問題，那就是伊斯蘭國的問題，我們施老師要不要簡單介紹一下這個主題呢？

施：好，那基本上呢為什麼會特殊呢？沙烏地阿拉伯領軍三十四國伊斯蘭軍事聯盟，主要的理由是最近伊斯蘭國的衝突，會導致成大家都把這個東西當成伊斯蘭，就是說話語權掌握在伊斯蘭國手上，這會讓伊斯蘭文化有點污名化，所以在某個程度，美國老大哥希望說由你們也是伊斯蘭國的國家自己提出來組成一個 Team，然後跟伊斯蘭國對抗。這樣至少在世界人民的眼中可以看的出來說，其實你們伊斯蘭並不完全是站在另外一邊的，是暴力、是攻擊的，也是有溫和的、也有抵抗的。可是他現在的特殊點是沙烏地阿拉伯其實跟伊斯蘭國他的教義上是相同的，都是遜尼派的瓦哈迪派。也就是說，除了遜尼派，他們下面還有細分，那沙烏地阿拉伯跟伊斯蘭國其實是同一個瓦哈迪派的，所以這個就某種程度，就是兩個相同的意識形態，他未來可能產生某種的一個衝突，甚至包括有人認為伊斯蘭國在整個成長的過程裡面，傳言有沙烏地阿拉伯的資金在裡面，白話文也就是沙烏地阿拉伯他的金主啦！那為什麼是他的金主？那涉及到遜尼跟什葉派的一個爭執嘛，但是現在會變成說，現在這個金主要領軍打你了，為什麼這個會受到關注就在這裡了。

婉：是，所以現在就是說，金主要另外籌組一個聯盟來對抗現在我們說的恐

怖組織這樣子。

施：對。

婉：那為什麼金主要出兵了呢？

洪：因為聯合國也同意了。其實這次組的這些國家，基本上以沙烏地阿拉伯為主的某種程度，都是受到美國保護的啦！以美國保護為主的啦！他們最主要的資源就是石油啦！這連聯合國都共同來對伊斯蘭國要切斷他的靜脈，希望他能夠壓制，所以這個時候讓沙烏地阿拉伯來籌組這個軍事聯盟，其實是順著聯合國，以及美國跟俄國已經聯手了，他們已經合起來要去對抗伊斯蘭，所以你知道伊斯蘭多厲害。所以這只不過是後續的在美國跟俄國聯合，然後聯合國同意要制裁這個叫伊斯蘭，那接下來，沙烏地阿拉伯去籌組這個伊斯蘭的軍事聯盟來對抗，其實已經在後面了，他們是在美俄跟聯合國之後啊！所以就落實了施老師所說的，不管各種的消息，他原來是金主嘛，他原來對抗的不同的教派之間，伊斯蘭就是沙烏地阿拉伯那個遜尼派對抗所謂什葉派的，很多我們的聽眾朋友一定搞不清楚。我們原先在碰到這個新聞也搞不清楚什葉派，我們做這個節目之前，也不太清楚啊！後來花了很多時間，施老師跟我說他看了四本書啊！做這個節目的來賓很不容易啊！我有好幾本書啊都是在看這個，所以我一直認為其實傳聞是真的是宗教對抗。

婉：是，他們的起因是宗教對抗。

洪：就是不同教派，所謂的什葉跟遜尼？什葉比較小，遜尼比較大，然後呢，因為伊朗最近被放出來了嘛，就不再制裁了啊！那本來伊朗會做大，或是伊朗會回過頭來打，也都是因為宗教矛盾啊！非常之複雜。然後在這個過程當中，所有只要你敢出來對抗，打著宗教的旗幟，就會有阿拉伯國家的石油的金主出錢給你去打仗，他們的社會是這樣，他們的宗教是這樣，是部落的，某種程度似乎還維持在前國家的階段，可是他們已經二十一世紀了，所以這是一個非常特別的型態。

婉：對，就像剛才洪老師說的很部落型態的，所以我看很多新聞在剖析的時候都說，好像如果西方國家要用西方國家的思維去判斷，是很難介入。

施：很難了解他們到底在想什麼。

婉：因為他們其實根本上以宗教跟這個聚落的形式跟西方以國家的形式，是
　　完全不一樣的。所以如果西方國家繼續用西方國家的邏輯去介入，是不
　　是問題會越來越複雜呢？

洪：我相信是越來越細膩啦！隨著這個時間，隨著藉由他們裡頭的人接受西
　　方教育，把這兩種文化呢，某種程度的這個連結融合，去理解他為什麼
　　會這樣的行為，那行為的背後到底是什麼意義？那就能更清楚的顯現為
　　什麼會有那樣的軍事行動？那這一次看起來，就是我的看法啦！他們還
　　是被西方控制啊！因為在後面需要出來說，啊等到伊斯蘭真的被消滅
　　了，把他這個恐怖主義消滅了以後，在這一派要有人，所以阿拉伯就出
　　來了，我的看法是這樣，他變成說就是遜尼派的主導者，新的領導者，
　　又把話語權拿回去這裡，其實也都還是在這個大的國家的夾縫當中而
　　已。

婉：當然我們最希望的就是不管是什麼情況之下，有了紛爭最好都不要再以
　　這種戰爭型態的方式去得到一個結論，因為在戰爭的過程當中，就像剛
　　才我們提到是世界有六千萬的難民，這個數字一出來就會覺得是十分難
　　以想像的，那我們是希望說，未來人類一直發展到現在已經是二十一世
　　紀，都上太空了。

洪：這是普世價值啦！可是你想想說，我們第一則新聞我們還買武器欸！

婉：哈哈，只能說呢，是希望，所以賣給你保護你自己的，你盡量不要打人
　　家，但我想我們可能也很難會主動採取攻擊的形式啦！今天呢，我們在
　　節目當中還是繼續邀請到高雄師範大學地理學系兩位老師，今天呢，跟
　　大家是分享上一周發生了很多的國際大事，那下一周又會有什麼大事
　　呢？在下星期二的《地球脈動》單元繼續再空中跟大家見面，今天也是
　　謝謝兩位老師。

洪：謝謝。

施：好，掰掰。

(End)

第 52 集

104.12.29

〈全球化的時代帶您掌握國際時事　關心全球動態　歡迎收聽地球脈動〉

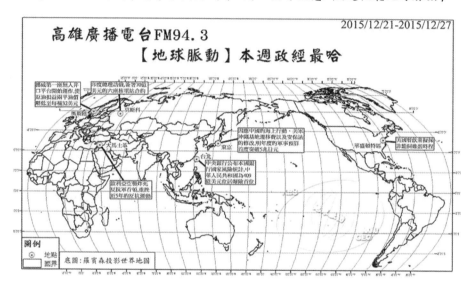

片頭：聽眾朋友您好，歡迎收聽 12 月 29 號的《地球脈動》。單元一開始帶

　　大家來關心一下上周的國際大事：

印度總理訪問俄羅斯，簽署七十億美元的六座核電站合約

挪威第一座無人井口平台開始運作，使原油損益兩平油價壓低至每桶
　　三十二美元

日本因應中國的海上行動、美軍沖繩基地遷移費以及安保法的修改，
　　明年度的軍事預算首度突破五兆日元

臺灣中央銀行公布本國銀行國家風險統計，中華人民共和國為四百零
　　九億美元位居曝險首位

動物權當道，美國餐飲業擬採非籠飼雞蛋時程

敘利亞空襲炸死反抗軍首領艾洛斯，重挫近五年的反抗運動

　　稍待一會兒節目當中跟大家來關心這些國際大事的最新動態。

婉筑（以下簡稱婉）：現在時間午後的兩點三十分，進行的是節目是午後陽
　　　　　　　　　　光第二階段，現在要來進行我們今天的《地球脈動》
　　　　　　　　　　單元，同樣邀請到國立高雄師範大學地理學系洪富峰
　　　　　　　　　　老師，老師你好。

洪富峰（以下簡稱洪）：主持人好，各位聽眾午安。

婉：另外是施雅軒老師，老師你好。

施雅軒（以下簡稱施）：好，大家好。

婉：首先呢，要請施老師先來簡單介紹一下我們上周發生了很多國際大事喔。

施：好，那第一則是印度的總理訪問了俄羅斯，然後簽下了六座核電站的合
　　約，那這是法國氣候高峰會我們之前講過減碳的目標，那減碳的目標有
　　兩種，一種就是你採用高效能的使用，就是所謂石化燃料你要高效能。
　　另外一個就是核能了，那印度基本上跟中國都是全球一個發展大國，他
　　一定要尋找新的能源，那現在新的能源既然已經簽了，那當然在某種程
　　度，他會轉成核能，這個是可以被理解的啦！然後再來就是挪威使用第
　　一座的無人井的鑽油平台，那其實這個因應所謂的低油價，因為大家有
　　估出來使用無人（沒有人在上面的），它的開採成本是一桶三十二塊，
　　那現在一桶三十七塊，也就是說他還可以再賺五塊，所以他可以允許在
　　低下去就對了，這則新聞在挪威。那再來就是日本因應這幾個中國海上
　　行動，還有沖繩基地的遷移，還有安保法的修改，他會增加他的軍事預
　　算，只是大家會嚇一跳，是有到五兆日圓啊！五兆日圓聽說用計算機算
　　一算有一點五兆臺幣啊！那我們明年的中華民國總預算大概是一點九將
　　近兩兆，所以你就知道買軍購就差不多耗掉差不多四分之三，你就知道
　　這是很大的一筆，他要買那個無人偵察機啊！運輸機啊！還要買船啊！
　　你就知道武器競賽是很花錢、很燒錢的。那再來就是第四則，就是我們
　　的中央銀行公布國家曝險，那這個國家曝險其實就是說我們銀行借人家
　　錢，那為什麼會曝險呢？就是說，假如他不還的話，那我們就呆帳了
　　啊！因為我們也沒有辦法到他們國家告他嘛，所以有這樣子的統計，那
　　第一名就是中華人民共和國。那前十名就盧森堡啊！美國啊！香港啊！

英屬西印度群島、英國開曼群島、新加坡、日本跟澳大利亞。我們總共
差不多曝險二千零五十一億美元，兩千億啦！我們佔百分之七十五這樣
子，我們借人家錢的。

婉：所以我們借人家錢借了兩千億，借給別人。

施：對對對，所以為什麼是曝險？就是萬一人家還不起，我們也不能怎麼樣？

婉：哈哈，所以他有可能不還我們。

施：不至於不還啦！而是說萬一他們沒有能力還你的時候。

婉：所以我們的第一位是中華人民共和國？

施：對對對，好，以上四則。

婉：以上四則呢，就是上個禮拜發生了很多國際的重要的大事，那這些大事
件呢，有些跟我們有關係的，欸，我們原來借了這麼多錢給其他國家。
好像很多朋友都不太了解這個部分啦！有的時候如果別人跟你借一大筆
錢，他的權力好像比你大，因為他如果不還你，你就糟糕了，有時候變
成這樣子。那麼我們繼續來討論到今天要來深入探討的部分，就是其實
現在大家應該都有一種比較保護動物的觀念，那這個動物權當道，所以
在美國的餐飲業現在有一個新的做法，是嗎？

施：我想這個動物權啊！應該不是保護動物。

婉：並不是保護動物？

施：不是保護動物，而是說野生的雞，比如說雉雞要保護，可是我們吃的雞
肉，那你為什麼不保護？因為你覺得那是吃的食物嘛，但是雉雞，就是
我們鈔票上面的那個。

婉：國寶的動物。

施：對對對，那個就要保護。所以並不是保護動物這樣的概念，而是人道的
方式，那其實呢，因為這個美國的雞蛋市場呢，有一百億美元，一百
億，所以大家不要覺得農業不賺錢啊！農業也很賺錢的，大家不要都覺
得說都要發展工業高科技業，農業好像都會被犧牲，錯了，農業也是會
賺錢的，那現在幾個重要的數據，我們剛才講的麥當勞，他打算在 2025
年他的一點六萬個門市都要用非籠式雞蛋，就是說，因為我們現在的雞
都是關在籠子裡面嘛，都不能運動啊！籠子就是讓它到處跑到出生，那

你就去撿它就對了，然後沃爾瑪全世界最大的超商連鎖，也打算她旗下的品牌已經開始在使用了，那雀巢這個在臺灣也是很大的品牌，打算2020 年，那雀巢一年他會消耗掉兩億顆蛋，所以假如他要用非籠式的雞蛋的話，這量很大的，甚至塔可鐘，因為他一年消耗一點三億，然後潘娜拉麵包一年使用一點二億顆。所以假如這些的大廠真的要改成非籠式雞蛋，他會引領某種的雞蛋飼養的風潮道理就在這個地方，因為量太大了。

婉：是，而且他們等於說，用比較大的品牌用領導的方式讓大家改變現在的，可以說整個市場的架構嘛，一旦他要改採非籠式的話，他就整個一條龍跟著改囉，會嗎？

洪：問我嗎？

婉：對，我們洪老師有什麼看法？

洪：這其實說不定是倒過來。

婉：怎麼說呢？

洪：因為現在的食品是買方市場，消費者的意識抬頭了，我們對於食品的安全啦！它生產的履歷啊！它的過程是不是環保啊？它是不是永續啊？甚至有些指標來評價它，像雨林聯盟啊！對於咖啡，是不是公平貿易咖啡啊！等等，它有這樣的指標，所以消費的趨勢是一個相當大的買方市場決定的，這一次這個案例呢，要把關在籠子裡頭的雞所生產的雞蛋替換成為臺灣有一句話稱為放山雞這樣的雞蛋，這個很優遊、很快樂這樣的雞，這是一個動物福祉的概念啊！所以如果有一家食品公司，有一家生產雞蛋的使用者的商品，他是符合標準的，另外一家沒有的，那在消費的指標的評價上面，前者就優於後者，所以這個是消費者的意識抬頭得到的結果啦！那這些公司呢？競相的跑進來，其實也是希望自己更有競爭力，所以你看他一拉都拉十年，換句話說，現在的供應量其實也沒辦法這麼多，他是要精算到可能小數點底下兩位或三位，所謂的一塊錢、幾分錢這樣的概念啊！所以這其實是一個消費者買方市場的勝利，所以說不定倒過來是消費者買方市場壓迫這些公司要跟隨的。

婉：是，因為過去我們印象中，就是這一些比較講究，就是他的市場比較

大，所以他供應量比較大的這種商品，他都會就是為了壓低成本，所以他的生產方式就量亮大、最方便最好了。

洪：誰能夠幫我做最大的量，然後品質只要維持我要求的標準，就可以了。現在這個品質不是只有你各種營養品的概念而已，你要關心那隻雞到底活得快不快樂？所以我們說像是食農教育啊！像農夫市集，已經在全球流行一段時間了，那是希望你減少你的食品的運送距離，那對地球更友善嘛，那對地球友善這個雞是地球的一部分啊！你也要對它友善一點啊！所以現在就是消費者買方市場的意識更放大了，這些大型公司通通要呼應這樣的原則啊！所以他不得不跟隨啊！因為如果他不跟隨、不跟著這樣做，那另外一家公司這樣做，那你的市場那你的競爭力就會被削弱了。

婉：而且現在消費者好像都會很在意你生產的方式，然後你當中，比如造成什麼樣的傷害或者是對地球造成什麼損耗，然後我們大家就會有一些批評，所以對品牌的形象來說影響，也是很大的。

洪：沒有錯，因為消費者不僅僅是關心這個動物的福祉啦！他其實更關心的是食品的安全啦！所以也會有一種說法，甚至會有人去研究說放山雞生產出來的蛋，會不會比籠子的雞蛋是更健康的？所以不僅僅是價格，不僅僅是動物福祉，也應該要有食安的考量，因為你不必用抗生素，你不必用太多的飼料的添加物，你很自然而然的生長，那這樣是不是對消費者的食品的安全以及健康的保障更好呢？

婉：而且我覺得我們都會有一種就是已經固定的觀念了，比如說你問所有的婆婆媽媽，她們一定會覺得放山雞比較好吃，飼料雞呢，就是肉比較軟，吃起來就感覺不一樣，所以在市場上……

洪：生長時間不同啦！你給它催打這個營養針抗生素，打這種讓它快速長大的這種人工的養分，跟它自然長大的，當然不同了。

婉：是，所以很多人都說放山雞比較貴哪，但很多消費者他寧願我多付一些成本，我多付一點錢，但是我吃起來感受不一樣。

洪：其實我們今天討論這個議題，跟施老師也在討論說，其實你的社會、你的所得增加越來越多，比方用在食品上面的比例是會下降的，他的絕對

數字會上漲，但是比例會下降，食衣住行當你的所得越來越大、越來越大以後，你剛開始的時候，說不定賺的錢有百分之五十、六十放在食物上面，可是當你的所得增加了兩倍、三倍、四倍以後，你不會吃兩倍、三倍、四倍的食物嗎？你只會求精緻，然後他占你整個所得的部分就下降了，可是他的絕對數字還是往上漲的啦！那為什麼往上漲呢？因為你要求的品質比較高了，所以這個動物福祉的這個看起來很快就會變成全球的概念了，就到處都會去要求這一個的認證。

婉：喔，對，認證的制度現在也非常流行認證制度嘛！

施：那個我們這邊舉個例子，地理所畢業的學生然後回彰化去養雞，因為他家是養雞戶，然後呢，就這樣因緣際會認識了大成（飼料），他就送他去法國，去看法國是怎麼養雞的。那你就發現我們都知道法國料理是很精緻，算全球的第一品牌。

洪：聯合國有認證，法餐是人類的遺產。

施：那現在法國的餐飲業進化到什麼樣的程度呢？你的料理不但要好吃，你的食材也要是健康的，所以他們的雞都是放山的，他們不用籠子餵的，因為大家雞都很快樂的在草原上奔跑，才被你宰來吃，那個才是真的好吃。

婉：至少生活的這段時間，它是很自由很快樂的。

施：對，而且不是被虐待的，養在籠子裡面的精神都很有壓力，你會認為說法國料理說基本上你吃再怎麼樣那都不好的。

洪：再講下去就要讓那個雞聽莫札特的音樂了。

婉：古典音樂陶冶他們的性情，好的，剛才討論到這個議題呢，其實真的像洪老師講到的，這是一個趨勢，是當我們世界越進步的時候，我們開始會希望很多東西可以用比較人性化的方式，而且現在大家都非常在意說就是食安的問題，那現在美國餐飲業呢，要來採取非籠飼雞蛋，就是讓這些雞是比較自然環境中長大然後生蛋。那這樣子一個市場的導向，可能就會成為全球趨勢了。我們休息一下，歌曲之後繼續來探討另外一個議題。

（音樂）

婉：現在時間午後的兩點四十六分，進行的是午後陽光第二階段，我是婉
　　筑，今天我們《地球脈動》單元繼續跟大家探討在過去一周發生非常重
　　要的國際大事，那繼續請施老師簡單介紹一下我們接下來要討論哪一個
　　議題呢？

施：那敘利亞的反叛軍領袖被殺了，這其實要跟聽眾先介紹一下，敘利亞現
　　在有三股勢力，一個就是敘利亞政府軍，一個敘利亞反抗軍，然後還有
　　一個伊斯蘭國，就是我們講的 IS。那現在這一次死的領袖呢，是反抗軍
　　的領袖，而且不只是他死而已，而且下去還有八、九十人，因為他們在
　　舉行秘密會議，結果被十顆火箭連續鎖定，十顆喔，也就是說他們行動
　　曝光了。那當然現在敘利亞政府軍就說這就是我做的啦！因為他就是反
　　對我政府啊！所以我消滅你啊！

婉：他們其實都很勇於承認喔，不管是不是我做的反正先承認。

施：對，就先算一筆是我的嘛，就是我做的這樣子，那為什麼這個會變成這
　　樣子另外一個大事情呢？也就是說原本這樣子三國三股勢力，它其實形
　　成某種的平衡現在被打破了，也就是說，反抗軍這個勢力，應該某種程
　　度在這十顆火箭的情況下一起被收掉了，所以現在應該反抗軍現在是群
　　龍無首的狀態，他們可能說在測試現在馬上就要推出新的首領了，不然
　　的話，現在政府軍的軍隊就來了。那為什麼會做這樣？其實這個反抗軍
　　後面原本有三個，沙烏地阿拉伯、英國跟法國在支持的，那這樣子的
　　話，會有一個新的一個未來的發展變動是在這個地方。

婉：是，所以本來他有三股勢力，一股就是原本的政府軍，那政府軍背後應
　　該是有一些其他國家的勢力在支持著。

施：就俄羅斯跟伊朗。

婉：就俄羅斯跟伊朗，好的。那反抗軍的部分呢？可能是英、美、法國、沙
　　烏地阿拉伯這部分，那 IS 是後來冒出來的，好，那他們三個本來是算是
　　有一個恐怖平衡。

施：就原本有個平台上面三個人對打啦！

婉：哈哈，好，所以你一個人要同時打兩個，而現在反抗軍就是被重挫之後，就對打就好了。

施：現在就看政府軍的勢力有沒有辦法清除反抗軍，因為這個是反抗軍設計的，本來就是要讓他們群龍無首策略就對了啦！

婉：是，我們洪老師對於這一個新的情勢發展，有怎麼樣的看法呢？

洪：看起來是把目標針對這個伊斯蘭國，就是 IS，包括這不只在敘利亞在伊拉克的境內，那伊拉克的政府軍也把 IS 的某些重要的基地搶回來了，這兩天的一個後續的發展，那整個合起來似乎聯合國前陣子要斬斷這個 IS 的經脈，你可以看出來似乎已經是在敘利亞的政府軍，似乎跟原來反抗軍背後的這些國家聯盟起來共同對付 IS 了，所以你不得不懷疑這一次是好像有什麼樣祕密的協定這樣之後的結果，看起來很血腥喔！可是如果以解決 IS 的問題，似乎又清掉一個空間出來解決了，就像圍棋上面自己先殺自己一部分，然後空出一塊地之後呢，局勢明朗了，這樣說起來很恐怖的，但是從國際一盤棋來看起來似乎是個好棋。

婉：是，的確如果用一個算兵法的策略去思考的話，這好像是其中一個必須要走的。

洪：一個戰略的步子。

婉：因為 IS 的確已經形成一個好像很巨大的力量。

洪：你可以換一個方式講，說原來培養的反抗軍不僅沒有把政府軍打敗，還被 IS 打敗節節敗退，那從這個背後的支援者來講，說你怎麼這個沒用，換一批人。所以我們不是很冷血的，但是從棋局的角度看起來，這似乎也是解決最近這樣的一個紛亂的方式，但希望不是這樣，這樣實在太沒人性了。

婉：是，但是戰爭真的是非常的沒有人性的，非常恐怖的，而且一直……

洪：當然不敢講說這是一個預謀，而且是背後支持者某種程度允許這麼做的，但是從結果來看的話，似乎是清掉了這個空間，接下來就集中力量把大家都頭痛的 IS 解決了再說。

婉：是，而且就像剛才施老師提到就是在舞台上本來是有三方，就等於我同時要攻這一個，又要提防那一個，所以可能有時候攻此失彼之下，IS 是

在這樣的空隙當中存活，然後茁壯起來嘛！

施：是啊！是這樣子啊！就是說政府軍跟反抗軍互打，對不對，那我就自己發展我的勢力出來了。

婉：反正沒有人有空理。

施：對啊！對啊！是這樣的情形。而且某種程度，這些都是所謂的代理人戰爭啦！什麼叫做代理人戰爭？也就是真正打的人不是下場打的，而是後面的老大啦！比如說我們剛才講的，為什麼要搞清楚？現在要了解國際情勢都要搞清楚，很複雜，就是像阿賽德政權後面，其實就是俄羅斯跟伊朗，所以他講的話其實是不是他的，他其實是代表俄羅斯跟伊朗，其實原本反抗軍的立場是什麼？他原本後面站的就是美國、法國、沙烏地阿拉伯這些老大的立場，所以一開始的時候，他會堅持阿賽德要下台才能夠和談，可是後來普亭就跳出來了，結果就不敢講這個了，因為普亭一跳出來，這個等於說這個小弟是我罩的，那你要他下台，那我們要聊什麼呢？所以這個叫做代理人戰爭啦！

婉：所以現在就是變成雙方各有代理人，IS 就是想說我成立一個伊斯蘭國就是？

施：就是你們不喜歡這兩個的，就來投靠我。

婉：我是沒有代理人的，我就是我這樣子。

洪：他是神的代理人。

婉：他是神的代理人，好的。

洪：信真主的都到我這裡來，我才是真真正正的那個伊斯蘭哈里發國。

婉：是，所以這個會不會是因為他們的理念在某種程度上，就是因為他可以好像屏除其他國家介入的力量，所以他可以茁壯的這麼快？

洪：他用宗教以及他在現代社會所學習的各種的，包括武器、包括通訊、包括財務操作的能力所形成的，這個是全球各種力量在中東這幾十年得來的結果，三百年演變而來的。包括我們前陣子講過，那個在恐攻之前先透過國際金融操作，他就可以賺錢的方式，他已經具備這樣的能力，所以他是很特別的。所以在這種狀況下，逼迫的以這個美國、沙烏地阿拉伯，還有西歐幾個國家為主的這個背後，不得不某種程度去跟阿賽德這個政府軍事、跟普亭合作。

婉：是，所以其實有的時候再看這些國際情勢的發展，其實 IS 在近年，他不只是戰場在中東，他已經擴展全世界。

施：他已經擴展全世界了，他們已經到網路無國界的時代了。

洪：那我們的國旗會不會被放在上面，被放一下嗎？幫我們展示一下。

婉：Promote，是不是？不知道是該開心，還是該緊張，是不是？我們的情緒也是十分複雜的。但是因為他的這樣子，一個算是新型的恐怖的一個戰爭的方式，也讓這些其他的國家不得不聯合起來。

洪：暫時先……

婉：暫時先聯合起來要對抗他，以這幾十年來說，算是一個很難得的進展欸，就是我一個恐怖組織巨大到說你這些國家不管你們過去有什麼歧見，你們現在都……

施：是啊！他已經變成主要敵人了，然後再回顧 2015 年的十大國際事件，他一定是第一名的道理，就是在這個地方。

婉：是，沒錯，雖然這是國際間正在進行中的事情，很多朋友都覺得說好像離我們還很遠啊！但其實希望大家再藉由《地球脈動》這一個單元當中，可以好好地了解一下，其實你說跟我們很遠嗎？我們國旗在上面跟大家一起好像參與了這一次國際事件的舞台，然後也讓大家思考一下這一個戰爭這件事情對人類的影響。其實我覺得就像剛才節目中，婉筑有跟大家聊到這個德國他們的難民政策，其實每個國家、每個人都有可能，隨時可能會變成難民的，我們不知道，但是我們對於這些其他國際間發生的事情多一點關心，多一點的思考跟反思，我們可以用比較正面或積極或者是比較和平的方式去解決紛爭，我覺得是最重要的。今天我們節目當中，也是特別邀請到國立高雄師範大學地理學系洪富峰老師以及施雅軒老師，我們在下周繼續《地球脈動》跟大家來探討在下周會發生什麼樣的國際大事，今天也是謝謝兩位老師。

洪：謝謝，掰掰！

施：好，掰掰！

(End)